AF819566

Michael Kossens

Stärkung der häuslichen Pflege

Zum Novellierungsbedarf des Pflegezeitgesetzes

GESUNDHEITSPOLITIK

Herausgegeben von PD Dr. Günter Feuerstein

ISSN 1614-6441

1 *Thomas Moormann*
Rationierung im deutschen Gesundheitswesen?
Entwicklung, Status quo und Perspektiven
ISBN 3-932602-47-1

2 *Susanne Armbruster*
Versorgungsnetzwerke im französischen und deutschen Gesundheitswesen
Eine vergleichende Studie unter Berücksichtigung rechts- und gesundheitswissenschaftlicher Aspekte
ISBN 3-89821-428-1

3 *Olaf Iseringhausen*
Die Qualität der Qualität
Anspruch und Wirklichkeit des Qualitätsmanagement im Gesundheitswesen
ISBN 978-3-89821-787-3

4 *Rolf Baumanns*
Unternehmenserfolg durch betriebliches Gesundheitsmanagement
Nutzen für Unternehmen und Mitarbeiter
Eine Evaluation
ISBN 978-3-8382-0035-4

5 *Marco Silvestric*
Voraussetzungen und Konsequenzen molekularer Diagnostik des Mammakarzinoms
ISBN 978-3-8382-0215-0

6 *Christiane Stüber*
Berufsethos im Krankenhaus
Zu den Auswirkungen der Ökonomisierung auf die berufsethischen Orientierungen des medizinischen Personals im Krankenhaus
ISBN 978-3-8382-0559-5

7 *Max Ueberle*
Effizienzsteigerung durch Sozialkapital
Wie Mitarbeitergesundheit den Betriebserfolg sichert
ISBN 978-3-8382-0545-8

8 *Michael Kossens*
Stärkung der häuslichen Pflege
Zum Novellierungsbedarf des Pflegezeitgesetzes
ISBN 978-3-8382-0813-8

Michael Kossens

STÄRKUNG DER HÄUSLICHEN PFLEGE

Zum Novellierungsbedarf des Pflegezeitgesetzes

ibidem-Verlag
Stuttgart

Bibliografische Information der Deutschen Nationalbibliothek
Die Deutsche Nationalbibliothek verzeichnet diese Publikation in der Deutschen Nationalbibliografie; detaillierte bibliografische Daten sind im Internet über http://dnb.d-nb.de abrufbar.

Bibliographic information published by the Deutsche Nationalbibliothek
Die Deutsche Nationalbibliothek lists this publication in the Deutsche Nationalbibliografie; detailed bibliographic data are available in the Internet at http://dnb.d-nb.de.

Zugl. Dissertation zur Erlangung des Doktorgrades Dr. phil. am Institut für Gerontologie der Hochschule Vechta/University of Vechta, 2015.

Gedruckt auf alterungsbeständigem, säurefreien Papier
Printed on acid-free paper

ISBN-13: 978-3-8382-0813-8

© *ibidem*-Verlag
Stuttgart 2015

Alle Rechte vorbehalten

Das Werk einschließlich aller seiner Teile ist urheberrechtlich geschützt. Jede Verwertung außerhalb der engen Grenzen des Urheberrechtsgesetzes ist ohne Zustimmung des Verlages unzulässig und strafbar. Dies gilt insbesondere für Vervielfältigungen, Übersetzungen, Mikroverfilmungen und elektronische Speicherformen sowie die Einspeicherung und Verarbeitung in elektronischen Systemen.

All rights reserved. No part of this publication may be reproduced, stored in or introduced into a retrieval system, or transmitted, in any form, or by any means (electronical, mechanical, photocopying, recording or otherwise) without the prior written permission of the publisher. Any person who does any unauthorized act in relation to this publication may be liable to criminal prosecution and civil claims for damages.

Printed in Germany

Inhalt

Abkürzungsverzeichnis

a.A.	anderer Auffassung
AGG	Allgemeines Gleichbehandlungsgesetz
AiB	Arbeitsrecht im Betrieb (Zeitschrift)
Anm.	Anmerkung
AOK	Allgemeine Ortskrankenkasse
AP	Arbeitsrechtliche Praxis (Loseblatt)
AQH-Wert	Ausschöpfungsquote des Pflegepotentials für die häusliche Versorgung
ArbG	Arbeitsgericht
ArbGG	Arbeitsgerichtsgesetz
Az.	Aktenzeichen
BAG	Bundesarbeitsgericht
BB	Betriebs-Berater (Zeitschrift)
BBiG	Berufsbildungsgesetz
Bd.	Band
BEEG	Bundeselterngeld- und -elternzeitgesetz
BErzGG	Bundeserziehungsgeldgesetz
BGB	Bürgerliches Gesetzbuch
BGBl.	Bundesgesetzblatt
BK	Basiskommentar
BMFSFJ	Bundesministerium für Familie, Senioren, Frauen und Jugend
BMG	Bundesministerium für Gesundheit

BR-Drucks.	Bundesrats-Drucksache
BSG	Bundessozialgericht
BT-Drucks.	Bundestags-Drucksache
Bundesgesundheitsbl.	Bundesgesundheitsblatt – Gesundheitsforschung – Gesundheitsschutz (Zeitschrift)
BUrlG	Bundesurlaubsgesetz
ca.	circa
CATI	Computer Assisted Telephone Interview
CDU	Christlich Demokratische Union
CSU	Christlich Soziale Union
DB	Der Betrieb (Zeitschrift)
DB-Research	Deutsche Bank-Research
DGB	Deutscher Gewerkschaftsbund
d.h.	das heißt
DIHK	Deutscher Industrie- und Handelskammertag
DIW	Deutsches Institut für Wirtschaftsforschung
EFZG	Entgeltfortzahlungsgesetz
evtl.	eventuell
f.	folgende
ff.	fortfolgende
FDP	Freie Demokratische Partei
FNA	Forschungsnetzwerk Alterssicherung

FPR	Familie, Partnerschaft, Recht (Zeitschrift)
GEK	Gmünder ErsatzKasse
GG	Grundgesetz
ggf.	gegebenenfalls
GKV	Gesetzliche Krankenversicherung
GVBl.	Gesetz- und Verordnungsblatt
Hrsg.	Herausgeber
IAB	Institut für Arbeitsmarkt- und Berufsforschung der Bundesagentur für Arbeit
IHK	Industrie- und Handelskammer
KSchG	Kündigungsschutzgesetz
KZfSS	Kölner Zeitschrift für Soziologie und Sozialpsychologie (Zeitschrift)
LAG	Landesarbeitsgericht
LAGE	Entscheidungen der Landesarbeitsgerichte (Loseblatt)
MDK	Medizinischer Dienst der Krankenkassen
Mio.	Millionen
m.w.N.	mit weiteren Nachweisen
MuSchG	Mutterschutzgesetz
NDV	Nachrichtendienst des Deutschen Vereins für öffentliche und private Fürsorge
NJW	Neue Juristische Wochenzeitschrift (Zeitschrift)

NZA	Neue Zeitschrift für Arbeitsrecht (Zeitschrift)
NZA-RR	NZA-Rechtsprechungsreport (Zeitschrift)
NZS	Neue Zeitschrift für Sozialrecht (Zeitschrift)
OLG	Oberlandesgericht
OVG	Oberverwaltungsgericht
PersR	Der Personalrat (Zeitschrift)
PflegeZG	Pflegezeitgesetz
RdA	Recht der Arbeit (Zeitschrift)
rd.	rund
Rdnr.	Randnummer
Rz.	Randziffer
S.	Seite
s.	siehe
SGB II	Zweites Buch Sozialgesetzbuch – Grundsicherung für Arbeitsuchende
SGB V	Fünftes Buch Sozialgesetzbuch – Gesetzliche Krankenversicherung
SGB IX	Neuntes Buch Sozialgesetzbuch – Rehabilitation und Teilhabe behinderter Menschen
SGB XI	Elftes Buch Sozialgesetzbuch – Soziale Pflegeversicherung
SOEP	Sozioökonomisches Panel
SoVD	Sozialverband Deutschland e.V.

SPD	Sozialdemokratische Partei Deutschland
TVG	Tarifvertragsgesetz
TzBfG	Teilzeit- und Befristungsgesetz
u.a.	unter anderem
v.	vom
VGH	Verwaltungsgerichtshof
vgl.	vergleiche
WSI	Wirtschafts- und Sozialwissenschaftliches Institut (in der Hans-Böckler-Stiftung)
WZB	Wissenschaftszentrum Berlin für Sozialforschung
z.B.	zum Beispiel
ZfGG	Zeitschrift für Gerontologie und Geriatrie (Zeitschrift)
ZQP	Zentrum für Qualität in der Pflege

1. Kapitel – Einleitung, Problemstellung, Untersuchungsgegenstand

I. Einleitung

Zum 1.8.2008 ist das Pflegezeitgesetz in Kraft getreten. Danach haben Beschäftigte, die ihre pflegebedürftigen Verwandten in häuslicher Umgebung pflegen, Anspruch auf Freistellung von der Arbeit gegenüber ihrem Arbeitgeber. Eindimensional betrachtet ist das Pflegezeitgesetz ein arbeitsrechtliches Normengefüge, das unabdingbare Freistellungs- und Kündigungsschutzrechte der Beschäftigten gegenüber ihren Arbeitgebern gewährt. Darin erschöpft sich das Pflegezeitgesetz aber nicht. Das Pflegezeitgesetz ist vielmehr im Kontext der Pflegesituation in Deutschland, dem Anteil der familiären Pflege an der Gesamtversorgung pflegebedürftiger Menschen und dem prognostizierten Anstieg der Zahl pflegebedürftiger Menschen zu betrachten. Das Pflegezeitgesetz ist zudem ein anschauliches Beispiel für ein „Kompromissgesetz", das die unterschiedlichen Positionen der in der 16. Legislaturperiode die Regierung tragenden Fraktionen von CDU/CSU und SPD verknüpft. So steht einem relativ weitgehenden Sonderkündigungsschutz für Personen, die für die Pflege eines nahen Angehörigen übernehmen, ein arbeitsrechtlicher Freistellungsanspruch gegenüber, den die Arbeitgeber grundsätzlich nur durch eine unentgeltliche Freistellung erfüllen müssen.

Gesetzgeberisches Ziel des Pflegezeitgesetzes war die Verbesserung der Vereinbarkeit von Erwerbstätigkeit und Pflege und die Verbesserung der Lage der pflegebedürftigen Menschen, die größtenteils den Wunsch hegen, nicht im Pflegeheim, sondern in der eigenen Wohnung gepflegt zu werden. In Anbetracht des prognostizierten Anstiegs der Zahl der Pflegebedürftigen sollten dadurch die Rahmenbedingungen für die familiäre Pflege durch nahe Angehörige verbessert werden. Diese Absicherung der häuslichen Pflege stellt in Anbetracht der demografischen Entwicklung und der prognostizierten Erhöhung der Zahl der Pflegebedürftigen eine große Herausforderung dar.

Die grundsätzliche Zielrichtung des Pflegezeitgesetzes wurde von allen politischen Parteien und Institutionen unterstützt, die konkrete Umsetzung im Pflegezeitgesetz aber zum Teil vehement abgelehnt. Insbesondere die FDP und der Wirtschaftsflügel der Union sowie die mittelständische Wirtschaft haben die im Pflegezeitgesetz enthaltenen Freistellungsansprüche der Beschäftigten abgelehnt. Nach deren Auffassung sind die Arbeitgeber bereits durch eine Vielzahl von Freistellungsansprüchen wegen Urlaubs, Elternzeit, Mutterschutz usw. erheblich in ihrer personellen Dispositionsfreiheit eingeschränkt, so dass weitere Freistellungsansprüche die unternehmerischen Freiheiten zusätzlich einengen würden. Zudem wurde von den Gegnern eines neuen gesetzlichen Freistellungsanspruch auf den „Monitor Familienfreundlichkeit“ aus dem Jahr 2006 verwiesen, wonach mehr als ein Drittel der Unternehmen den Arbeitnehmern bereits schon damals Auszeiten zur Pflege von Angehörigen ermöglichten und insofern – so die Schlussfolgerung aus diesem Befund – eine gesetzliche Regelung überhaupt nicht notwendig sei[1].

Die Notwendigkeit einer gesetzlichen Regelung resultierte u.a. aus Umfragen bei den Beschäftigten. Diese waren überwiegend der Auffassung, dass es nicht unerheblichen Verbesserungsbedarf bei der Vereinbarung von Erwerbsarbeit und Pflege gebe. Diese negativen Befragungsergebnisse haben sich auch nach Inkrafttreten des Pflegezeitgesetzes nicht signifikant verbessert. Im Jahr 2010 schätzten nur 7% die Vereinbarkeit von Pflege und Beruf als gut an, dagegen waren rd. drei Viertel der Befragten und sogar 86% der pflegenden Angehörigen der Auffassung, dass sich Erwerbstätigkeit und Pflege nicht gut vereinbaren lassen[2]. Insofern – so ein

---

1 DIHK, Ergebnis einer Umfrage bei IHKs, Rechtsausschuss und Mittelstandsausschuss zur Pflegezeit

2 Institut für Demoskopie Allensbach (2010), S. 5

erster vorläufiger Befund – ist mit der Verabschiedung des Pflegezeitgesetzes kein wirklich entscheidender Beitrag zur Lösung der Vereinbarkeitsproblematik geschaffen worden.

II. Problemstellung

Demografische Veränderungen, eine Zunahme der Zahl der Pflegebedürftigen und die damit verbundenen Unsicherheiten hinsichtlich der Frage, ob die familiäre Pflege als eines der zentralen Pflegearrangements auch zukünftig gewährleistet werden kann, waren entscheidende Überlegungen bei der Einführung des Pflegezeitgesetzes. Zudem konnte nach den Ergebnissen der Unternehmensbefragung des Zentrums für Qualität in der Pflege in den zurückliegenden Jahren ein stetiger Anstieg von erwerbstätigen Pflegenden festgestellt werden[3]. Dies führt dazu, dass die Vereinbarkeit von Erwerbstätigkeit und Pflege zunehmend an Bedeutung gewinnt. Ein Großteil der Pflegebedürftigen möchte zudem im Pflegefall in den eigener Wohnung verbleiben. Und nicht zuletzt gilt es zu berücksichtigen, dass die stationäre Pflege deutlich teurer ist als die Angehörigenpflege.

Diese Rahmenbedingungen haben den Gesetzgeber veranlasst, das Pflegezeitgesetz zu schaffen, mit dem die Vereinbarkeit von Pflege und Beruf verbessert und die häusliche Pflege gestärkt werden sollte. „Wunsch und Wirklichkeit – beim neuen Pflegezeitgesetz weit voneinander entfernt", so lautete die Überschrift eines Aufsatzes in einer Gewerkschaftszeitschrift kurz nach Inkrafttreten des Pflegezeitgesetzes. Der Wunsch der Verfechter eines Pflegezeitgesetzes war darauf gerichtet, dass den Beschäftigten, die ihre nahen Angehörigen pflegen, ein arbeitsrechtlicher Freistellungsanspruch gegenüber ihrem Arbeitgeber gewährt würde, mit deren Hilfe die Pflege ohne die Befürchtung sichergestellt werden kann, das Arbeitsverhältnis zu gefährden. Die Wirklichkeit des Pflegezeitgesetzes sieht genau dieses vor, begrenzt den Anspruch auf

3 Zentrum für Qualität in der Pflege (2011), S. 1

Pflegezeit aber auf max. sechs Monate. In Anbetracht der durchschnittlichen Pflegebedürftigkeit von rd. zwei Jahren wird die sechsmonatige Begrenzung der Dauer der Pflegezeit aber als unzureichend erachtet[4].

Als ebenfalls problematisch wird die grundsätzliche Unentgeltlichkeit der Pflegezeit gesehen, da viele Familien gerade im unteren Einkommenssegment nicht über die finanziellen Möglichkeiten verfügen, um eine sechsmonatige Einkommenslosigkeit zu verkraften[5]. Wunsch und Wirklichkeit sind nach Meinung vieler Kritiker also weit voneinander entfernt. Lüdecke und Mnich haben die auch in dieser Arbeit zu untersuchende Problematik wie folgt beschrieben[6]:

> „Die mit dem Pflegezeitgesetz eingeführte Möglichkeit, die Erwerbstätigkeit kurzzeitig – jedoch unbezahlt – für häusliche Pflegeaufgaben zu unterbrechen, stellt für die Mehrheit der pflegenden Angehörigen, nämlich den Frauen und Töchtern, keine echte Lösungsmöglichkeit dar. Neben den finanziellen Einbußen ist mit 6 Monaten Pflegezeit, die das Gesetz vorsieht, oftmals die tatsächlich anfallende Pflegedauer bei weitem nicht gedeckt. Darüber hinaus ist fraglich, ob durch ein solches Gesetz traditionelle Rollenverteilungen aufgebrochen werden und Männer gleichermaßen bereit sind, Familienaufgaben wie die Pflege von Angehörigen zu übernehmen."

Diesen angesprochenen Fragestellungen und insbesondere, ob das zum 1.8.2008 in Kraft getretene Pflegezeitgesetz den Bedürfnissen der pflegenden Angehörigen entspricht und tatsächlich die unterschiedlichen Pflegearrangements in der Praxis positiv flankiert, soll in dieser Arbeit nachgegangen werden. Aber auch die Auswirkungen auf Arbeitgeberseite, insbesondere die Folgen der Freistellungsansprüche und des besonderen Kündigungsschutzes nach § 5 PflegeZG, sollen einer kritischen Betrachtung unterzogen werden. Im Einzelnen wird auf die unterschiedlichen Stellschrau-

---

4 Becker/Lauerer (2010), S. 4

5 Lüdecke/Mnich (2009), S. 17

6 Lüdecke/Mnich (2009), S. 17; ebenso Rürup (2010), S. 3; Becker/Lauerer (2010), S. 25, nach denen angesichts der Notwendigkeit einer Verbesserung der Vereinbarkeit von Pflege und Beruf die derzeitigen Regelungen des Pflegezeitgesetzes zu kurz greifen.

ben der Freistellung wegen der Übernahme der häuslichen Pflege eingegangen. Dies betrifft u.a. den anspruchsberechtigten Personenkreis, die Dauer der Pflegezeit, die Frage des Entgelts während der Pflegezeit, die Wartezeit und den besonderen Kündigungsschutz.

Nach der Gesetzesbegründung zum Pflegezeitgesetz sind dessen Vorschriften nach dem Vorbild des Bundeselterngeld- und -Elternzeitgesetzes (BEEG) konzipiert worden. Die Vorschriften des Pflegezeitgesetzes weichen jedoch in Teilbereichen von denen des BEEG ab, ohne dass eine sachliche Begründung aus der Natur der Pflegezeit gegenüber der Elternzeit erkennbar wäre. In der vorliegenden Arbeit werden auch diese Abweichungen dargestellt, hinterfragt und Vorschläge für eine aus Sicht des Verfassers sachgerechte Lösung entwickelt.

Die rechtlichen Aspekte des Pflegezeitgesetzes sind aber nicht Schwerpunkt der vorliegenden Arbeit, sondern stellen größtenteils „nur" Ergebnisse der Auswertung des zugrundeliegenden sozioökonomischen Datenmaterials dar. Zu Beginn der Ausführungen wird deshalb auf die aktuelle und prognostizierte Pflegesituation und die Zahl der Pflegebedürftigen ebenso eingegangen wie auf den Bedarf bzw. die Bereitschaft nach häuslicher Pflege der nahen Angehörigen. Dabei soll insbesondere auf die Frage eingegangen werden, inwieweit die häusliche Pflege auch künftig Basis der Versorgung pflegebedürftiger Menschen ist, und welchen Beitrag das Pflegezeitgesetz hierzu zu leisten vermag. Im Rahmen dieser Analyse wird im Verlauf der vorliegenden Arbeit auf einzelne Aspekte des Pflegezeitgesetzes im Detail eingegangen und diese werden einer kritischen Betrachtung unterzogen. Dies gilt u.a. für folgende Bereiche:

- Beschränkung des berechtigten Personenkreises auf nahe Angehörige,
- Dauer der Pflegezeit und
- Vergütung während der Pflegezeit.

Hinsichtlich dieser einzelnen Aspekte wird nicht nur von der Wissenschaft[7] und – um das Ergebnis bereits vorweg zu nehmen – auch vom Verfasser ein Reformbedarf am geltenden Pflegezeitgesetz gesehen, der sich aus der Analyse des sozioökonomischen Datenmaterials ergibt.

Vereinbarkeit von Erwerbstätigkeit und Pflege erweckt den Eindruck einer Gleichzeitig der beiden Bereiche. Das Pflegezeitgesetz garantiert jedoch einen zeitlichen Ausstieg aus der Erwerbstätigkeit, also ein sequenzielles Hintereinander von Erwerbstätigkeit und Pflege. Die Gleichzeitigkeit von Erwerbstätigkeit und Pflegeübernahme ist erst mit dem Familienpflegegesetz, das zum 1.1.2012 in Kraft getreten ist, realisiert worden. Dessen Regelungen ergänzen die Vorschriften des Pflegezeitgesetzes und sollen deshalb im Rahmen dieser Arbeit im Hinblick auf deren Wirksamkeit für Verbesserung der Vereinbarkeit von Erwerbsarbeit und Pflege betrachtet werden.

III. Untersuchungsdarstellung

Die vorliegende Arbeit ist in fünf Kapitel aufgeteilt. Im ersten Kapitel sind – wie gesehen – die Problemstellung und der konkrete Untersuchungsgegenstand der vorliegenden Arbeit niedergelegt.

Im nachfolgenden zweiten Kapitel werden im Wesentlichen die Zahlen und die Strukturdaten zur Pflegebedürftigkeit in Deutschland und die prognostizierte Entwicklung der Zahl der Pflegebedürftigen bis zum Jahr 2030 dargestellt. Mit diesem zweiten Kapitel erfolgt insofern zunächst eine Bestandsaufnahme, die auch die künftige Entwicklung des Pflegepersonenpotentials umfasst, sowie Aussagen zur Vereinbarkeit von Erwerbstätigkeit und Pflege trifft. Bestandteil dieser Darstellung sind auch Angaben zur Entwicklung der häuslichen Betreuung pflegebedürftiger Menschen durch nahe Angehörige. Um den Bedarf an zielgerichteten Hilfen und die

[7] s. Wille (2010), S. 3

Zweckmäßigkeit des Pflegezeitgesetzes bzw. dessen Reformbedarf beurteilen zu können, werden im zweiten Kapitel die vorhandenen soziodemografischen Daten präsentiert.

Das dritte Kapitel schließt sich daran an mit einer Darstellung der Historie und einer groben Übersicht über die Inhalte des Pflegezeitgesetzes. Danach erfolgt eine gerontologisch-theoretische Einordnung der dem Pflegezeitgesetz zugrunde liegenden Zielsetzung. Das dritte Kapitel endet schließlich mit der Beschreibung von ersten praktischen Erfahrungen mit dem Pflegezeitgesetz.

Im zentralen vierten Kapitel wird untersucht, inwieweit die mit dem Pflegezeitgesetz verfolgten Zielsetzungen (bessere Vereinbarkeit von Familie und Beruf, Entlastung der Pflegeversicherung) auch tatsächlich erreicht werden können. Entscheidende Vorschriften sind dabei die §§ 2-4 PflegeZG, die die Ansprüche auf Freistellung wegen Arbeitsverhinderung und wegen Pflegezeit regeln. Im Rahmen dieser Darstellung werden insbesondere auch Bezüge zum BEEG – das Vorbild für das PflegeZG war – hergestellt und kritisch beleuchtet. Schließlich wird der in § 5 PflegeZG normierte Sonderkündigungsschutz für pflegende Beschäftigte beschrieben und hinsichtlich seines – gegenüber anderen Sonderkündigungsschutzrechten – relativ weiten Anwendungsbereichs einer detaillierten Prüfung unterzogen.

Die Ausarbeitung im vierten Kapitel geht auch auf die in der Wissenschaft am Pflegezeitgesetz geübte Kritik ebenso ein wie auf die Forderungen der politischen Parteien zur Stärkung der häuslichen Pflege bzw. zur Verbesserung der Vereinbarkeit von Erwerbstätigkeit und Pflege. Neben einer Diskussion über die Ausweitung des anspruchsberechtigten Personenkreises, der maximalen Dauer der Pflegezeit und der Frage der Vergütung während der Pflegezeit wird auch auf die neue Familienpflegezeit eingegangen.

Das abschließende fünfte Kapitel enthält eine Zusammenfassung der Einzelergebnisse der vorliegenden Arbeit. Die sich teilweise entgegenstehenden Einzelergebnisse werden in ihren Wechselwirkungen erläutert und der Versuch unternommen, ein Gesamtpaket der aus Sicht des Verfassers gebotenen Änderungen des Pflegezeitgesetzes zu entwickeln. In dieses Gesamtpaket wird das seit 1.1.2012 geltende Familienpflegezeitgesetz einbezogen.

IV. Forschungsstand

1. Datenmaterial

Der Forschungsstand hinsichtlich der in dieser Arbeit untersuchten einzelnen Aspekte und Problematiken ist recht unterschiedlich. Auf der einen Seite existiert relativ umfangreiches Datenmaterial zur aktuellen Zahl der pflegebedürftigen Menschen in Deutschland und deren Versorgung in den unterschiedlichsten Pflegearrangements[8]. Ebenfalls nachvollziehbar berechnet ist die Entwicklung der Zahl der Pflegebedürftigen bis zum Jahr 2050. Unsicherheiten bestehen dagegen bei der Prognose des zukünftigen Pflegepotentials, also derjenigen Personen, die als nahe Verwandte oder als ehrenamtliche Personen in der Lage und bereit sind, die Pflege zu übernehmen. Die Unsicherheiten beruhen im Wesentlichen daraus, dass verschiedene relevante Faktoren, wie die Entwicklung der Erwerbsquote von Frauen, die Entwicklung der Vollerwerbsquote, die Zuwanderung und allgemeine Veränderungen in den Moralvorstellungen Einfluss auf die künftige Entwicklung des häuslichen Pflegepotentials haben.

Die beschriebenen Unsicherheiten setzen sich fort bei der Beurteilung, wie sich zukünftig die Pflegebedürftigen auf die unterschiedlichen Pflegearrangements, also auf die häusliche Betreuung, sowie die ambulante und die stationäre Unterbringung verteilen.

---

[8] s. Heusinger/Klünder (2004), S. 183 ff.; Heinemann-Knoch/Knoch/Korte (2006), S. 147

Hierzu gibt es – soweit überhaupt möglich – noch keine fundierten Erkenntnisse, sondern lediglich Näherungswerte[9].

In verschiedenen Untersuchungen werden zwar die zeitlichen, physischen und psychischen Belastungen der Pflege beschrieben[10]. Studien zu den finanziellen Konsequenzen für die Pflegepersonen bei der Übernahme der häuslichen Pflege eines Angehörigen sowie zur Effektivität und Effizienz von Maßnahmen zur Unterstützung der informellen häuslichen Pflege sind kaum ersichtlich[11]. Auch exakte Angaben zum Anteil pflegender erwerbstätiger Menschen an der Gesamtzahl der erwerbstätigen Bevölkerung fehlen[12]. Dürftig sind auch die Erkenntnisse über die Gründe, die Pflegepersonen dazu veranlassen, die Arbeitszeit im Vergleich zur Betreuung von Kindern weit seltener zu reduzieren. Hier besteht ein Erkenntnisvakuum, das bislang nur durch nicht belegte Vermutungen gefüllt ist[13].

2. Erfahrungen mit dem geltenden Pflegezeitgesetz

Kaum fundierte Erkenntnisse existieren insbesondere auch für die Auswirkungen des Pflegezeitgesetzes. Zum Pflegezeitgesetz und seinen Folgen auf die Pflegebereitschaft und insgesamt auf die häusliche Versorgung ist die Datenlage mehr als dürftig. Eine umfassende Evaluation der Auswirkungen des Pflegezeitgesetzes und des – im Laufe der Erstellung dieser Arbeit in Kraft getretenen

9 z.B. Pohl (2010), S. 366ff, der anhand zweier unterschiedlicher Szenarien die Verteilung in den drei genannten Pflegearrangements bis zum Jahr 2020 berechnet hat. Im ersten Szenario hat Pohl angenommen, dass die Verteilung der Pflegebedürftigen auf die verschiedenen Versorgungsformen in der Zukunft der Verteilung im Jahr 2005 entspricht. Im Alternativszenario wird das Niveau der pflegenden Angehörigen auf das Niveau des Jahres 2005 festgeschrieben.

10 s. Sauerborn (2011)

11 s. Schneider (2006), S. 515, die hier Forschungsbedarf sieht.

12 so Rumpf (2007), S. 124

13 s. Becker/Lauerer (2010), S. 14, die als denkbare Gründe für diesen Befund fehlende Flexibilität bei der Pflegetätigkeit, mangelnde Mobilität des Gepflegten, psychische Belastung und die Unsicherheit über die Dauer der Pflegebedürftigkeit angeben.

– Familienpflegezeitgesetzes hat bislang nicht stattgefunden und scheint von der Bundesregierung auch nicht geplant zu sein[14]. Die bisherigen in der Literatur geschilderten Auswirkungen des Pflegezeitgesetzes beruhen im Wesentlichen auf Befragungen, die aber nicht repräsentativ sind. Bislang ebenfalls noch nicht umfassend untersucht sind die arbeitgeberseitigen Kosten der mangelnden Vereinbarkeit von Pflege und Erwerbsarbeit in der Bundesrepublik Deutschland[15]. Wenig untersucht sind auch andere Vorschriften anderer europäischer Länder zur Freistellung wegen der Pflegeübernahme[16], so dass auch hieraus kaum Schlussfolgerungen für die Ausgestaltung des Pflegezeitgesetzes abgeleitet werden können.

3. Soziologisch-juristische Verzahnung

Die Sichtung der Literatur zur Pflegesituation in Deutschland, zur Familienarbeit, zur Vereinbarkeit von Erwerbsarbeit und Pflege sowie zum Pflegezeitgesetz hat als Ergebnis eine deutliche Trennung von soziologischen Ausarbeitungen zur Pflegesituation auf der einen Seite und rein juristische Expertisen zum Pflegezeitgesetz auf der anderen Seite ergeben. In den soziologischen Arbeiten findet sich umfangreiches Datenmaterial zur Struktur der Pflege, zur Verteilung von stationärer und häuslicher Pflege, zum Alter der Pflegenden, zu den Doppelbelastungen der Pflegenden bei gleichzeitiger Erwerbsarbeit und Pflege sowie zu den Auswirkungen von Erwerbsunterbrechungen auf Einkommens- und Karriere-

---

14 Bundesministerium für Familie, Senioren, Frauen und Jugend (2011), S. 22, danach wird nur die Anzahl der Arbeitgeber, die Leistungen nach dem neuen Familienpflegegesetz in Anspruch nehmen, der Zahl der damit geförderten Beschäftigten und der entstehenden Kosten erfasst. Erst im Lichte dieser Ergebnisse wird geprüft, ob eine weitergehende wissenschaftliche Evaluation der Wirkungen und Kosten erfolgen soll.

15 s. Schneider (2006), S. 508, die nur auf kanadische Studien aus den 1990er Jahren verweist, wonach mehr als jeder zehnte Arbeitnehmer mit Pflegetätigkeiten mindestens sechs volle Arbeitstage pflegebedingt der Arbeit fernblieb.

16 so die Beobachtungsstelle für gesellschaftspolitische Entwicklung in Europa (2010), S. 2

perspektiven und vieles mehr. Diese entsprechenden Berichte, Untersuchungen und Aufsätze beschreiben allerdings größtenteils nur die empirischen Befunde; es werden aber nur selten die sich hieraus für die Verfasser ableitbaren Konsequenzen dargestellt, und wenn ja, beschränken sich diese auf allgemeine Forderungen, wie u.a. eine stärkere Flexibilisierung der Arbeitszeit, eine geschlechtergerechtere Verteilung der Übernahme der häuslichen Pflege oder bessere finanzielle Rahmenbedingungen für die Pflegepersonen. In den wenigen soziologischen Ausarbeitungen, in denen auch Konsequenzen der Untersuchungsbefunde aus Sicht der jeweiligen Verfasser angemahnt werden, geschieht dies meist nur sehr pauschal oder bruchstückhaft.

Ganz im Gegensatz dazu steht das Ergebnis der Sichtung der juristischen Literatur zum Pflegezeitgesetz. Dort erfolgt zwar in der Regel ein Bezug auf die gesetzgeberische Intention des Gesetzgebers, nämlich der besseren Vereinbarkeit von Erwerbsarbeit und Pflege, die Ausführungen beschränken sich aber bis auf wenige Ausnahmen auf die Interpretation der einzelnen Vorschriften des Pflegezeitgesetzes bzw. deren Umsetzung in der betrieblichen Praxis. Empirische Erkenntnisse über die Pflegestruktur in Deutschland, die geschlechtergerechte familiäre Arbeit bzw. Analysen der Pflegesituation auf Basis soziologischer oder spezifischer gerontologischer Forschungen sind in den juristischen Arbeiten kaum zu finden.

Dieses Nebeneinander der soziologischen und der juristischen Literatur zu ein und demselben Gesetz bzw. zu einem Regelungsbereich war einer der Gründe des Verfassers, sich der Themenstellung dieser Arbeit anzunehmen. Der Verfasser dieser Arbeit hatte sich bereits intensiv mit dem Pflegezeitgesetz befasst. Neben einem Basiskommentar zum Pflegezeitgesetz hat er sich in mehreren Aufsätzen mit dem Pflegezeitgesetz und Urteilsanmerkungen unter rein juristischen Aspekten auseinandergesetzt:

- Das Pflegeweiterentwicklungsgesetz – Eine Übersicht unter Berücksichtigung der Rechte von Personal- und Betriebsrat, ZBVR online 2008, Nr. 12, 31-35
- Das neue Pflegezeitgesetz, in: Arbeit und Arbeitsrecht 2008, 328-330,
- Pflegezeitgesetz, Basiskommentar, 1. Aufl., Frankfurt a.M. 2009,
- Freistellung für die Pflege naher Angehöriger, in: Der Personalrat 2009, 195-199,
- Anmerkung zum Urteil des LAG Stuttgart vom 31.3.2010 – 20 Sa 87/09, in: jurisPR-ArbR 26/2010 Anm. 2,
- Das neue Familienpflegezeitgesetz, in: Der Personalrat 2012, 20-24,
- Pflegezeitgesetz und Familienpflegezeitgesetz, Basiskommentar, 2. Aufl., Frankfurt a.M. 2012.

Im Laufe der Beschäftigung mit dem Pflegezeitgesetz wuchs dabei die Erkenntnis, dass sich die zwei genannten Fakultäten – also die soziologische und die juristische – quasi unabhängig voneinander mit der häuslichen Pflege und der mit der Pflegeproblematik verbundenen arbeitsrechtlichen Freistellung beschäftigen. Dieses Ergebnis ist umso bemerkenswerter, als erst durch die Kenntnisse z.B. der tatsächlichen Pflegedauer, der Bedarfe häuslich Pflegender und insgesamt der soziologischen Fakten der häuslichen Pflegetätigkeit die für die daraus resultierenden rechtlichen Folgerungen notwendige Basis geschaffen wird. Ebenso bemerkenswert war beim Studium der soziologischen Literatur, dass die Ausführungen vielfach im Deskriptiven stecken blieben und finale Ausführungen zu den hieraus abzuleitenden gesetzgeberischen Folgen zu einem großen Teil einfach unterblieben oder ausgespart wurden. Erst in jüngster Zeit ist es durch die Ausarbeitung von Becker und Lauerer von Ende 2010, die das Ergebnis einer aus Mitgliedern verschiedener Fakultäten bestehenden Arbeitsgruppe ist, gelungen, die empirische Erkenntnis mit konkreten juristischen Konsequenzen nachzuzeichnen[17].

Daran anknüpfend soll mit der vorliegenden Arbeit deshalb der Versuch unternommen werden, das noch vorhandene Vakuum der Verzahnung soziologischer Erkenntnisse mit juristischen Schlussfolgerungen zu füllen. Ziel des Verfassers war es dabei zunächst, soweit als möglich den aus seiner Sicht am geltenden Pflegezeitgesetz für notwendig erachteten Novellierungsbedarf mit einer „soziologischen Rechtfertigung“ zu begründen. Im Laufe der Befassung mit dem Thema der vorliegenden Arbeit musste dieser (vielleicht typisch juristische) Ansatz aber insoweit auf den Kopf gestellt werden, als vielmehr nun die soziologischen bzw. gerontologischen Erkenntnisse die Basis für die daraus abzuleitenden juristischen Schlussfolgerungen sind.

Die Ausführungen in der vorliegenden Arbeit sind eng auf das Pflegezeitgesetz und das Familienpflegezeitgesetz beschränkt. Andere, mit der Sicherstellung einer bedarfsgerechten Pflege verbundene Fragestellungen, wie z.B. die Frage, wo die Pflegebedürftigen zukünftig gepflegt werden sollen, welche Infrastrukturen hierfür notwendig sind, oder welche zusätzlichen Hilfeangebote betreuende Familienangehörige benötigen, werden in der vorliegenden Arbeit bewusst ausgeklammert. Gleiches gilt für die Frage, ob perspektivisch der Vorrang der Angehörigenpflege aufrechterhalten bleiben soll oder eine stärkere professionelle Pflege, wie sie z.B. in den nordeuropäischen Ländern bereits gegenwärtig vollzogen wird, die adäquate Lösung zur Abdeckung des zunehmenden Pflegebedarfs ist. Insofern wird die wohl noch immer offene Frage, ob die Zurückhaltung der meisten Pflegefamilien gegenüber Sachleistungen aus einem Autonomiebedürfnis entspringt oder primär die Gewährung von Geldleistungen im Vordergrund steht, nicht behandelt[18]. Sowohl die teil- oder vollstationäre Unterbringung als auch die häusliche Pflege sind mit unterschied-

---

[17] s. Becker/Lauerer (2010)

[18] s. zum Stand der Diskussion Rumpf (2007), S. 34 f. m.w.N.

lichen Vor- und Nachteilen verbunden. So zeigen Studien, dass die Qualität der Familienpflege häufig nicht einwandfrei ist. Die häusliche Pflege durch Familienangehörige verursacht zudem Kosten durch entgangene Einkommen[19]. Hingegen ist eine Ausweitung der professionellen Pflege mit Ausgabensteigerungen in der Pflegeversicherung verbunden und entspricht gegenwärtig nicht dem vielfach von den Betroffenen geäußertem Wunsch, in der eigenen häuslichen Umgebung gepflegt zu werden.

Die vorliegende Untersuchung geht insofern vielmehr von der Grundannahme aus, dass es auch künftig einen Bedarf an häuslicher (familiärer) Pflege geben wird und konzentriert sich auf die Frage, ob mit dem Pflegezeitgesetz ein für die Gewährleistung der häuslichen Pflege geeigneter Teilbeitrag geleistet wurde und an welchen Stellen das Pflegezeitgesetz eine Modifikation erfahren sollte, um der Zielsetzung des Gesetzes, nämlich der besseren Vereinbarkeit von Erwerbsarbeit und Pflege und der Berücksichtigung der Wünsche der Pflegebedürftigen in größerem Maße als bisher Rechnung zu tragen.

---

19 Schnabel (2007), S. 5

2. Kapitel – Lebenslagen von Pflegebedürftigen und Pflegenden

Mit dem Pflegezeitgesetz sollen ausweislich der Gesetzesbegründung zwei wesentliche Ziele erreicht werden, wobei aber hinsichtlich der theoretischen Einordnung beide Ziele streng zu unterscheiden sind.

- Auf der Ebene der Pflegebedürftigen ging es dem Gesetzgeber darum, die Rahmenbedingungen so zu verbessern, dass der von den Pflegebedürftigen vielfach geäußerte Wunsch, im eigenen Wohnumfeld gepflegt zu werden, auch tatsächlich realisiert werden kann.
- Auf der Ebene der potentiell Pflegenden war es Zielsetzung des Pflegezeitgesetzes, die Rahmenbedingungen für die Vereinbarkeit von Erwerbarbeit und familiärer Pflegeübernahme zu verbessern.

Im Folgenden sollen die beiden genannten Zielsetzungen im Hinblick auf die unterschiedlichen Lebenslagen der Pflegebedürftigen (I.) und der pflegenden Angehörigen (II.) untersucht werden. In die Darstellung der Lebenslagen werden auch die dahinter liegenden theoretischen Konzeptionen eingebunden. Dabei geht es weniger um eine umfassende Beschreibung und Analyse der unterschiedlichen theoretischen gerontologischen Ansätze als vielmehr darum – wie es Wahl 2002 beschrieben hat – Entscheidungen (hier also den in der vorliegenden Arbeit untersuchten Änderungsbedarf am Pflegezeitgesetz) „nicht nur aufgrund von planen Zahlen (...), sondern an möglichst guten Problemerklärungen auszurichten“[20].

[20] Wahl (2002a), S. 242

I. Lebenslagen der Pflegebedürftigen

1. Entwicklung der Zahl der Pflegebedürftigen

Die Zahl der Pflegebedürftigen wird zunehmen und damit auch die Problematik der bedarfsgerechten Pflege dieses Personenkreises stärker in den Focus rücken. Im Jahr 1995, also dem Jahr der Einführung der Pflegeversicherung, waren insgesamt 1,061 Mio. Menschen in Deutschland pflegebedürftig. Bis zum Jahr 2006 ist die Zahl der pflegebedürftigen Menschen in Deutschland auf 1,968 Mio. angestiegen. Mit 1,033 Mio. waren dabei die meisten Pflegebedürftigen der Pflegestufe I zugeordnet, 683.000 entfielen auf die Pflegestufe II und 252.000 auf die Pflegestufe III.

Nach Berechnungen der Statistischen Ämter des Bundes und der Länder aus dem Jahr 2008 steigt die Zahl der Pflegebedürftigen von 2,4 Mio. im Jahr 2010, über 2,9 Mio. im Jahr 2020 auf 3,4 Mio. im Jahr 2030. Diese Prognose wird auch durch aktuellere Modellrechnungen bestätigt[21]. Die Zahl der Pflegebedürftigen wird also bis zum Jahr 2030 um rd. 50% ansteigen[22]. Gleichzeitig steigt der Anteil der Pflegebedürftigen an der Gesamtbevölkerung von derzeit rd. 2,6% auf 4,4% im Jahr 2030. Diese relativ niedrigen Prozentangaben bilden das Ausmaß der Pflegebedürftigkeit in Deutschland aber nur unzureichend ab. Stellt man auf die Wahrscheinlichkeit ab, jemals im Leben pflegebedürftig zu werden, ergibt sich ein deutlich anderes Bild. Nach Untersuchungen hat rd. die Hälfte der im Jahr 2001 Verstorbenen in ihrem Leben Leistungen der Pflegeversicherung erhalten. Dabei lag der Anteil der Frauen mit 60% deutlich über dem Anteil der Männer mit 40%. Die Wahrscheinlichkeit im Leben pflegebedürftig zu werden. ist in den letzten Jahren noch deutlich angestiegen und betrug für die 2009 verstorbenen Frauen 72% und Männer 50%[23]. Im Ergebnis dieser

---

21 s. Rothgang/Müller/Unger (2012), S. 34, die prognostizieren, dass im Jahr 2030 in Deutschland rd. 3,435 Mio. pflegebedürftige Menschen leben werden.

22 Statistische Ämter des Bundes und der Länder (2008), S. 24 f.

23 Rothgang/Müller/Unger (2012), S. 13

Betrachtungsweise werden demnach fast 50% der Männer und 75% der Frauen im Laufe ihres Lebens pflegebedürftig sein[24].

In Deutschland wird sich insbesondere die Zahl der Hochbetagten, also der Menschen über 80 Jahre, deutlich erhöhen. Nach den Berechnungen des Bundesinstituts für Bevölkerungsforschung steigt die Zahl der über 80-Jährigen von 2005 bis zum Jahr 2050 um mehr als 160%[25]. Berücksichtigt man, dass derzeit rd. 32% der über 80-Jährigen pflegebedürftig sind, ist nach den Prognosen des Bundesinstituts für Bevölkerungsforschung bereits durch diesen absehbaren Anstieg zukünftig ein wachsender Pflegebedarf zu erwarten[26].

Zu ähnlichen Ergebnissen kommt eine Studie des DIW aus dem Jahr 2001. Danach wird die Zahl der Pflegebedürftigen bis zum Jahr 2020 auf 2,94 Mio. zunehmen[27]. Im Jahr 2050 wird es nach gegenwärtigen Berechnungen mehr als vier Millionen pflegebedürftige Menschen in Deutschland geben[28]. In diesen Berechnungen sind dementiell erkrankte Personen nicht erfasst. Derzeit leben in Deutschland ca. 1-1,3 Mio. Menschen, die an Demenz leiden[29]. Auf Grund der Berechnungen zum zukünftigen Bevölkerungswachstum wird geschätzt, dass deren Zahl bis zum Jahr 2020 auf 1,4 Mio. und bis zum Jahr 2050 auf 2,0 Mio. ansteigen wird[30]. Die Versorgung der pflegebedürftigen Menschen wird also eine der herausragenden gesellschaftlichen Herausforderungen der Zukunft darstellen.

Ob dieser von den Statistischen Ämtern des Bundes und der Länder prognostizierte Anstieg der Zahl der Pflegebedürftigen in der

---

24 Rothgang/Müller/Unger (2012), S. 13

25 Bundesinstitut für Bevölkerungsforschung (2007), S. 10

26 Bundesinstitut für Bevölkerungsforschung (2007), S. 33

27 Schulz/Leidl/Koenig (2001), S. 5

28 Schulz/Leidl/Koenig (2001), 12 ff.; Geiger (2009), S. 10; Blinkert/Klie (2004), S. 319; Schulz (2012), S. 5, die nach aktuellen Daten rd. 4,9 Mio. pflegebedürftige Menschen im Jahr 2050 prognostiziert.

29 Enquete-Kommission „Demografischer Wandel" (2002), S. 62

30 Meyer (2006), S. 29 m.w.N.

Bundesrepublik Deutschland tatsächlich in diesem Maße eintritt, ist aber nicht sicher[31]. Denn die dieser Annahme zugrunde liegende Berechnungsgrundlage beruht auf einem sog. Status-quo-Szenario[32]. Diese Status-quo-Berechnung geht davon aus, dass eine gleichbleibende Pflegewahrscheinlichkeit unabhängig vom Sterbealter besteht. Nach anderen Berechnungsmethoden zur Ermittlung der zukünftigen Zahl pflegebedürftiger Menschen verschiebt sich die Pflegebedürftigkeit parallel zur Erhöhung der Lebenserwartung nach oben. Danach wird ein Anstieg der altersbedingten Pflegebedürftigkeit erwartet.

Dagegen wird nach der Kompressions- oder Zuwachsthese ein unter- oder überdurchschnittlicher Zuwachs an gesunden Lebensjahren unterstellt. So führt nach der Kompressionstheorie der medizinisch-technische Fortschritt zu einem Rückgang der altersbedingten Zahl von Pflegebedürftigen. Entsprechend dieser unterschiedlichen theoretischen Ansätze – deren empirischer Nachweis noch aussteht – ergeben sich unterschiedliche Prognosen hinsichtlich der Entwicklung der Zahl der pflegebedürftigen Menschen. Nach der Kompressionsthese verringert sich die Zahl der Pflegebedürftigen im Jahr 2060 auf 2,64 Mio., nach der Zuwachsthese werden 5,68 Mio. pflegebedürftige Menschen in der Bundesrepublik Deutschland im Jahr 2060 erwartet. Nach der von den Statistischen Ämtern des Bundes und der Länder zugrunde gelegten mittleren Status-quo-Berechnung, also der Berechnung anhand einer konkreten Pflegewahrscheinlichkeit, ergibt sich ein Anstieg der Zahl der Pflegebedürftigen im Jahr 2060 auf rd. 4 Mio.[33].

Pohl hat in einer Zusammenfassung der bisherigen Forschungsergebnisse dazu festgestellt, dass es deutliche Hinweise für die

---

31 ebenso Becker/Lauerer (2010), S. 10, die ebenfalls hinsichtlich der zukünftigen Entwicklung der altersspezifischen Pflegebedürftigkeit erhebliche Unsicherheit sehen.

32 s. Pohl (2010), S. 365

33 Nachweise dazu s. Becker/Lauerer (2010), S. 11; Wille (2010), S. 3

relative Morbiditätskompressionsthese gibt[34]. Danach nimmt die Gesamtphase der in Krankheit und Pflege verbrachten Jahre anteilig an der gesamten Lebenserwartung ab. Hieraus folgert Pohl, dass der von den Statistischen Ämtern des Bundes und der Länder auf Basis des Status-quo-Szenarios unterstellte Anstieg der Zahl der Pflegebedürftigen auf 3,4 Mio. im Jahr 2030 eine Obergrenze zur Zahl der zukünftigen pflegebedürftigen Menschen in der Bundesrepublik Deutschland darstellt[35].

Im Rahmen dieser Arbeit ist der vorgenannte Theorienstreit nicht zwingend ausführlich zu erörtern, geschweige denn zu entscheiden, da hierfür kein empirisches Datenmaterial zur Verfügung steht. Die weiteren Überlegungen in dieser Arbeit knüpfen daher an die überwiegende in der Literatur vertretene – und durch die Berechnung der Statistikämter unterlegte – Prognose an, dass es zukünftig zu einem erheblichen Anstieg der Zahl der pflegebedürftigen Menschen kommen wird.

Hinzu kommt, dass die bisherigen Prognosen der Zahl der pflegebedürftigen Menschen auf dem geltenden Recht und dem im SGB IX fixierten Begriff der Pflegebedürftigkeit beruhen. Durch die in Aussicht genommene Erweiterung des Begriffs der Pflegebedürftigkeit dürfte aber damit zu rechnen sein, dass allein dadurch die Zahl der als pflegebedürftig eingestuften Menschen zunehmen wird[36].

2. Bedarf an häuslicher Pflege

Anknüpfend an die zuvor dargestellte Entwicklung der Zahl der Pflegebedürftigen wird nachfolgend untersucht, wie sich zukünftig der Bedarf an häuslicher (familiärer) Pflege darstellen wird. Die

34 Pohl (2010), S. 365, Fn. 9 mit Hinweis auf die Untersuchungen von Hackmann und Moog (Älter gleich kränker? Auswirkungen des Zugewinns an Lebenserwartung auf die Pflegewahrscheinlichkeit, in Diskussionsbeiträge 26. Freiburg 2008).

35 Pohl (2010), S. 365

36 ebenso: Becker/Lauerer (2010), S. 11

zukünftige Sicherstellung der pflegerischen Versorgung wirft dabei sowohl auf individueller als auch auf gesellschaftlicher Ebene die Frage auf, ob ausreichend Ressourcen vorhanden sind, um den prognostizierten pflegerischen Bedarf zu decken. Gegenwärtig beruht die Betreuung pflegebedürftiger Menschen in Deutschland im Grundsatz auf fünf Säulen, wovon in vier Säulen professionelle Pflegekräfte die Versorgung übernehmen[37]. Dabei handelt es sich um

- die stationäre Pflege,
- die Tages- und Kurzzeitpflege,
- die ambulante Versorgung und um
- hauswirtschaftliche Dienstleistungen.

Die fünfte Säule ist die familiäre Betreuung des Pflegebedürftigen durch Angehörige.

Die Pflegeversicherung stellt Leistungen sowohl für die häusliche, die ambulante als auch die stationäre Pflege zur Verfügung. Dabei ist in § 3 SGB XI der Vorrang der häuslichen Pflege normiert. Danach soll die Pflegeversicherung mit ihren Leistungen vorrangig die häusliche Pflege und die Pflegebereitschaft der Angehörigen und Nachbarn unterstützen, damit die Pflegebedürftigen möglichst lange in ihrer häuslichen Umgebung bleiben können. Dieses gesetzliche Vorrangprinzip der häuslichen Pflege findet im Grundsatz seine Entsprechung in dem tatsächlichen Stellenwert der häuslichen Pflege an der Gesamtpflege.

Das gesetzlich fixierte Vorrangprinzip könnte zukünftig unter mehreren Gesichtspunkten eine noch stärkere Bedeutung erlangen. Zum einen ist bereits ohne weitere Leistungsausweitung in der sozialen Pflegeversicherung wegen der steigenden Zahl pflegebedürftiger Menschen mit einem Kostenanstieg und damit mit beitragsrelevanten Belastungen der Pflegeversicherung zu rechnen. Die von der Wissenschaft und allen Parteien geforderte Neu-

---

[37] s. Rosenkranz/Schneider (1997), S. 138

definition des Pflegebedürftigkeitsbegriffes dürfte weitere Kosten zur Folge haben, die ebenfalls zu einer Steigerung des Beitragssatzes führen dürften. Zum anderen wird nach neuesten Untersuchungen wegen des rückläufigen Arbeitskräfteangebots eine Versorgungslücke in der professionellen Pflege prognostiziert[38]. Eine Möglichkeit diese Versorgungslücke zu schließen, besteht ein der stärkeren Aktivierung des familiären bzw. außerfamiliären – also dem privaten Bereich zuzuordnenden – Pflegepersonenpotentials. Hier müssen dann aber die Anreize so gesetzt werden, dass dieses Potential möglichst weitgehend ausgeschöpft werden kann.

2.1. Gegenwärtiger Anteil der familiären Betreuung

Nach Angaben des Statistischen Bundesamtes und der Bundesregierung sind im Dezember 2007 von den insgesamt 2,25 Mio. pflegebedürftigen Menschen im Sinne des Pflegeversicherungsgesetzes 68%, d.h. rd. 1,54 Mio. Pflegebedürftige zu Hause versorgt worden[39]. Davon erhielten 1,03 Mio. Pflegebedürftige ausschließlich Pflegegeld, d.h. sie wurden in der Regel allein durch Angehörige gepflegt. Insofern ist davon auszugehen, dass mindestens 45% aller pflegebedürftigen Menschen zu Hause durch Angehörige gepflegt werden[40]. Der tatsächliche Anteil von im häuslichen Umfeld betreuten Pflegebedürftigen dürfte jedoch weitaus höher sein, denn die vorgenannten Zahlen berücksichtigen zum einen nur solche hilfe- und pflegeleistende Angehörige, die einen Antrag auf Leistungen der Pflegeversicherung gestellt haben[41]. Zum anderen ist zu berücksichtigen, dass es sich bei den 1,03 Mio. von Angehörigen gepflegten Menschen nur um solche handelt, die ausschließlich allein von Angehörigen gepflegt wer-

---

38 Rothgang/Müller/Unger (2012), S. 10

39 Statistisches Bundesamt, Presseerklärung vom 17.12.2008; Deutscher Bundestag (2010), S. 2; Sprangenberg/Glaesmer/Bräher/Srauß (2012), S. 954

40 Rothgang/Staber (2012), S. 48

41 s. Statistisches Bundesamt (2008), S. 27, Erläuterung zur Zahl der Pflegebedürftigen, die zu Hause durch Angehörige versorgt werden; Jentzsch (2004), S. 61

den. Pflegebedürftige, die daneben auch Leistungen ambulanter Pflegedienste in Anspruch nehmen, werden von dieser Statistik nicht umfasst[42].

Nach den Untersuchungen von Böttcher, Selinger und Hauss liegt die Zahl der zu Hause betreuten pflegebedürftigen Menschen in etwa 1,8-mal so hoch, wie die Zahl der in der amtlichen Statistik ausgewiesenen Pflegebedürftigen[43]. Nach anderen Studien sollen sogar 80%–90% aller Pflegebedürftigen und chronisch kranken älteren Menschen in der Familie betreut werden[44]. Ausweislichen den Angaben des Statistischen Bundesamtes lag der Anteil der zu Hause betreuten pflegebedürftigen Menschen im Jahr 2007 bei 68,2%[45]. Hierbei ist ein deutlicher Rückgang gegenüber den Vorjahren festzustellen, denn seit dem Jahr 1999 mit 71,6% und mit 69,2% im Jahr 2003 ergibt sich eine signifikante Verringerung des Anteils der häuslichen Pflege an der Gesamtpflege. In absoluten Zahlen betrachtet ist die Zahl der Pflegebedürftigen in der häuslichen Pflege aber konstant geblieben[46].

Nach den Untersuchungen von Böttcher, Selinger und Hauss zur Entwicklung der Pflegebedürftigkeit im Land Brandenburg werden 73% der Pflegebedürftigen in häuslicher Umgebung gepflegt, hiervon 60% durch ihre Angehörigen. Von den pflegenden Angehörigen sind etwa 30% erwerbstätig[47]. Konkret heißt das für das Land Brandenburg, dass von den rd. 85.000 Pflegebedürftigen im Jahr 2007 rd. 41.000 ausschließlich durch Angehörige gepflegt wurden. In rd. 12.700 Fällen wurde der Pflegebedürftige durch einen erwerbstätigen Angehörigen gepflegt, also in ca.15% aller Pflegefälle.

---

42 ebenso Jentzsch (2004), S. 61 f.

43 Böttcher/Selinger/Hauss (2009), S. 12

44 Lüdecke/Mnich (2009), S. 6; Rosenkranz/Schneider (1997), S. 140

45 Statistisches Bundesamt (2008), S. 4; ebenso Haberkern (2009), S. 14 f., wonach 70% der Pflegebedürftigen zu Hause von Familienangehörigen gepflegt werden.

46 Rothgang/Borchert/Müller/Unger (2008), S. 46

47 Böttcher/Selinger/Hauss (2009), S. 23

Bundesweit war in den letzten Jahren ein moderater Rückgang der familiären Pflege festzustellen. Der Anteil der Pflegegeldempfänger unter allen Pflegebedürftigen ist von 1999 bis zum Jahr 2009 von 51% auf rd. 45% zurückgegangen. Der Rückgang der familiären Pflege ist im genannten Zeitraum durch eine entsprechende Erhöhung des Anteils der stationären Pflege ausgeglichen worden[48].

2.2. Pflegebedarfe

Ausgehend von den im SGB XI normierten Pflegestufen wird im Folgenden der Pflegebedarf der in Privathaushalten betreuten Pflegebedürftigen dargestellt.

- Pflegebedürftige der Pflegestufe I sind Personen, die bei der Körperpflege, der Ernährung oder der Mobilität wenigstens zwei Verrichtungen aus einem oder mehreren Bereichen mindestens einmal täglich der Hilfe bedürfen und zusätzlich mehrfach in der Woche Hilfen bei der hauswirtschaftlichen Versorgung benötigen.
- Pflegebedürftige der Pflegestufe II sind Personen, die bei der Körperpflege, der Ernährung oder der Mobilität mindestens dreimal täglich zu verschiedenen Tageszeiten der Hilfe bedürfen und zusätzlich mehrfach in der Woche Hilfen bei der hauswirtschaftlichen Versorgung benötigen.
- Pflegebedürftige der Pflegestufe III sind Personen, die bei der Körperpflege, der Ernährung oder der Mobilität täglich rund um die Uhr, auch nachts, der Hilfe bedürfen und zusätzlich mehrfach in der Woche Hilfen bei der hauswirtschaftlichen Versorgung benötigen.

Die Eingruppierung der Pflegebedürftigen in die jeweiligen Pflegestufen hat für das Jahr 2010 folgendes Bild ergeben: In die Pflegestufe I waren 59%, in die Pflegestufe II 32% und in die Pflege-

[48] Rothgang/Müller/Unger (2012), S. 16

stufe III 9% eingruppiert[49]. Gegenüber den jeweiligen Eingruppierungen aus dem Jahr 1998 hat es deutliche Veränderungen gegeben. Der Anteil der Pflegebedürftigen, die der Pflegestufe I zugeordnet wurde, ist deutlich angestiegen (von 47% im Jahr 1998 auf 59% im Jahr 2010), währenddessen der Anteil der Personen der Pflegestufe II und III von 1998 auf 2010 signifikant abgenommen hat[50].

2.3. Familienstand der Pflegebedürftigen in Privathaushalten

Die in häuslicher Umgebung gepflegten Menschen sind zu zweidrittel Frauen (64%)[51]. Nach den Zahlen des Statistischen Bundesamtes für das Jahr 2003 waren von den zu Hause versorgten Pflegebedürftigen 43% verwitwet. Mehr als ein Drittel (35%) waren verheiratet, 18% waren ledig und 5% geschieden[52]. Diese Familienstandsverhältnisse haben sich bis zum Jahr 2010 kaum verändert. Nach der aktuellen Untersuchung von TNS Infratest Sozialforschung waren 41% der Pflegebedürftigen verwitwet, 36% verheiratet, 16% ledig und 7% geschieden[53].

Dagegen hat es in den letzten Jahren eine deutliche Verschiebung bei den Lebensformen der Pflegebedürftigen gegeben. In den letzten zwölf Jahren, also von 1998 bis zum Jahr 2010 hat sich der Anteil der alleinlebenden Pflegebedürftigen deutlich erhöht. Während in 1998 nur 22% der Pflegebedürftigen alleinlebend waren, ist dieser Anteil in 2010 um mehr als die Hälfte auf 34% angestiegen[54]. Im gleichen Zeitraum ist der Anteil der verwitweten Pflegebedürftigen, die zusammen mit Angehörigen in einem Haushalt leben von 28% auf 18% zurückgegangen. Auf welchen

---

49 Bundesministerium für Gesundheit (2011), S. 22

50 Bundesministerium für Gesundheit (2011), S. 22, Die Anteil der Pflegebedürftigen der Pflegestufe II ist von 1998 auf 2010 von 41% auf 32% und in der Pflegestufe III von 12% auf 9% zurückgegangen.

51 Bundesministerium für Gesundheit (2011), S. 17

52 Statistisches Bundesamt (2004), S. 4

53 Bundesministerium für Gesundheit (2011), S. 17

54 Bundesministerium für Gesundheit (2011), S. 17

Ursachen diese Verschiebung hin zu mehr Haushalten – in denen Pflegebedürftige allein leben – resultiert, ist nicht abschließend untersucht. Ein Erklärungsansatz für die beschriebene Entwicklung ist, dass der Wunsch des Pflegebedürftigen auch nach dem Tod des Partners möglichst lange in der eigenen Wohnung zu bleiben, zugenommen hat. Eine weitere Begründung sieht die Bundesregierung darin, dass die Leistungen der Pflegeversicherung und der Ausbau wohnortnaher Versorgungsstrukturen das Alleinleben zunehmend erleichtern[55].

Im Jahr 2003 bestritten 81% der ambulant Versorgten ihren Lebensunterhalt überwiegend durch ihre Rente. 11% erhielten ihren Unterhalt hauptsächlich durch Angehörige. Lediglich für 3% der Pflegebedürftigen waren die Leistungen der Pflegeversicherung die Haupteinnahmequelle[56].

Eine besondere Gruppe der Pflegebedürftigen sind die Menschen mit Migrationshintergrund. In den vergangenen Jahrzehnten hat diese Gruppe in der Pflegewissenschaftlichen Diskussion kaum eine Rolle gespielt. Dies hat sich aber mit fortschreitendem Alter der Menschen mit Migrationshintergrund geändert. Nach aktuellen Zahlen haben rd. 8% der Pflegebedürftigen einen Migrationshintergrund[57]. Im Vergleich zu Pflegebedürftigen ohne Migrationshintergrund ist die Nutzung professioneller Pflege durch Menschen mit Migrationshintergrund deutlich geringer.

2.4. Pflegearrangements

Die konkrete häusliche Betreuung der pflegebedürftigen Menschen ist recht unterschiedlich gestaltet. In 7% der Fälle erhalten die pflegebedürftigen Menschen keine Unterstützung durch Angehörige oder Bekannte[58]. In der weit überwiegenden Zahl alle Betreuungsfälle erfolgt die Betreuung durch eine oder mehrere Per-

55 Bundesministerium für Gesundheit (2011), S. 17 f.
56 Statistisches Bundesamt (2004), S. 4
57 Bundesministerium für Gesundheit (2011), S. 68
58 Bundesministerium für Gesundheit (2011), S. 26

sonen. Im Jahr 2010 wurden 30% der Pflegebedürftigen in Privathaushalten durch nur eine Person betreut, 26% der Pflegebedürftigen erhalten Unterstützung durch zwei Personen und 17% durch drei Personen. Bei 20% der in häuslicher Umgebung betreuten Pflegebedürftigen wird die Pflege von vier oder mehr Personen übernommen[59].

Bei den genannten Pflegearrangements ist zu berücksichtigen, dass diese im Verlauf des (meist fortschreitenden) Betreuungsbedarfs in der Regel einem Veränderungsprozess unterworfen sind, bei dem das Pflegearrangement an den Betreuungsbedarf angepasst wird. Dieser Veränderungsprozess lässt sich grundsätzlich in unterschiedliche Phasen einteilen, die mit einer längeren Unterstützungsphase im häuslichen Bereich beginnen und mit steigendem Pflegebedarf zur Notwendigkeit führen, das Pflegearrangement umzustrukturieren. In der weiteren Phase erfordert die Verschlechterung des Gesundheitszustands des Pflegenden zumeist eine professionelle Langzeitpflege, z.B. durch einen ambulanten Pflegedienst[60].

3. Prognose der künftigen familiären Betreuung

Einigkeit besteht bei allen Untersuchungen, dass sich die Zahl pflegebedürftiger Menschen in der Zukunft erhöhen wird. Unsicher ist demgegenüber, wie sich die unterschiedlichen Betreuungsformen entwickeln werden und wie die Aufteilung auf die unterschiedlichen Pflegearrangements ausfallen wird. Wie sich der Bedarf an häuslicher Pflege zukünftig darstellen wird, ist deshalb derzeit relativ unklar. Entsprechende Untersuchungen zum zukünftigen Bedarf sind kaum vorhanden und wenn ja, beruhen diese auf Annahmen wie z.B. der künftigen Verteilung in die unterschiedlichen Pflegearrangements, die selbst nur schwer zu prognostizieren sind. Soweit vorhanden gehen die Untersuchungen von einem anhaltenden Bedarf an familiären Pflegearrangements

[59] Bundesministerium für Gesundheit (2011), S. 26

aus, prognostizieren aber gleichzeitig den Rückgang der tatsächlichen familiären Pflege[61].

Richtet man den Blick auf den zurückliegenden Zeitraum, war in den letzten Jahren ein Trend zu einer Professionalisierung der Pflege festzustellen. Zwar ist die Zahl der Pflegebedürftigen, die ausschließlich durch ambulante Pflegedienste betreut werden, im Zeitraum 1999 bis 2005 im Wesentlichen gleich geblieben. Allerdings ist die Zahl derjenigen Pflegebedürftigen gestiegen, die sowohl durch Angehörige als auch durch ambulante Pflegedienste betreut wurden, im gleichen Zeitraum um 43% angestiegen[62]. Dieser Trend zur Professionalisierung zeigt sich auch beim Anstieg der stationären Unterbringungen. Von 1999 bis 2005 ist die Zahl der stationär untergebrachten Pflegebedürftigen von 573.000 auf 677.000 und damit um rd. 18% angewachsen[63]. Hingegen ist der Anteil der Pflegegeldempfänger – der Indikator für die häusliche Pflege ohne Beteiligung formeller Pflegeeinrichtungen ist – von 1999 bis zum Jahr 2009 von 51% auf 45,6% gesunken[64]. Im Bereich der häuslichen Pflege deutet sich insoweit die Tendenz an, dass sich die familiäre Versorgungssituation und damit auch die Möglichkeit von häuslicher Pflege generell verschlechtert haben könnte[65].

Pflegebedürftige in Privathaushalten, die Leistungen der Pflegeversicherung erhalten, sind zu 56% in die Pflegestufe I, zu 33% in die Pflegestufe II und 11% in die Pflegestufe III eingestuft[66]. Der überwiegende Teil (64%) der Pflegebedürftigen braucht die Pflegeleistung rund um die Uhr, während ein Viertel (26%) zumindest

---

60 Franke/Reichert (2011), S. 36 m.w.N.

61 Rothgang/Müller/Unger (2012), S. 17; Pohl (2010), S. 367

62 Rothgang/Borchert/Müller/Unger (2008), S. 47

63 Rothgang/Borchert/Müller/Unger (2008), S. 48

64 Rothgang/Staber (2012), S. 52

65 so das Fazit von Rothgang/Borchert/Müller/Unger (2008), S. 49; Rothgang/Staber (2012), S. 48; Sprangenberg/Glaesmer/Brähler/Strauß (2012), S. 954

66 Schneekloth/Leven (2003), S. 8

täglich stundenweise Pflegeleistungen benötigt[67]. Nach Berechnungen des DIW wird der Anteil von Pflegebedürftigen der Stufen II und III in den nächsten Dekaden stärker ansteigen als der Anteil der Pflegebedürftigen der Stufe I[68]. Damit würde auch die Nachfrage nach vollstationärer Betreuung dynamischer wachsen als nach ambulanter oder teilstationärer Versorgung. Insofern zeichnet sich ab, dass schon aus demografischen Gründen die Nachfrage nach professioneller, außerfamiliärer Hilfe stärker zunehmen wird[69]. Gleichzeitig wird ein Defizit bei der stationären Versorgung prognostiziert. Nach einer Studie des Instituts der Deutschen Wirtschaft wird für das Jahr 2020 ein zusätzlicher Bedarf von 220.000 professionellen Pflegekräften prognostiziert[70].

In einer neueren Untersuchung hat Pohl versucht, die zukünftige Aufteilung der Betreuung pflegebedürftiger Menschen in die häusliche, ambulante und stationäre Unterbringung nachzuvollziehen. Er hat hierzu zwei Szenarien entwickelt, wobei er im sog. Basisszenario davon ausgeht, dass sich künftig auch die Zahl der pflegenden Angehörigen weiter erhöhen wird[71].

In seinem Basisszenario gelangt Pohl zu dem Ergebnis, dass sich gegenüber dem Jahr 2007 im Jahr 2020 die Zahl der zu Hause gepflegten Menschen um 30% erhöhen wird. In einem Alternativszenario, bei dem das Niveau der pflegenden Angehörigen auf das Niveau des Jahres 2005 festgeschrieben wird, bleibt dagegen die Zahl der Pflegebedürftigen, die zu Hause gepflegt werden, auf dem gleichen Niveau wie im Jahr 2005, während dessen eine deutliche Zunahme der ambulanten und stationären Unterbrin-

67 DGB (2006), S. 2

68 Schulz/Leidl/Koenig (2001), S. 6

69 Schulz/Leidl/Koenig (2001), S. 7

70 Institut der Deutschen Wirtschaft (2011), S. 1

71 Pohl (2010), S. 367. Pohl beurteilt diese Annahme jedoch selbst kritisch, „da zahlreiche Studien den Schluss nahelegen, dass das Angebot an pflegenden Angehörigen zukünftig nicht zunehmen, sondern sogar geringfügig abnehmen wird."

gung zu verzeichnen ist[72]. Anhand dieser unterschiedlichen Berechnungen von Pohl wird deutlich, dass zukünftig ein steigender Bedarf angenommen werden kann, dessen Abdeckung aber entscheidend davon abhängen wird, wie sich das häusliche Pflegepersonenpotential entwickeln wird. Zu ähnlichen Ergebnissen gelangt eine auf Hamburg begrenzte Studie des HWWI, das die Entwicklung der Zahl der Angehörigen untersucht, die ausschließlich von Angehörigen gepflegt wird. Danach wird die Angehörigenpflege von 2009 bis 2030 in absoluten Zahlen um 22% zunehmen und selbst bei Fortsetzung des gegenwärtigen Trends zur stationären Pflege zwischen 30 und 40% der gesamten Pflegearrangements liegen[73].

Rothgang, Müller und Unger haben anhand dreier unterschiedlicher Szenarien die Entwicklung der unterschiedlichen Pflegearrangements bis zum Jahr 2030 abgebildet[74]. Die Autoren unterscheiden in ihren Projektionen:

- Szenario 1: Danach wird die Ausgangssituation des Jahres 2009 hinsichtlich der Verteilung der Pflegebedürftigen, der Pflegequote und der Versorgungsarten über die Zeit fortgeschrieben.
- Szenario 2: Danach werden der Trend des abnehmenden familiären Unterstützungspotentials und die Entwicklung der Anteile der Versorgungsarten fortgeschrieben.
- Szenario 3: Danach werden neue Formen der Unterstützung im häuslichen Pflegebereich ebenso unterstellt wie eine konstante Anzahl von Plätzen in der stationären Versorgung[75].

Nach den diesbezüglichen Modellrechnungen ergibt sich im Szenario 1 ein Anstieg der Angehörigenpflege um 35,7%, im Szenario 2 um 20,4% und im Szenario 3 um 48,7%. Die Modellrechnung

72 Pohl (2010), S. 368
73 Boll/Hensel-Börner/Hoffmann/Reich (2013), S. 8
74 Rothgang/Müller/Unger (2012), S. 28 ff.
75 Rothgang/Müller/Unger (2012), S. 28

zeigt deutlich, dass neue Formen der Unterstützung im häuslichen Pflegebereich – also Szenario 3 – einen signifikant positiven Beitrag für die häusliche Pflege leisten kann. Sie zeigt aber auch, dass bei fortwährendem Trend des Rückgangs des familiären Unterstützungspotentials – also Szenario 2 – die häusliche Pflege unterproportional und die stationäre Pflege überproportional ansteigen wird[76].

Dieser überproportionale Anstieg der stationären Pflege in den Szenarien 1 und 2 bis zum Jahr 2030 kann nach den Berechnungen von Rothgang, Müller und Unger nicht durch entsprechend zur Verfügung stehende professionelle Pflegepersonen abgedeckt werden. Die Autoren begründen dies im Wesentlichen mit einem Rückgang des Erwerbspersonenpotentials, so dass in der Folge im Jahr 2030 in der stationären Pflege eine Personallücke von rd. 434.000 im Szenario 1 und rd. 491.000 im Szenario 2 vorhanden sein wird[77]. Die Sicherstellung der stationären Pflege gelingt um vieles leichter – so die Autoren – wenn die häusliche Pflege gestärkt wird[78].

4. Wünsche der Pflegebedürftigen

Der Gesetzgeber hat mit der mit dem Pflegezeitgesetz beabsichtigten Verbesserung der Rahmenbedingungen der häuslichen Pflege zwar eine eindeutige Weichenstellung in Richtung einer Präferenz der häuslichen Pflege gegenüber der ambulanten oder stationären Pflege vorgenommen. Ziel war es aber auch, den pflegerischen Aufgaben in ihrer individuellen Vielfalt gerecht zu

---

[76] Rothgang/Müller/Unger (2012), S. 36. Danach steigt im Szenario 2 die häusliche Pflege bis zum Jahr 2030 „nur“ um 20,4% währenddessen die vollstationäre Pflege um 62,2% zunimmt.

[77] Rothgang/Müller/Unger (2012), S. 52. Nach den Modellrechnungen entsteht die Versorgungslücke primär durch den Anstieg der Zahl der Pflegebedürftigen. Nur zu rd. einem Siebtel resultiert die Versorgungslücke aus dem Rückgang des Erwerbspersonenpotentials. Ähnlich: Schulz (2012), S. 3, die davon ausgeht, dass im Jahr 2050 rein demografisch bedingt ca. 670.000 bis eine Million Arbeitskräfte in der Pflege fehlen.

[78] Rothgang/Müller/Unger (2012), S. 52

werden. Es ging also um die Flankierung unterschiedlicher Pflegearrangements, die sich an den konkreten Bedürfnissen der pflegebedürftigen Menschen orientieren. Deshalb misst die Bundesregierung der Unterstützung sowohl durch professionelle Dienste als auch durch ehrenamtlich Tätige, sonstigen zum bürgerschaftlichen Engagement bereiten Personen und Selbsthilfegruppen, die sich die Unterstützung von Pflegebedürftigen zum Ziel gesetzt haben, sowie den Angehörigen, große Bedeutung zu[79].

4.1. Leben in Selbstverantwortung

Das Pflegezeitgesetz kann in diesem Sinne als ein Baustein eines umfassenden Konzepts begriffen werden. Rund zwei Jahre nach dem Inkrafttreten des Pflegezeitgesetzes hat die Bundesregierung im Vorwort zum 6. Altenbericht die Zielsetzung unterstrichen, älteren Menschen ein individuelles und gesellschaftliches Altern in Selbstverantwortung zu ermöglichen[80]. Dabei sind nach dem Verständnis der Bundesregierung Alltagsnormalität und Wahlfreiheit Werte, die ein neues Qualitätsverständnis in der Pflege prägen[81]. Diese Zielrichtungen ziehen sich durch eine Reihe von Veröffentlichungen der Bundesregierung aus den letzten Jahren, in denen das Thema Demografie erörtert wurde. Bereits im Frühjahr 2007 ist in dem vom BMFSFJ in Auftrag gegebenen Gutachten zu alternden Gesellschaften im internationalen Vergleich das Konzept des aktiven Alterns („active ageing") in den Vordergrund gerückt worden[82]. Es bedeutet die aktive Teilhabe der Senioren in verschiedenen Gesellschaftsbereichen als Voraussetzungen für ein gesundes und selbstbestimmtes Leben und umfasst auch den Aspekt der Gesundheit und Pflege im Alter[83].

---

79 Deutscher Bundestag (2010), S. 3
80 Deutscher Bundestag (2010g), S. VII
81 Deutscher Bundestag (2010g), S. XV
82 Bundesinstitut für Bevölkerungsforschung (2007), S. II
83 Bundesinstitut für Bevölkerungsforschung (2007), S. II

Diese Ansatzpunkte, nämlich die Aufrechterhaltung des sozialen Umfelds und die Beibehaltung des bisherigen Wohnumfelds und ein aktives Altern sind Gegenstand der Aktivitätstheorie. Danach bleiben diejenigen Menschen glücklich und zufrieden, die das Aktivitätsniveau der mittleren Jahre auch im Alter beibehalten können[84]. Voraussetzung für ein zufriedenes Leben sind nach der Aktivitätstheorie insofern das Beibehalten früherer Interessen und Aktivitäten, die Pflege bestehender und Aufnahme neuer Kontakte und Beziehungen sowie die Übernahme von Funktionen und Verantwortung[85]. Durch Einbindung in das bisherige soziale Netzwerk verbleibt es bei einem System von Kontrolle, sozialer Hilfe und Informationen. Wichtig sind dabei insbesondere das familiäre Netzwerk sowie außerfamiliäre Beziehungen. Die gegenteilige Auffassung im Sinne der Disengagement-Theorie findet in der Grundkonzeption des Pflegezeitgesetzes nur bedingt eine Entsprechung. Die Disengagement-Theorie geht nämlich davon aus, dass mit dem Alter ein sozialer Rückzug erfolgt und sich ältere Menschen wegen verstärkter physischer und psychischer Defizite primär eine Auflösung sozialer Kontakte wünschen[86]. Sie betrachtet das Alter als eine eigenständige Lebensphase und sieht die Begrenzung des verbleibenden Lebensraumes als Bestandteil dieser Lebensphase an[87].

4.2. Beibehalt des bisherigen Wohnumfeldes

Dagegen beruht die theoretische Grundüberlegung der ökologischen Gerontologie in stärkerem Maße als die Aktivitätstheorie auf der besonderen Bedeutung des Wohnumfeldes. Der theoretische Ansatzpunkt der ökologischen Gerontologie ist, dass die wechselseitigen Beziehungen zwischen Person und räumlich-sozialer Umwelt in Alltagssituationen im Mittelpunkt der Betrachtung und

84 vgl. Backes/Clemens (2008), S. 125

85 Jasper (2002), S. 39

86 Backes/Clemens (2008), S. 128

87 Backes/Clemens (2008), S. 128

Analyse stehen[88]. Nach der Theorie der ökologischen Gerontologie stellen dabei sowohl Wohnung und Wohnumfeld Ressourcen dar, die die Situation älterer Menschen entscheidend bestimmen[89]. Dabei haben die Wohnformen von Älteren eine besondere Bedeutung, die positive oder negative Konsequenzen für ältere Menschen haben können. Ein Beispiel für eine positive Auswirkung hierfür sind nach Wahl die zielgerichteten Bemühungen älterer Menschen, ihre „Wohnungsumwelt so anzupassen, dass ein möglichst langes Wohnen-Bleiben (Ageing in Place) selbst im Falle schwerwiegender Erkrankungen wahrscheinlich bleibt"[90].

Dieser Erklärungsansatz enthält auch die in den 90er Jahren von Achtley entwickelte Kontinuitätstheorie. Danach ist das Altern ein Prozess, in welchem die älter werdenden Personen den altersbedingten Veränderungen mit einer Strategie der Konstanz begegnen. Individuen wünschen sich Stabilität in ihrem Umfeld und halten an erworbenen und bewährten sozialen Mustern fest[91].

In verschiedenen Befragungen ist bestätigt worden, dass es dem Wunsch vieler älterer Menschen entspricht, so lange wie möglich selbständig in der vertrauten Wohnung und Wohnumgebung bleiben zu können, auch und insbesondere bei gesundheitlichen Beeinträchtigungen[92]. Nach einer relativ aktuellen Umfrage erwarten rd. 45% der Befragten im Pflegefall eine Unterstützung durch die eigenen Kinder oder den Ehepartner. Erst an dritter Stelle rangiert die Erwartung, dass die Pflege von professionellen Pflegekräften übernommen wird[93]. 41% der Befragten gaben an, im Fall der

88 Wahl (2002), S. 15
89 so Block/Mahne (2009), S. 178
90 Wahl (2002), S. 17
91 Nikutta (2008), S. 33; Backes/Clemens (2008), S. 133
92 Block/Mahne (2009), S. 175 m.w.N.; Sowarka (2002), S. 91; Wille (2011), S. 3; Zok (2011), S. 4
93 Zok (2011), S. 4

Pflegebedürftigkeit in der eigenen Wohnung bzw. im Kreis der Familie gepflegt werden zu wollen[94].

Auch andere Befragungen gelangen zu dem Ergebnis, dass die häusliche Betreuung diejenige Versorgungsform ist, die von den meisten Personen präferiert wird. Nach einer Auswertung der Antworten von rd. 6.000 Befragten aus dem Jahr 2010 bevorzugen fast 70% eine häusliche Betreuung, die wie folgt ausgestaltet sein sollte[95]:

Betreuungsform	in Prozent
zu Hause durch Angehörige	8%
zu Hause durch ambulanten Pflegedienst	16%
zu Hause durch Angehörige und ambulante Pflegedienste	40%
zu Hause durch Personal aus dem Ausland	5%

Die Autoren dieser Untersuchung gelangen zu dem Ergebnis, dass die Beibehaltung einer möglichst großen Eigenständigkeit für nahezu alle Befragten ein wichtiges Motiv für die Entscheidung ist, bei Pflegebedürftigkeit zu Hause gepflegt zu werden[96]. Dieser Befund hat sich in den letzten Jahren auch nicht geändert. So weisen die Ergebnisse des Gesundheitsmonitors 2004 und 2012 mit 65% bzw. 64% eine fast gleichbleibende Konstanz bei der Präferenz auf, von den eigenen Angehörigen gepflegt zu werden[97].

Festzustellen ist zudem, dass ältere Menschen sehr wohnortbezogen sind und ihre Wohnung mit steigendem Alter kaum aufgeben. Ihre Wohnungen sind zumeist ausreichend groß, da sie ur-

---

94 Zok (2011), S. 4; ähnlich die Ergebnisse einer Befragung von ca. 6.000 Versicherten hinsichtlich ihrer Vorstellungen zur Versorgung im Pflegefall aus dem Jahr 2010. Danach stimmen 79% aller Befragten der Aussage zu, dass Familienangehörige ihren Beitrag zur Pflege leisten sollen (Kuhlmey/Dräger/Winter/Beikirch (2010), S. 5

95 Kuhlmey/Dräger/Winter/Beikirch (2010), S. 7

96 Kuhlmey/Dräger/Winter/Beikirch (2010), S. 7

97 Kuhlmey/Suhr/Blüher/Dräger (2013), S. 5

sprünglich für mehr Familienmitglieder ausgelegt waren[98]. Im Jahr 2000 lebten mehr als 80% der rd. 1,7 Mio. Menschen über 65 Jahre in Wohnungen mit einer Wohnfläche von mehr 100 qm[99]. Insofern ist es nicht verwunderlich, wenn nur 3,6% der Mieter über 55 Jahre tatsächlich noch umziehen[100].

Die Verbundenheit zur eigenen Wohnung und Wohnumgebung hat für den Grad der Zufriedenheit eine entscheidende Bedeutung. Mit zunehmendem Alter werden die Grenzen des eigenen Lebensraumes enger gezogen, mit der Folge, dass die Wohnung und das nahe Wohnumfeld zu den wichtigsten Lebens- und Aufenthaltsorten älterer Menschen zählen[101]. Dies gilt auch dann, wenn die Wohnung objektiv nicht unbedingt bestens für die Bedarfe älterer Menschen geeignet ist.

Nach der kognitiven Theorie des Alterns ist dieser Befund dadurch zu erklären, dass die kognitive Bewertung einer Situation nur eine geringe Korrelation mit der objektiven Beobachtung der Situation durch Außenstehende hat. Ausschlaggebend sind vielmehr die subjektive Wahrnehmung der Wohnsituation sowie die individuellen Wohnbedürfnisse[102]. Nach Block und Mahne erklärt das Bedürfnis der Individuen nach Kontinuität im Verlauf ihres Lebens den geringen Willen, objektiv nicht oder nur bedingt geeignete Wohnungen zu verlassen und einen Umzug vorzunehmen[103].

Auf der Seite der potentiell Pflegebedürftigen ist der Wunsch, ein selbstbestimmtes Leben in der eigenen häuslichen Umgebung zu führen, nach wie vor stark ausgeprägt. Nach der Repräsentativuntersuchung von Schneekloth und Wahl wollen die meisten Pflegebedürftigen so lange wie möglich in der häuslichen Umgebung

98 Bundesamt für Bauwesen und Raumordnung (1999), S. XV
99 Meyer (2006), S. 32 m.w.N.
100 Sowarka (2002), S. 91 unter Hinweis auf eine Untersuchung der Schader-Stiftung
101 Sowarka (2002), S. 91f.
102 so Block/Mahne (2009), S. 177
103 Block/Mahne (2009), S. 177

gepflegt werden[104]. Dieser Wunsch ist umso verständlicher, als durch den Wegfall sonstiger Orte des Lebensalltags, wie z.B. Arbeitsplatz oder sportliche Aktivitäten, die in anderen Lebensphasen prägend sind, die Art und Form des Wohnens im Alter in besonderem Maße Identität vermittelnd sind[105]. Auch die Angehörigen empfinden ein persönliches Verantwortungsgefühl; für 87% der potentiell Pflegenden kommt ein Heimaufenthalt ihrer Angehörigen nicht in Betracht[106].

Dieser Befund ist durch mehrere Untersuchungen bestätigt worden. Das Institut für Demoskopie Allensbach kommt aufgrund einer im April 2010 durchgeführten Befragung zu dem Ergebnis, dass 65% der Bevölkerung am liebsten von ihren Angehörigen im Pflegefall gepflegt werden wollen. Die Aufnahme in ein Pflegeheim wird nur von 24% der Befragten bevorzugt[107]. Nach einer anderen repräsentativen Stichprobe der deutschen Allgemeinbevölkerung ab 45 Jahre von Juni/Juli 2011 wünschen sich 62,7% der Befragten eine familiäre Pflege[108].

Eine Untersuchung der GfK Marktforschung Nürnberg untermauert dieses Ergebnis, zeigt aber auch einen gewissen Wandel auf[109]. Die repräsentative Umfrage der GfK Marktforschung wurde im Jahr 2009 unter 2.017 Personen im Alter ab 14 Jahren durchgeführt. Die Befragung fand im Auftrag des Apothekenmagazins Senioren Ratgeber statt. Nach dem Ergebnis dieser Befragung nimmt der Gedanke, den Angehörigen nicht zu Last fallen zu wollen, einen immer wichtigeren Stellenwert ein. Wer älter wird und sich Gedanken über die weitere Zukunft macht, der ist oftmals mit Sorge befasst, seinen Verwandten zur Last fallen zu können. Auch wenn es das Ziel vieler älterer Menschen ist, so lange wie

---

104 Schneekloth/Wahl (2005), S. 83; ebenso: Sowarka (2002), S. 91 und Sprangenberg/Glaesmer/Brähler/Strauß (2012), S. 954

105 so Kricheldorff (2008), S. 239

106 Schneekloth/Wahl (2005), S. 85

107 Institut für Demoskopie Allensbach (2010), S. 39

108 Sprangenberg/Glaesmer/Brähler/Strauß (2012), S. 957

109 Gfk Marktforschung (2003), S. 43

möglich selbstständig zu bleiben, kommt bei fast allen Menschen irgendwann der Zeitpunkt, an dem sie auf fremde Hilfe angewiesen sind. Meistens krankheitsbedingt erleben viele Menschen einen Rückschlag, der ein weiteres eigenständiges Leben nicht mehr möglich sein lässt. 58,6% aller befragten 60-Jährigen gaben an, in einem solchen Fall das Altenheim vorziehen zu wollen. Sie wollen ihre Kinder nicht mit der Pflege belasten.

Ein weiteres Ergebnis zeigt, dass die Erwartung zurückgeht, im Alter als möglicher Pflegefall bei den Kindern in der Wohnung leben zu können. Nur noch 40,8% hegen diese Hoffnung. Jüngere befragte Menschen zwischen 20 und 29 Jahren gaben deutlich optimistischere Antworten. Von ihnen erwarten immerhin 55,8% im Alter zukünftig bei ihren Kindern im Fall der eigenen Pflegebedürftigkeit wohnen zu können. Insgesamt scheint sich ein pflegekultureller Wandel[110] zu vollziehen, bei dem die Vorstellung einer Unterbringung in einem gut geführten Altenheim als realistische Option stärker als in der Vergangenheit ins Kalkül gezogen wird.

Die Pflege in der eigenen häuslichen Umgebung wird – ausweislich der skizzierten Befragungsergebnisse – sowohl von der Mehrheit der Pflegebedürftigen selbst als auch von einem Großteil der Pflegenden als wünschenswert erachtet[111]. Für die meisten Menschen erscheint die gegenseitige Unterstützung auch heute noch traditionell wie moralisch selbstverständlich[112]. Allerdings ist dabei ein zurückgehender Trend festzustellen. So haben es im Jahr 1997 noch 58,8% der Menschen in Deutschland als moralische Pflicht angesehen, ihre nahen Angehörigen selbst zu pflegen. Bis zum Jahr 2009 ist dieser Wert um ein Viertel auf rd. 45,0% abgesunken[113]. Als Konsequenz aus diesem Befund schlussfolgern Runde, Giese, Kaphengst und Hess, dass dieses Wegbröckeln

---

110 so Auth (2008), S. 348

111 Bauer/Fiedler (2007), S. 1; Schneider/Heinze/Hering, S. 6

112 Lüdecke/Mnich (2009), S. 7

113 Runde/Giese/Kaphengst/Hess (2009), S. 6, auf Basis einer Befragung von AOK-Leistungsempfängern.

der moralischen Verpflichtungen zur Pflege von Angehörigen nicht ausreichend durch Unterstützeranreize kompensiert werden kann[114]. Setzt sich dieser Trend fort, dann „werden Nachbesserungen im SGB IX, die entsprechend die Kosten der Versicherung steigern werden, oder es kommt zu einem weiteren Zulauf für die stationäre Pflege, welches letztlich auch höhere Kosten verursacht."[115]

II. Lebenslagen der Pflegepersonen

In diesem Abschnitt werden die Lebenslagen der Pflegepersonen, d.h. die Entwicklung des Pflegepersonenpotentials, die Altersstruktur und der Familienstand der Pflegepersonen und die Erwerbsquote von Pflegepersonen dargestellt. Der Begriff der Pflegeperson ist in § 19 SGB XI definiert. Danach ist Pflegeperson, wer nicht erwerbsmäßig einen Pflegebedürftigen im Sinne des § 14 SGB XI in häuslicher Umgebung pflegt. In diesem Sinne wird in der vorliegenden Arbeit die Pflegeperson verstanden[116]. Gemeint sind also Personen, die einen anderen wegen einer körperlichen, geistigen oder seelischen Krankheit oder Behinderung für die gewöhnlichen und regelmäßig wiederkehrenden Verrichtungen im Ablauf des täglichen Lebens auf Dauer bzw. voraussichtlich für mindestens sechs Monate, in erheblichen oder höherem Maße Hilfe leisten[117].

Die Pflege hat nicht gewerbsmäßig zu erfolgen. Pflegepersonen, die für ihre Tätigkeit von dem Pflegebedürftigen ein Arbeitsentgelt erhalten, das dem Umfang der Pflegetätigkeit entsprechende

---

[114] Im gleichen Sinne Becker/Lauerer (2010), S. 21, wonach Anzeichen dafür sprechen, dass jeden falls in den derzeit wichtigsten Pflegekonstellationen das traditionelle Modell der Familienpflege wegen eines allgemeinen Einstellungswandels in Schwierigkeiten gerät.

[115] so Runde/Giese/Kaphengst/Hess (2009), S. 32

[116] ebenso: Sauerborn (2011), S. 10

[117] SG Augsburg, Urt. vom 26.9.2011 – S 8 U 116/11

Pflegegeld im Sinne des § 37 nicht übersteigt, gelten nach § 3 Satz 2 SGB VI als nicht erwerbsmäßig tätig[118].

Der Begriff der „häuslichen Umgebung" ist als Abgrenzung zu einer vollstationären zu verstehen[119]. Die Annahme einer Pflege in häuslicher Umgebung ist danach ausgeschlossen, wenn es sich um eine zugelassene Pflegeeinrichtung mit stationärer Pflege handelt[120].

Der Begriff „häusliche Umgebung" ist im Gesetz nicht definiert. Wesentliche Merkmale eines Haushalts sind eine eigene Kochmöglichkeit und ein eigener Sanitärbereich[121]. Eine Beschränkung der Pflege auf die eigene häusliche Umgebung des Pflegebedürftigen ist dem Gesetzeswortlaut nicht zu entnehmen[122]. Danach kann die Pflege sowohl in der Wohnung des Pflegebedürftigen oder des Pflegenden stattfinden. Aber auch eine Pflege in der Wohnung/dem Haus von Dritten (z.B. Geschwistern oder Freunden) kommt als „häusliche Umgebung" in Betracht.

Voraussetzung für die „häusliche Umgebung" ist ein Mindestmaß an eigenständiger Lebensführung und selbstständiger Wahl der Pflegeform (z. B. Altenwohnung oder Altenwohnheim). Der Pflegebedürftige kann auch in einer Wohngemeinschaft oder einer betreuten Wohneinheit einen eigenen Haushalt führen. Wird der Pflegebedürftige in einer stationären Pflegeeinrichtung oder einer der in § 71 Abs. 4 SGB IX aufgeführten stationären Einrichtungen gepflegt, ist häusliche Umgebung auszuschließen[123]. Allerdings kann die häusliche Pflege auch innerhalb einer größeren Einrichtung (z.B. Wohnheim für Menschen mit Behinderungen) erbracht werden, sofern die pflegebedürftige Person in der Einrichtung

---

118 BSG, Urt. vom 6.6.2002 – B 3 P 2/02 R

119 OLG Saarbrücken, Urt. vom 25.9.2007 – 4 U 110/07

120 LSG Berlin-Brandenburg, Urt. vom 26.2.2009 – L 33 R 1376/08

121 ErfKo-Gallner, PflegeZG, § 3 Rdnr. 1

122 Müller, BB 2008, 1058; Preis/Nehring, NZA 2008, 729

123 Spitzenverbände der Sozialversicherung (2008), S. 3

einen persönlichen Bereich im Sinne eines Haushalts besitzt[124]. Sofern sich der Pflegebedürftige gewöhnlich in einem Wohnheim oder einer Einrichtung für Menschen mit Behinderungen aufhält und im planmäßigen und regelmäßigen Abstand (z.B. an den Wochenenden und/oder in den Ferien) zu Hause gepflegt wird, ist in dieser Zeit eine häusliche Umgebung anzunehmen, selbst wenn die Dauer des Aufenthalts in der Einrichtung für Menschen mit Behinderungen überwiegt.

1. Pflegepersonenpotential

1.1. Gegenwärtige Situation

Der Bedarf an häuslicher Pflege durch nahe Angehörige ist – wie oben beschrieben – nach wie vor vorhanden und auch zukünftig gegeben. Gegenwärtig kann der Bedarf an häuslicher Pflege durch familiäre Pflegepersonen zumindest rechnerisch sichergestellt werden. Nach den Daten der Deutschen Rentenversicherung Bund, denen eine mindestens 14 Stunden in der Woche umfassende Pflegetätigkeit zugrunde liegt, zählen etwa 400.000 Personen zum Pflegepotential. Bei einer Berechnung unabhängig von einem Mindestmaß an Pflegedauer wird das Pflegepotential anhand des SOEP auf rd. 3,5 Mio. Personen beziffert[125].

Die familiäre Pflegearbeit wird nach wie vor primär von den Frauen geleistet. 73% der Pflegenden, die in Privathaushalten die Pflege übernommen haben, sind Frauen, 27% Männer[126]. Allerdings ist festzustellen, dass die familiäre Pflege nur in 36% aller Fälle von einer einzigen Person geleistet wird. In 29% der Fälle ist die Betreuung der Pflegebedürftigen auf zwei Pflegende, in 16% der Fälle auf drei Pflegende, in 8% der Fälle auf vier Pflegende

---

[124] LSG Bayern, Urt. vom. 13.11.1996 – L 1 An 30/96

[125] Rothgang/Borchert/Müller/Unger (2008), S. 8

[126] Schneekloth/Leven (2003), S. 20

und sogar in 3% aller Fälle auf mehr als fünf Pflegepersonen aufgeteilt[127].

Die Entwicklung des häuslichen Pflegepersonenpotentials ist insoweit auch von Relevanz als das nach neuesten Studien die Zahl der zur Verfügung stehenden professionellen Pflegekräfte den zukünftigen Pflegebedarf nicht abdecken kann. Dies liegt u.a. daran, dass aus demografischen Gründen die Zahl der Personen im erwerbsfähigen Alter sinken wird und es – wie es in der Bertelsmann-Studie von 2012 sehr vorsichtig heißt, „nicht von einem steigenden Arbeitskräfteangebot in der Pflege ausgegangen werden kann[128].

1.2. Entwicklung des Pflegepersonenpotentials

Nach relativ aktuellen Befragungsergebnissen ist ein hoher Prozentsatz willens, seine nahen pflegebedürftigen Angehörigen im Bedarfsfall zu pflegen. Danach sind fast 70% der Befragten hierzu bereit, wobei eine deutliche Differenz bei Einpersonenhaushalten und größeren Haushalten zu attestieren ist[129]. Während in Vierpersonenhaushalten rd. 79% der Befragten die Pflege eines nahen Angehörigen übernehmen würden, sind es bei Einpersonenhaushalten nur 57%[130].

Festzustellen ist aber, dass verschiedene Faktoren es fraglich erscheinen lassen, ob zukünftig die (nahen) Familienangehörigen die überwiegende Pflege ihrer Angehörigen auch tatsächlich übernehmen werden[131]. Entscheidend ist dabei, wie sich das Pflegepotential zukünftig entwickeln wird. Mit dem informellen Pflegepotential ist der Personenkreis gemeint, der aller Erfahrung nach

---

127 Schneekloth/Leven (2003), S. 19

128 Rothgang/Müller/Unger (2012), S. 10

129 Zok (2011), S. 3 f.; Ergebnis einer repräsentativen Befragung von 1.605 Personen

130 Zok (2011), S. 4

131 Künemund/Hollstein (2005), S. 212; Meyer (2006), S. 40; Kümmerling/Bäcker (2012), S. 6; Schulz (2012), S. 5

für eine kontinuierliche, nicht erwerbsmäßige Mitwirkung an der häuslichen Pflege zur Verfügung steht[132]. Hierunter werden die im sozialen Unterstützungsnetzwerk vorhandenen nichtberuflichen Helfer – in erster Linie also Ehegatten bzw. Lebenspartner und Kinder – verstanden[133]. Im weiteren Sinne gehören auch Freunde, Bekannte oder Nachbarn hierzu[134]. Die Entwicklung dieses informellen Pflegepotentials hängt nach Blinkert und Klie entscheidend davon ab,

- wie sich Anteil und Zahl der allein lebenden älteren Menschen verändert,
- wie sich die Erwerbsquote in der Altersgruppe der 30–60-Jährigen entwickelt und
- welche sozialen und kulturellen Veränderungen im Hinblick auf die Übernahme von Pflegeverpflichtungen eintreten[135].

Das informelle Pflegepotential ist aber – wie beschrieben – nicht auf Familienangehörige beschränkt, sondern umfasst „die im sozialen Unterstützungsnetzwerk vorhandenen nicht beruflichen Helfer“, also auch Freunde, Bekannte, Mitbewohner oder Nachbarn[136]. Dieser letztgenannte Personenkreis trägt aber nur in 8% (2002) aller Fälle die Hauptverantwortung für die Betreuung eines Pflegebedürftigen[137]. Allerdings ist in den letzten Jahren ein deutlicher Anstieg außerfamiliärer Netzwerke bei der Betreuung pflegebedürftiger Menschen festzustellen, obwohl es zum Umfang der Unterstützungsleistungen dieses Personenkreises nur wenig belastbares Datenmaterial gibt.

Während vor Einführung der Pflegeversicherung im Jahr 1991 nur etwa vier Prozent aller Hauptpflegepersonen Nachbar oder

---

132 Definition nach Geiger (2009), S. 38
133 Blinkert/Gräf (2009), S. 13 f.
134 Blinkert/Gräf (2009), S. 14
135 Blinkert/Klie (2004), S. 321
136 Blinkert/Klie (2001), S. 13; Blinkert/Klie (2004), S. 320; Geiger (2009), S. 12
137 Bundesministerium für Familie, Senioren, Frauen und Jugend (2006), S. 313

Freunde waren, hat sich der Anteil dieses Personenkreises an der Pflege bis zum Jahr 2002 verdoppelt[138]. Das Bundesministerium für Familien, Senioren, Frauen und Jugend prognostiziert, dass die Bedeutung von Nachbarn, Freunden und Bekannten als wichtige soziale Netzwerkpartner in Zukunft möglicherweise noch ansteigen wird[139]. Diese Prognose aus dem Jahr 2006 scheint sich durch neuere Untersuchungen des Wissenschaftszentrums Berlin für Sozialforschung (WZB) zu bestätigen. Nach eigenen Berechnungen des WZB auf Basis des SOEP lag der Anteil von Freunden, Bekannten und Nachbarn an der Deckung des Pflegebedarfs im Jahr 2007 bereits bei 15,4%[140].

Im Folgenden sollen die vorgenannten Aspekte näher untersucht werden, um abschätzen zu können, ob und in welcher Größenordnung zukünftig eine Veränderung des Pflegepersonenpotentials eintritt. Die Darstellung wird zeigen – um das Ergebnis bereits vorweg zu nehmen – dass aufgrund der unterschiedlichsten Faktoren künftig eine Reduktion des familiären Pflegepotentials wahrscheinlich ist und insofern die vom Gesetzgeber vorgenommene Begrenzung des pflegezeitberechtigten Personenkreises auf nahe Angehörige problematisch ist, da dadurch ein nicht unbeträchtlicher Teil von potentiell pflegebereiten Personen, wie z.B. Nachbarn, Freunde u.a. vom Anspruch auf Pflegezeit und der damit erwarteten stärkeren Aktivierung der häuslichen Pflege ausgeschlossen wird. An diesen Befund anschließend soll der auch bereits in der neueren Literatur[141] angesprochenen Frage nachgegangen werden, wie das offenbar schwindende Pflegepotential von Angehörigen und anderen nicht erwerbsmäßigen Pflegepersonen besser ausgeschöpft, also entsprechend unterstützt und gefördert werden kann.

---

138 Bundesministerium für Familie, Senioren, Frauen und Jugend (2006), S. 314
139 Bundesministerium für Familie, Senioren, Frauen und Jugend (2006), S. 311
140 Alscher/Dathe/Priller/Speth (2009), S. 130
141 s. Geiger (2009), S. 18

Dabei lassen es insbesondere die zunehmende Arbeitnehmermobilität und die weiter ansteigende Frauenerwerbstätigkeit fraglich erscheinen, ob die familiäre Pflege auch in Zukunft als Basis der Pflegeversorgung vorausgesetzt werden kann[142]. So geht die Europäische Kommission in ihrem Bericht über die demografische Alterung 2009 davon aus, dass Veränderungen in den Familienstrukturen, die höhere Erwerbsbeteiligung von Frauen und eine erhöhte Mobilität dazu führen könnten, dass die Verfügbarkeit informeller Pflege abnehmen wird[143]. Zudem wird vielfach davon ausgegangen, dass es allein demografisch bedingt zu einem Rückgang des informellen Pflegepotentials kommen wird[144]. So kann nach Winter nach dem gegenwärtigen Bevölkerungsstatus maximal ein Drittel aller Erwerbstätigen mit der Unterstützung durch eigene Kinder rechnen[145].

Diese perspektivischen Betrachtungen decken sich mit den Ergebnissen der Auswertung der Alterssurveys 1996 und 2002. Haben im Jahr 1996 noch 12,3% der 40-85-Jährigen pflegebedürftige Angehörige betreut, waren es sechs Jahre später nur noch 11,3%. Nach Künemund beruht dieser Rückgang aber im Wesentlichen auf einem Methodeneffekt, da die Frageformulierungen in der Erhebung im Jahr 2002 gegenüber denen aus dem Jahr 1996 leicht abgeändert wurden[146]. In der Tendenz werden in der Literatur die Ergebnisse der Alterssurveys 1996 und 2002 aber als Bestätigung der These angesehen, dass es künftig zu einer Veränderung des familiären Pflegepersonenpotentials kommen wird. Im Folgenden sollen die unterschiedlichen Faktoren, die Einfluss auf die Entwicklung des informellen Pflegepotentials haben können, wie z.B. die Wohnentfernung, die Erwerbsquote, demografische

---

142 Blinkert (2002), S. 2; Rürup (2011), S. 2

143 Europäische Kommission (2009), S. 6; ebenso Böttcher/Selinger/Hauss (2009), S. 23; Rürup (2011), S. 2

144 Häcker/Raffelhüschen (2007), S. 392

145 Winter (2006), S. 3

146 Künemund (2006), S. 305

Veränderungen oder Veränderungen der Familienstrukturen, im Einzelnen näher betrachtet werden.

1.2.1. Wohnentfernung

Die zunehmende Flexibilisierung der Lebensentwürfe und eine steigende Singularisierung bei der Kindergeneration lassen weitere Zweifel aufkommen, ob geografisch und zeitlich auch zukünftig die familiäre Pflege weiterhin die heutige Bedeutung haben wird[147]. Nach den bisherigen Erkenntnissen ist zwar davon auszugehen, dass die überwiegende Mehrheit der Menschen in Deutschland in räumlicher Nähe zu ihren Kindern oder Eltern lebt[148]. Attestiert werden muss aber auch, dass Eltern und erwachsene Kinder zukünftig durchschnittlich etwas weiter voneinander entfernt leben werden als dies bisher der Fall war[149]. Aus diesem Befund wird größtenteils geschlussfolgert, dass damit einhergehend eine Abnahme der Familienpflege resultiert[150].

Augenfällig ist nach dem vorhandenen Datenmaterial, dass die konkrete Wohnsituation ein wesentlicher Faktor ist, der für die familiäre Pflege entscheidend ist. Rd. 70% der pflegebedürftigen Menschen wohnen nach der Infratest-Repräsentativerhebung aus dem Jahr 2002 mit der Pflegeperson in einer Wohnung bzw. in einem Haus[151]. In 14% der Fälle der untersuchten Pflegesituationen wohnt die Hauptpflegeperson bis zu 10 Minuten entfernt, in 5% der Fälle bis zu 30 Minuten entfernt und nur in 3% der Fälle mehr als 30 Minuten entfernt. Nach einer neueren Untersuchung aus dem Jahr 2011 ist die Wahrscheinlichkeit der Pflege durch die eigenen Kinder bei einer Distanz zum Pflegebedürftigen von mehr

---

147 ähnlich kritisch Backes/Wolfinger/Amrhein (2008), S. 144; Jerábek (2008), S. 157; Rothgang/Müller/Unger (2012), S. 17; Kümmerling/Bäcker (2012), S. 6

148 Mahne/Motel-Klingebiel (2009), S. 42

149 Szydlik (2008), S. 15; Hoff (2006), S. 252; Mahne/Motel-Klingebiel (2009), S. 34

150 Pohl (2010), S. 368 m.w.N.

151 Schneekloth/Leven (2003), S. 21

als 50 km deutlich geringer als bei kürzerer Wohnentfernung[152]. Dies zeigt, dass die Wohnsituation ein entscheidender Faktor der Pflegeübernahme ist.

Nach den bisherigen Untersuchungen nimmt demnach die Wahrscheinlichkeit des Erhalts von familiärer Unterstützung mit zunehmender Wohnentfernung ab[153]. Dabei zeichnet sich für die Zukunft aber ein differenziertes Bild hinsichtlich der Entwicklung der tatsächlichen Wohnentfernung ab. Es wird erwartet, dass sich die Wohnentfernung altersspezifisch entwickeln wird. Bei den 40-60-Jährigen, die in dieser Phase den Auszug ihrer Kinder erleben, wird eine Vergrößerung der Wohnentfernung prognostiziert[154]. Demgegenüber wird in der Gruppe der Älteren davon ausgegangen, dass sich die Wohnentfernung zu ihren pflegebedürftigen Angehörigen eher verringert. Als Grund für diesen Prozess wird ausgeführt, dass die starke Angewiesenheit der hilfebedürftigen Eltern auf die Unterstützung durch ihre Kinder die räumliche Nähe eines Kindes erforderlich macht[155]. Da sowohl die Gruppe der 40-60-Jährigen als auch die Gruppe der über 60-Jährigen in etwa in gleicher Häufigkeit die familiäre Pflege übernimmt, dürften die beschriebenen – altersbedingt gegenläufigen – Entwicklungen der Wohnentfernung zwischen Pflegebedürftigen und Familienangehörigen nach den bisherigen Untersuchungen insofern wohl keinen signifikanten Einfluss auf die Entwicklung des familiären Pflegepotentials haben.

Soweit ersichtlich umfassen die auf Deutschland bezogenen Untersuchungen zur Wohnentfernung der Pflegenden zu den Pflegebedürftigen alle Pflegenden, ohne eine Differenzierung vorzunehmen, ob die Pflegeperson erwerbstätig ist oder nicht. Internationale Untersuchungen, bei denen diese Differenzierung vorgenommen wurde, gelangen zu dem Ergebnis, dass weniger als ein Vier-

152 Sprangenberg/Glaesmer/Brähler/Strauß (2012), S. 957
153 Hoff (2006), S. 251 m.w.N.
154 Hoff (2006), S. 239
155 Hoff (2006), S. 239

tel der erwerbstätigen Pflegenden in einer gemeinsamen Wohnung mit dem Pflegebedürftigen wohnt[156]. Aufgrund einer Analyse der internationalen Literatur resümieren Franke und Reichert, dass „nicht-erwerbstätige Pflegeleistende in etwa vier von zehn Fällen mit der Pflegebedürftigen Person im gleichen Haushalt leben und damit weitaus häufiger als erwerbstätige Pflegende"[157]. Dieser Befund untermauert die zuvor erwähnte Einschätzung auch für das erwerbstätige Pflegepersonenpotential, dass die Entwicklung der Wohnentfernung zwischen Pflegeperson und Pflegebedürftigen eher nachrangig zu beurteilen ist[158].

1.2.2. Erwerbstätigkeit insbesondere von Frauen

Die Tatsache, dass nur ein Bruchteil der Pflegenden vor oder während der Pflege eines nahen Angehörigen einer Erwerbstätigkeit nachgeht, belegt, wie schwierig die Vereinbarkeit von Erwerbstätigkeit und Pflege ist. Das Problem der Vereinbarkeit von Beruf und Pflege steigt quantitativ, wenn sich auch die Erwerbstätigenquote erhöht. Nachfolgend sollen die entsprechenden Entwicklungstendenzen aufgezeigt und deren Konsequenzen für die Entwicklung des Pflegepersonenpotentials dargestellt werden.

Nach den in den letzten Jahren durchgeführten Reformen im Sozialrecht (z.B. Abschläge bei vorzeitigem Renteneintritt, Reduzierung der Dauer des Arbeitslosengeldes), die insbesondere die Vermeidung von Frühverrentungen zum Ziel hatten, lässt sich feststellen, dass die Erwerbsbeteiligung im Alter allgemein zunimmt[159].

Dabei ist insbesondere die Erwerbstätigkeitsquote von Frauen in Deutschland in den letzten 40 Jahren stetig angestiegen. Sie lag

---

156 Franke/Reichert (2011), S. 39 m.w.N.

157 Franke/Reichert (2011), S. 40

158 Ähnlich Franke/Reichert (2011), S. 40, die ausführen, dass die Distanz zwischen den Haushalten von Pflegenden und Pflegebedürftigen das Pflegeverhältnis sowohl positiv als auch negativ beeinflussen kann.

159 Jürgens (2009), S. 145 m.w.N.

zwischen 1960 und 1970 zwischen 46-48% und ist seitdem bis zum Jahr 2007 auf 64% angestiegen[160]. Mit zunehmender Erwerbsbeteiligung von Frauen dürfte sich eine Verschärfung des Vereinbarkeitsproblems von Erwerbstätigkeit und Pflege ergeben[161]. Gerade im Hinblick auf die (politische) Zielsetzung, professionell erbrachte Pflegeleistungen aus Kostengründen möglichst zu begrenzen und weiterhin auf die nicht-professionellen familiären Pflegeleistungen zu setzen, ist es entscheidend, wie sich das zukünftige familiäre Pflegepotential gerade im Hinblick auf die Frauenerwerbsquote entwickeln wird.

In der Literatur wird überwiegend insbesondere der Anstieg der Erwerbstätigkeit von Frauen als Grund für den prognostizierten Rückgang der personellen Ressourcen für die häusliche Pflege gesehen[162]. Gerade Töchter und Schwiegertöchter werden wegen der eigenen Berufstätigkeit, damit verbundener Umzüge und aufgrund veränderter räumlicher Wohnbedingungen für innerfamiliäre Pflegeaufgaben weniger zur Verfügung stehen[163]. Bereits in den letzten Jahren war eine Zunahme der Frauenerwerbstätigkeit festzustellen. Deutliche Veränderungen hat es bei der Erwerbsquote von Frauen im Alter von 55 bis 64 Jahren gegeben, also dem Personenkreis, der prozentual im stärksten in die familiäre Pflege eingebunden ist. Die Erwerbsquote dieser Frauengruppe stieg im Zeitraum zwischen 1996 und 2003 von 27,6% auf 33,6% an[164].

Dieser Trend scheint sich aufgrund demografischer Veränderungen und dem zu erwartenden Fachkräftebedarf fortzusetzen. Nach Prognosen wird nämlich gerade die Erwerbstätigkeit von Frauen in den Altersgruppen, die vorwiegend mit der Pflege von Angehöri-

---

160 Bundesministerium für Arbeit und Soziales (2008), S. 68

161 Schneider/Drobnic/Blossfeld (2001), S. 362; Schneider/Heinze/Hering (2011), S. 6; Mahne/Motel-Klingenbiel (2009), S. 33

162 Dettbarn-Reggentin/Reggentin (2004), S. 40 f.; Pohl (2010), S. 368; Rürup (2011), S. 2; Rothgang/Müller/Unger (2012), S. 17; Kümmerling/Bäcker (2012), S. 7; Deutscher Bundestag (2011), S. 184

163 Bauer/Flieder (2007), S. 2

164 Dettbarn-Reggentin/Reggentin (2004), S. 41

gen befasst sind, zunehmen[165]. In der Gruppe der 30-40-Jährigen Frauen wird eine Steigerung der Erwerbsbeteiligung von 79% auf 87% im Zeitraum von 2000 bis 2020 angenommen; für die 40-50-Jährigen Frauen eine Steigerung von 80% auf 90% im entsprechenden Zeitraum und für die 50-60-Jährigen Frauen von 63% auf 71%.

In der Literatur wird insofern überwiegend die Auffassung vertreten, dass die erwartete höhere Erwerbsbeteiligung von Frauen für sich allein betrachtet zu einer Verringerung des informellen Pflegepotentials führt[166]. Entgegen dieser mehrheitlichen Annahme, eine zunehmende Frauenerwerbsquote würde zu einer Reduktion des informellen Pflegepotentials führen, vertritt Schneider anknüpfend an Jansen die Auffassung, dass die Erwerbstätigkeit keine Auswirkungen auf das Angebot informelle Pflegearbeit hat[167]. Zur Begründung dieser These verweist Schneider auf eine Studie aus den USA, in der durch Stichproben die Konsequenzen der Pflegeübernahme von Frauen im Alter von 50-64 Jahren im Zeitraum zwischen 1984 und 1987 analysiert wurden[168]. Ausweislich dieser Studie zeigt der Vergleich zwischen Arbeitnehmerinnen mit und ohne informelle Pflegeverantwortung im privaten Bereich, dass weder der Erwerbsstatus, noch die berufliche Stellung einen Einfluss darauf hatten, ob eine informelle Pflegeverantwortung wahrgenommen wurde oder nicht[169]. Weitere von Schneider zitierte Studien belegen diesen Befund[170]. Auch Jansen hatte bereits im Jahr 1999 festgestellt, dass sich ein Kausalzusammenhang zwischen zunehmender Frauenerwerbstätigkeit und schwindender häuslicher Pflegebereitschaft nicht nachweisen lässt[171]. Nach

165 Blinkert (2002), S. 2
166 Barkholdt/Lasch (2004), S. 10; Kehl/Then (2008), S. 3 f.
167 Schneider (2006), S. 505; Jansen (1999), S. 618
168 Pavalko, Eliza/Artis, Julie E (1997), Women's Caregiving and Paid Work: Causal Relationships in Late Midlife, Journal of Gerontology Social Sciences 52 B, S. 170-179, zitiert nach Schneider (2006), S. 505
169 Schneider (2006), S. 505
170 s. Schneider (2006), S. 505 f. m.w.N.
171 Jansen (1999), S. 618

Jansen zeigen sich empirisch die moralischen Verpflichtungen auch weiterhin als Konstanz für die Übernahme familiärer Pflege, wobei neben traditionellen Motiven, weitere Optionen informeller Arrangements hinzukommen[172].

Die These, dass eine zunehmende Erwerbstätigkeit zu einer Verminderung der Pflegebereitschaft führt, wird auch von Künemund bestritten. Auf Basis einer Auswertung des Alterssurveys 1996 ist er zu dem Ergebnis gelangt, dass kein nennenswerter Zusammenhang zwischen Erwerbstätigkeit und Pflegeübernahme festgestellt werden kann. Nach Künemund bringt die Vereinbarkeit von Erwerbstätigkeit und Pflege im Einzelfall zwar erhebliche Probleme mit sich, bezogen auf die 40-85-Jährigen Pflegenden führt dies aber nur relativ selten zu einer Reduzierung oder Aufgabe der Erwerbstätigkeit[173].

1.2.3. Demografische Veränderungen

Nach der prognostizierten Bevölkerungsentwicklung wird allein die demografische Entwicklung zu einer Veränderung, nämlich zu einer Verringerung des Pflegepersonenpotentials, führen[174]. Die Betreuung von pflegebedürftigen Menschen durch erwerbstätige Angehörige erfolgt rund zur Hälfte durch Personen in der Altersgruppe der 30-60-Jährigen. Hier ist bereits jetzt mit großer Sicherheit vorherzusagen, dass sich diese Altersgruppe deutlich verringern wird[175]. So wird z.B. für das Land Nordrhein-Westfalen ein Rückgang der Altersgruppe der 20-40jährigen von 1998 bis zum Jahr 2015 um 16,47% erwartet[176].

Im Gegensatz zur vermutlich sinkenden Zahl von Personen im erwerbsfähigen Alter wird die Zahl der 65-Jährigen und Älteren, die potentiell Pflegeleistungen in Anspruch nehmen, steigen. Für

---

172 Jansen (1999), S. 618
173 Künemund (2005), S. 308
174 Rothgang/Müller/Unger (2012), S. 17; Kümmerling/Bäcker (2012), S. 6
175 Becker/Lauerer (2010), S. 20 f. m.w.N.
176 Dettbarn-Reggentin/Reggentin (2004), S. 10

Nordrhein-Westfalen wird im Zeitraum 1998 bis 2015 eine Zunahme des Anteils der über 65-Jährigen von 12,5% prognostiziert[177]. Allerdings ist festzustellen, dass zwischen 1991 und 1998 der Anteil der Verwitweten unter den 70-85-Jährigen zurückgegangen ist[178]. Perspektivisch wird wegen der Verringerung des Kriegswitwenanteils mit einer Erhöhung des Anteils der Paarhaushalte unter den Älteren gerechnet, mit positiven Wirkungen auf das ältere Pflegepotential[179].

Auch nach den Berechnungen des Bundesinstituts für Bevölkerungsforschung wird sich das Verhältnis des Pflegepersonenpotentials zur Zahl der Pflegebedürftigen bis zum Jahr 2050 verringern[180]. Danach werden sich bis zum Jahr 2050 die Anzahl der Frauen im Alter zwischen 50 und 64 Jahren und die der Hochbetagten über 80 Jahre angleichen, während im Jahr 2005 das Verhältnis noch mehr als 2:1 betrug[181].

Darüber hinaus ist bei der Entwicklung des Pflegepersonenpotentials die Alterung der Gesellschaft insgesamt zu betrachten. Zukünftig wird es nicht nur mehr ältere Pflegebedürftige geben, sondern auch das Alter der Pflegepersonen wird sich erhöhen. Damit wächst die Gefahr, dass Angehörige die Pflegetätigkeit wegen ihres eigenen Alters bzw. ihrer gesundheitlichen Einschränkungen nicht mehr wahrnehmen können oder wollen[182].

Um das Pflegepotential in der häuslichen Pflege aufgrund veränderter familiärer Strukturen umfassend bewerten zu können, bedarf es daher der Feststellung der aktuellen und der künftigen

---

177 Dettbarn-Reggentin/Reggentin (2004), S. 10

178 Schulz/Leidl/Koenig (2001), S. 11

179 Schulz/Leidl/Koenig (2001), S. 11

180 Bundesinstitut für Bevölkerungsforschung (2007), S. 35

181 Bundesinstitut für Bevölkerungsforschung (2007), S. 35. Aus Vereinfachungsgründen hat das Bundesinstitut für Bevölkerungsforschung das Pflegepersonenpotential als weibliche Bevölkerung im Alter von 50-64 Jahren dargestellt und als potentiell Pflegebedürftige die über 80jährigen herangezogen. Die Werte sind insoweit nur Näherungswerte, die aber eine Tendenz abbilden.

182 Winter (2006), S. 3

Zahl der Pflegepersonen. Das informelle Pflegepotential ist variabel und steht in Abhängigkeit von verschiedenen demografischen und sozio-kulturellen Veränderungen, die Blinkert und Gräf wie folgt zusammengefasst haben[183]:

- Das durch Ehegatten/Partner bereitgestellte Pflegepotential hängt vor allem davon ab, in welchem Umfang die Pflegebedürftigen allein oder mit anderen zusammenleben. Außerdem sind altersspezifische Hilfewahrscheinlichkeiten zu berücksichtigen. Der Anteil und die Zahl von zusammenlebenden älteren Menschen werden sich im Verlauf des demografischen und sozialen Wandels verändern.
- Ein durch die Kindergeneration bereitgestelltes Pflegepotential für ältere pflegebedürftige Personen ist am ehesten in den Altersgruppen der 30- bis 69-Jährigen zu erwarten. Dieses durch Kinder abgesicherte informelle Pflegepersonenpotential hängt davon ab, wie sich die Bevölkerungszahlen in diesen Altersgruppen verändern.

Blinkert und Gräf haben anhand der Entwicklung von 1997 bis 2005 einen deutlichen Zusammenhang zwischen Versorgungsarrangements und Pflegepotential ausgemacht. Danach steht die Zahl der häuslich Versorgten in einem relativ konstanten Verhältnis zur Größe des informellen Pflegepotentials. Diese „Ausschöpfungsquote des Pflegepotentials für die häusliche Versorgung“ (AQH) bringt zum Ausdruck, dass ein bestimmter und zwar ziemlich konstanter Teil der gesellschaftlichen Ressource Pflegepotential für die häusliche Versorgung ausgeschöpft wird. Nach Blinkert und Gräf liegt dieser Wert bei rd. 0,074, d.h. auf 1000 Personen des informellen Pflegepotentials entfallen 74 häuslich versorgte Pflegebedürftige[184]. Der AQH-Wert bringt die Möglichkeiten und Grenzen für eine häusliche Versorgung zum Ausdruck. Unter gesellschaftlichen Bedingungen, in denen Erwerbstätigkeit von gro-

---

183 Blinkert/Gräf (2009), S. 15

ßer Bedeutung für die meisten Lebenspläne ist, wird der AQH-Wert sehr stark davon abhängen, wie gut Pflege und Erwerbstätigkeit miteinander verbunden werden können[185].

Blinkert und Gräf haben die Entwicklung des Pflegepersonenpotentials in vier unterschiedlichen Szenarien berechnet, wobei die Szenarien 1 bis 3 unter den gegenwärtigen rechtlichen und institutionellen Rahmenbedingungen betrachtet werden und das später zu erörternde Szenario 4 bereits künftige Reformmaßnahmen einbezieht. In Szenario 1 wird dabei für die Bestimmung der für die häusliche Pflege in Frage kommenden Pflegerinnen und Pfleger nur der zu erwartende demografische Wandel berücksichtigt. Szenario 2 zeigt die Entwicklung der Pflegeversorgung, wenn die zu erwartende Veränderung des informellen Pflegepotentials nicht berücksichtigt wird. In Szenario 3 wird unterstellt, dass der gesellschaftliche Wandel zu einer höheren Erwerbsbeteiligung führt und dass der Anteil der älteren Menschen, die zusammen leben, abnimmt[186].

In Szenario 1 würde es nach den Berechnungen von Blinkert/Gräf bis zum Jahr 2012 zu keinen größeren Veränderungen des Pflegepotentials kommen. Bis ungefähr 2030 käme es zu einem Anstieg, danach zu einer Verringerung des Pflegepotentials. Insgesamt öffnet sich in diesem Szenario die Schere zwischen Bedarf und tatsächlichem Pflegepotential immer mehr. Bis zum Jahr 2050 würde der Anteil der in Heimen versorgten pflegebedürftigen Menschen von aktuell rd. 30% auf dann 70% ansteigen. Die Zahl der nur von Angehörigen bzw. Bekannten, Freunden oder Nachbarn Versorgten würde sich von mehr als einer Million auf weniger als 500.000 verringern[187]. Im Szenario 2 würde die Zahl der stationär Versorgten bis zum Jahr 2050 nur auf rd. 1,4 Mio. ansteigen. Das Szenario 2 wird allerdings für wenig wahrscheinlich gehalten.

---

184 Blinkert/Gräf (2009), S. 17
185 Blinkert/Gräf (2009), S. 17
186 Blinkert/Gräf (2009), S. 20
187 Blinkert/Gräf (2009), S. 21

Im Szenario 3 wirken sich die steigende Erwerbsbeteiligung sowie die Verringerung des Anteils älterer Menschen, die zusammenleben, negativ auf das künftige Pflegepotential aus. Nach der Berechnungen von Blinkert/Gräf würde sich das Pflegepotential bis zum Jahr 2050 auf ein Niveau von nur noch rd. 60% des Wertes von 2006 reduzieren[188].

Die beiden Autoren haben im Auftrag der DB-Research noch ein weiteres Szenario entwickelt, in dem die Auswirkungen institutioneller Veränderungen auf die Versorgungssituation Pflegebedürftiger untersucht wurden. In diesem Szenario 4 kommt es zu folgenden institutionellen Änderungen[189]:

- Die Pflegeversicherung wird dahingehend reformiert, dass bedarfsgerechtere Formen der Versorgung möglich werden. Das wäre u.a. durch die gesetzliche Verankerung eines persönlichen Pflegebudgets mit integriertem Case-Management möglich.
- Die Leistungen der Pflegeversicherung werden so verändert, dass die häusliche Versorgung durch pflegende Angehörige auch in finanzieller Hinsicht attraktiver wird.
- Es werden in verstärktem Umfang Infrastrukturen geschaffen, die in stärkerem Maße als bisher die Vereinbarkeit von Erwerbstätigkeit und Pflege ermöglichen.
- Parallel dazu werden von den Tarifpartnern und gestützt durch die Gesetzgebung Regelungen geschaffen, die für die Übernahme von Pflegeverpflichtungen einen befristeten Ausstieg aus der Erwerbstätigkeit ermöglichen und auch finanziell tragbar machen.

Nach den Berechnungen von Blinkert/Gräf führen die genannten institutionellen Veränderungen zu einer im Vergleich zu den anderen Szenarien erhöhten Pflegepotentialquote. Allerdings würde

---

188 Blinkert/Gräf (2009), S. 25; ebenso: Blinkert/Klie (2005), S. 300, zustimmend: Rumpf (2007), S. 109

189 Blinkert/Gräf (2009), S. 25

sich auch in diesem Szenario die Schere zwischen steigender Pflegebedürftigkeit und der Entwicklung des Pflegepotentials weiter öffnen[190].

Im GEK-Pflegereport 2008 ist anhand von prozessproduzierten Daten der Deutschen Rentenversicherung Bund versucht worden, die Entwicklung der Zahl der Pflegepersonen nachzuzeichnen. Die Autoren dieser Untersuchung kommen zu dem Resultat, dass eine rückläufige Tendenz der Zahl der Pflegepersonen festzustellen ist, der größtenteils durch einen Rückgang bei den pflegenden Frauen gekennzeichnet ist[191].

1.2.4. Veränderte Familienstrukturen

Bereits in den letzten Jahrzehnten war eine deutliche Veränderung in den Familienstrukturen festzustellen, die sich wohl auch in Zukunft fortsetzen wird. Nach Dettbarn-Reggentin und Reggentin sind folgende Entwicklungstendenzen absehbar[192]:

- Eheliche Lebensgemeinschaften mit Kindern einschließlich Lebensgemeinschaften mit einem Elternteil und Partner nehmen deutlich ab.
- Die Zahl der Kinder ist weiter abnehmend.
- Nichteheliche Lebensgemeinschaften mit und ohne Kinder nehmen sehr stark zu.
- Die Zahl der Alleinerziehenden ohne Lebenspartner nimmt zu.
- Die Zahl der Ein-Personen-Haushalte nimmt ebenfalls zu[193].

Dabei ist vor allem auch die zunehmende Singularisierung, d.h. die Zunahme von Alleinlebenden und Ein-Personen-Haushalten

---

190 Blinkert/Gräf (2009), S. 26

191 Rothgang/Borchert/Müller/Unger (2008), S. 66

192 Dettbarn/Reggentin/Reggentin (2004), S. 37; ebenso: Mahne/Motel-Klingebiel (2009), S. 33

193 Ebenso Becker/Lauerer (2010), S. 21

von Bedeutung. Nach dem Vergleich der Ergebnisse des Alterssurveys 1996 und 2002 ist ein deutlicher Trend zu Ein-Personen-Haushalten festzustellen[194]. Diese Entwicklung ist insbesondere in der Altersgruppe der 61-75-Jährigen, also dem Personenkreis, der auf mittlere Sicht eine hohe Wahrscheinlichkeit der Pflegebedürftigkeit aufweist, festzustellen[195]. Hoff schließt hieraus, dass in der zweiten Lebenshälfte intergenerationale Beziehungen in Zukunft noch weniger im unmittelbaren Zusammenleben und gemeinsamen Wirtschaften im gleichen Haushalt stattfinden werden und schlussfolgert hieraus, dass dies Konsequenzen für die Hilfebereitschaft des Familiennetzwerks hat[196]. Ob allerdings die Veränderungen in den Haushaltsstrukturen mit Veränderungen in den Familienstrukturen und damit verbunden der Hilfebereitschaft zwischen den Generationen einhergehen, ist zumindest fraglich[197].

Diese „Singularisierung im Alter" ist u.a. Konsequenz des Anstiegs der Scheidungsraten[198]. Die Zahl der Scheidungen in Deutschland hat über Jahrzehnte zugenommen. In steigendem Maße werden auch langjährige Ehen geschieden[199]. Nach Berechnungen des Bundesinstituts für Bevölkerungsforschung wird diese Entwicklung weiter anhalten. Danach wird sich der Anteil Geschiedener an der Bevölkerung von 60 und mehr Jahren von rund 4% im Jahr 1990 auf 11% im Jahr 2030 erhöhen. Der entsprechende Anteil Lediger soll sich im gleichen Zeitraum von sechs auf etwa zehn Prozent erhöhen[200]. Insgesamt wird sich den Prognosen zufolge bis zum Jahr 2050 der Anteil der Zusammenlebenden unter den 60-Jährigen und Älteren um etwa 20% auf dann nur noch 40% ver-

---

194 Hoff (2006), S. 262 m.w.N.

195 Hoff (2006), S. 262 f.

196 Hoff (2006), S. 264; ebenso: Rothgang/Müller/Unger (2012), S. 17

197 Kritisch Mahne/Motel-Klingebiel (2009), S. 36, die auf die Unterschiede zwischen Haushalts- und Familienstrukturen hinweisen

198 so Rosenkranz/Schneider (1997), S. 143, Schulz/Leidl/Koenig (2001), S. 10; Jerábek (2008), S. 158

199 Engstler (2009), S. 55

200 Bundesministerium für Familie und Senioren (1994), S. 163 f.

ringern[201]. Bei denen durch eine Scheidung wegfallenden Partnern als potentielle Pflegeperson ist auch der damit verbundene „Wegfall“ der Schwiegertöchter zu berücksichtigen. Diese übernehmen gegenwärtig noch in nicht geringem Umfang die Pflege ihrer Schwiegermütter und -väter. Durch diese Veränderungen der Familien- und Lebensstrukturen wird es ebenfalls mittel- und langfristig zu einem Rückgang des familiären Pflegepotentials kommen[202].

Bei der Entwicklung des familiären Pflegepotentials sind zudem die Veränderungen der Lebensformen zu berücksichtigen. In den vergangenen Jahren war dabei ein starker Anstieg der Ein-Personen-Haushalte festzustellen. Deren Zahl ist von 1972 bis zum Jahr 2000 um 89% angestiegen. Damit war etwa jeder dritte Haushalt in Deutschland im Jahr 2000 ein Ein-Personen-Haushalt. Gründe für diese Entwicklung sind die zeitliche Entkopplung zwischen dem Auszug aus dem Elternhaus und dem Zusammenziehen mit einem festen Partner, die sinkende Stabilität von Paarbeziehungen, die Zuwanderung von Personen ohne Partner sowie die Zunahme von Paaren mit getrennten Haushalten[203].

Trendberechnungen belegen, dass die Haushaltsgröße in Deutschland immer kleiner wird. Dies ist insofern von Relevanz, als empirisch gesehen die Haushaltsgröße ein mit entscheidender Faktor bei der Wahl der Art der Pflege ist. Die familiäre Pflege fällt umso geringer und die Inanspruchnahme von professionellen ambulanten Diensten umso höher aus, je kleiner der Haushalt ist[204]. So belief sich der Anteil der Einpersonenhaushalte im Jahr 2005 auf 39% und soll bis zum Jahr 2020 auf 41% steigen[205].

---

201 Blinkert/Klie (2004), S. 321; Geiger (2009), S. 12

202 Barkholdt/Lasch (2004), S. 10; Rosenkranz/Schneider (1997), S. 137; Rürup (2010), S. 2; Franke/Reichert (2011), S. 38, die in der steigenden Scheidungsrate und dem Phänomen des Alleinlebens im Alter Indiz für eine zukünftig rückläufige Partnerpflege werten.

203 Jentzsch (2004), S. 3

204 Häcker/Raffelhüschen (2007), S. 393 m.w.N.

205 Alscher/Dathe/Priller/Speth (2009), S. 123

Nach einer Prognose des Bundesinstituts für Bevölkerungsforschung über Lebensformen von Menschen im Alter von 65 und mehr Jahren wird neben den in Partnerschaft lebenden Frauen und Männern die zweithäufigste und anteilig stärker ansteigende Lebensform der Ein-Personen-Haushalt sein[206]. Nach Hochrechnungen wird es bis zum Jahr 2030 zu einem Rückgang des Anteils an ehelichen und nichtehelichen Lebensgemeinschaften in der Altersgruppe der 60-69-Jährigen von 81% auf 65% ebenso kommen wie bei den 80-Jährigen von 37% auf dann 30%[207].

1.2.5. Zwischenfazit

Die Entwicklung des Pflegepotentials ist – wie anhand der vier unterschiedlichen Szenarien von Blinkert und Gräf gesehen – insofern mit gewissen Unsicherheiten behaftet. Dabei werden in der wissenschaftlichen Literatur demografische und sozioökonomische Entwicklungen angeführt, die maßgeblichen Einfluss auf die Entwicklung des Pflegepotentials nehmen dürften. Zunächst ist ein demografisch bedingter Rückgang von Personen im mittleren Lebensalter festzustellen[208]. Des Weiteren ist zu attestieren, dass heute und in der jüngsten Vergangenheit vor allem ältere Frauen ohne Partner sind und insofern auch weniger Partner für deren Pflege zur Verfügung stehen.

Höchst unterschiedlich werden dagegen die Folgen der Entwicklung der Kinderzahl auf das Pflegepotential beurteilt. Auf der einen Seite wird mit dem Argument, die Kinderzahl der ab 1930 geborenen Frauen sei angestiegen, ein Anstieg des Pflegepotentials begründet. Diese Argumentation dürfte aber wenig stichhaltig sein, da sie insofern nur für die Gegenwart, also die Pflege der heute bereits Hochbetagten, von Relevanz ist. In mittlerer und längerfristiger Perspektive ist vielmehr festzustellen, dass heute auf jeden Pflegebedürftigen im Schnitt rd. 2,3 Kinder entfallen,

---

206 s. Alscher/Dathe/Priller/Speth (2009), S. 123 m.w.N.

207 Alscher/Dathe/Priller/Speth (2009), S. 124; Häcker/Raffelhüschen (2006), S. 4

208 Rosenkranz/Schneider (1997), S. 137; Jerábek (2008), S. 158

währenddessen es in Zukunft nur noch 1,3 Kinder sein werden[209]. Auf der anderen Seite wird in der Kinderzahl kein für die Entwicklung des Pflegepotentials maßgeblicher Indikator gesehen[210]. Entscheidend sei allein die Tatsache, ob in der Familie des Pflegebedürftigen überhaupt Kinder vorhanden sind, die in der Lage und bereit sind, Pflegeaufgaben zu übernehmen. Abzustellen sei also letztlich auf den Anteil der Kinderlosen[211].

Insgesamt bewirken die demografischen und sozio-strukturellen Entwicklungen eher eine Verringerung des häuslichen Pflegepotentials in der Zukunft und führen in der Konsequenz letztlich zu einem Anstieg der stationären Pflege[212]. Die unterschiedlichen Untersuchungen gehen aufgrund kultureller, demografischer und sozialer Prozesse mehrheitlich von einem Rückgang des Pflegepotentials aus[213]. So prognostizieren Blinkert und Klie, dass sich das familiäre Pflegepotential bis zum Jahr 2050 um rd. 30% deutlich verringern wird[214]. Konkret heißt dies z.B. für das Land Bran-

---

209 Schnabel (2007), S. 15

210 Otto (2005), S. 480

211 Rosenkranz/Schneider (1997), S. 137; Otto (2005), S. 480

212 so das Ergebnis des GEK-Pflegereports 2008, s. Rothgang/Borchert/Müller/Unger (2008), S. 71; Kehl/Then (2008), S. 3

213 s. Jerábek (2008), S. 158 m.w.N.; Backes (2008), S. 66 und 73; Pohl (2010), S. 368; Blinkert/Gräf (2009), 2; Meyer (2006), S. 40 m.w.N.; deutscher Bundestag (2011), S. 184; dagegen sehen Künemund und Hollstein keine Anzeichen für einen Bedeutungsrückgang der Familie.
Danach können die zukünftigen Älteren in gleicher Weise wie die heute Älteren auf ihre Angehörigen zählen, wenn sie Unterstützung benötigen, so Künemund/Hollstein (2000), S. 274; dagegen lassen sich nach den Veröffentlichungen von Künemund (s. Künemund/Vogel (2006), S. 270) erhebliche Probleme vor allem bei der familiären Versorgung und Betreuung der älteren Hilfe- und Pflegebedürftigen prognostizieren.

214 Blinkert (2009), S. 19; Blinkert/Klie (2004), S. 319, allerdings ist bei dieser im Jahr 2004 getroffenen Annahme das geltende Pflegzeitgesetz nicht berücksichtigt. Blinkert/Klie sehen die Möglichkeit, die prognostizierte Verringerung des informellen Pflegepotentials zu verlangsamen, wenn es zu einer besseren Vereinbarkeit von Erwerbstätigkeit und Pflege käme, die ambulanten Pflegedienste ausgeweitet, differenziert und flexibilisiert werden und wenn es zu einer größeren Bereitschaft käme sich auf „gemischte Pflegearrangements" einzulassen, Blinkert/Klie (2001), S. 48 f.; Backes/Amrhein/Wolfinger (2008a), S. 56

denburg, dass das erwerbsfähige Pflegepotential bis zum Jahr 2020 etwa auf ein Drittel seines Ausgangswertes im Jahr 2007 sinken wird. Rein rechnerisch hat damit jeder Pflegebedürftige ab 80 Jahren im Jahr 2020 eine etwa dreimal schlechtere Chance, in einem Haushalt von Angehörigen im erwerbsfähigen Alter versorgt zu werden als noch 2007[215].

Dieser prognostizierte Rückgang des familiären Pflegepersonenpotentials hat Auswirkungen auf die Entwicklung der zukünftigen Pflegearrangements. Unter Pflegearrangements sind die Hilfeleistungen oder Kombinationen von Hilfeleistungen sowie die Betreuer zu verstehen, die auf die jeweiligen Versorgungsbedürfnisse zugeschnitten sind[216]. Nach Berechnungen des Instituts der Deutschen Wirtschaft auf Basis der 11. koordinierten Bevölkerungsvorausberechnung wird trotz der Zunahme der Zahl der Pflegebedürftigen von 2,218 Mio. im Jahr 2005 auf 4,100 Mio. im Jahr 2050 die Pflege durch Angehörige von 979.000 auf 902.000 im gleichen Zeitraum zurückgehen[217].

	Pflegebedürftige	Stationäre Pflege	Ambulante Pflege (Sachleistung)	Pflege durch Angehörige (Geldleistung)
2005	2,128 Mio.	677.000	472.000	979.000
2010	2,404 Mio.	841.000	533.000	1,010 Mio.
2020	2,911 Mio.	1,135 Mio.	728.000	1,048 Mio.
2030	3,360 Mio.	1,411 Mio.	907.000	1,042 Mio.
2040	3,641 Mio.	1,602 Mio.	1,056 Mio.	983.000
2050	4,100 Mio.	1,968 Mio.	1,230 Mio.	902.000

Anhand dieser Prognose wird deutlich, dass sich der Anteil der häuslichen Pflege durch Angehörige von einem Anteil von rd. 48% im Jahr 2005 auf einen Anteil von rd. 23% im Jahr 2050 mehr als halbieren, während die Anteile der anderen Pflegearrangements entsprechend zunehmen könnte.

---

215 so Böttcher/Selinger/Hauss (2009), S. 25
216 Definition in Anlehnung an Heusinger/Klünder (2004), S. 184
217 Enste/Pimpertz (2008), S. 4

Das Pflegezeitgesetz mit seinen Freistellungsmöglichkeiten wurde u.a. deshalb beschlossen, um die Rahmenbedingungen für eine Sicherstellung der entsprechenden bedarfsgerechten häuslichen Pflege zu verbessern. Ziel des Gesetzes war insbesondere die Verbesserung der Vereinbarkeit von Familie und Beruf. Auch wenn eine diesbezügliche Zielerreichung unterstellt werden würde, bliebe doch als Ergebnis festzustellen, dass sich die Zahl der Pflegebedürftigen in den nächsten zwei Dekaden um mehr als 50% erhöhen wird, demgegenüber das informelle Pflegepotential (Pflegepersonen aus dem nahen Verwandtenkreis), je nach Berechnung mehr oder minder zurückgehen dürfte. Das Pflegezeitgesetz kann nicht den Rückgang des Pflegepotentials verhindern. Es kann aber einen Beitrag dazu leisten, dass das prognostizierte Pflegepotential wegen der Verbesserung der Vereinbarkeit von Erwerbstätigkeit und familiärer Pflegearbeit auch tatsächlich genutzt wird und insofern das realisierbare Pflegepotential – so wie es Blinkert und Gräf in ihrem Szenario 4 beschrieben haben – erhöht werden. Insofern kann mit dem Pflegezeitgesetz lediglich ein Teilbeitrag zur bedarfsgerechten Pflegeversorgung geleistet werden.

2. Pflege und Erwerbstätigkeit

Das Pflegezeitgesetz ist geschaffen worden, um die Vereinbarkeit von Erwerbsarbeit und Pflege zu verbessern. Allein aus dieser Zielsetzung des Pflegezeitgesetzes resultiert, dass von dessen Anwendungsbereich nur diejenigen Pflegepersonen betroffenen sind, die sich im erwerbsfähigen Alter befinden. Diese Zielsetzung ist Bestandteil der Lebenslauftheorie. Diese beruht zum einen auf der Annahme, dass der individuelle Lebensverlauf politisch-gesellschaftlich strukturiert wird[218]. Zum anderen enthält die Lebenslauftheorie die Annahme, dass die Lebenslaufmuster von Institutionen und Politiken hervorgebracht, gestützt und modifiziert

[218] Scheier/Hildebrandt (2010), S. 1

werden[219]. Nach Scheier und Hildebrandt ist die Debatte zur Lebenslaufpolitik im Kontext Arbeit „insbesondere in der Diskussion um den demografischen Wandel, die Vereinbarkeit von beruflichen und außerberuflichen Anforderungen während der verschiedenen Lebensphasen sowie die bessere Nutzung und den längerfristigen Erhalt des Beschäftigungspotentials“, zu sehen[220]. Die Lebenslaufpolitik hat in diesem Sinne deshalb den Risiken diskontinuierlicher Lebens- und Erwerbsverläufe zu begegnen und die Rahmenbedingungen für höhere Erwerbsquoten von Frauen und älteren Beschäftigten zu schaffen.

Lebensverläufe sind insoweit in bestimmte Zeiten und Übergänge eingebettet. Die Zeit als Arbeitszeit speziell in der Lebensverlaufsperspektive wurde bislang nur wenig berücksichtigt. Das Pflegezeitgesetz begleitet die Phasen, in denen pflegebedürftige Angehörige betreut werden müssen. Durch die darin enthaltenen Freistellungsmöglichkeiten unterstützt es insofern die zeitlichen Optionen in dieser Lebensverlaufsphase. Konzeptionell setzt das Pflegezeitgesetz innerhalb der Erwerbsphase an. Dadurch soll einerseits die individuelle und gemeinschaftliche Lebensplanung erleichtert werden und andererseits die Erwerbs- und Karrierechance aufrechterhalten bleiben.

Nach dem Konzept der Lebenslage in der Gerontologie wird abgestellt auf den Spielraum, der einem Menschen für die Befriedigung seiner Bedürfnisse und Interessen nachhaltig durch die äußeren Umstände gewährt wird[221]. Einkommen, Bildung und Geschlecht sind dabei Faktoren, die zu Ungleichheiten in Lebenslagen führen können. Im Bereich der häuslichen Pflege sind überproportional Frauen tätig, die häusliche Pflege wird mangels finanzieller Ressourcen für professionelle Pflegedienstleister mehrheitlich von Pflegenden aus dem unteren Einkommenssegment übernommen und schließlich ist der temporäre (Teil-)Ausstieg aus

---

219 Scheier/Hildebrandt (2010), S. 1
220 Scheier/Hildebrandt (2010), Zusammenfassung vor S. 1
221 Tesch-Römer (2002), S. 23 m.w.N.

der Erwerbstätigkeit nachteilig für die weiteren Karriere- und Einkommensperspektiven. Das Konzept der Lebenslagen enthält dabei nach Tesch-Römer eine dreifache Zielrichtung. Zum einen geht es um empirische Befunde der Ungleichheitsforschung zu den Lebenslagendimensionen Einkommen, gesellschaftliche Partizipation und Gesundheitsversorgung[222]. In diesem Sinne wird vor dem Hintergrund der grundsätzlichen Unentgeltlichkeit der Freistellungsmöglichkeiten nach dem Pflegezeitgesetz im vierten Kapitel der vorliegenden Arbeit der Frage nachgegangen, ob und mit welchen Instrumenten durch Entgeltersatzleistungen respektive Pflegegeldleistungen die durch die Pflegeübernahme eintretenden Einkommensverluste kompensiert werden können.

Zum anderen geht es um die Bedeutung personaler Kompetenzen und schließlich geht es drittens um Zielformulierungen sozialpolitischen Handels. Im Sinne des letztgenannten Aspekts werden in dieser Arbeit konkrete Vorschläge zur Änderung des Pflegezeitgesetzes auf Basis des sozioökonomischen Datenmaterials unterbreitet. Die untersuchten einzelnen Bereiche bzw. Stellschrauben des Pflegezeitgesetzes, wie der berechtigte Personenkreis nach dem Pflegezeitgesetz, die Dauer der Pflegezeit oder Fragen hinsichtlich der Vergütung während der pflegebedingten Freistellung, werden dabei zunächst anhand der empirischen Befunde beleuchtet und daran anschließend auf Basis sozialpolitischer Zielformulierungen Modifikationen am Pflegezeitgesetz vorgeschlagen. Die groben Zielformulierungen lassen sich wie folgt zusammenfassen, dass das Pflegezeitgesetz,

- einen wirksamen Beitrag zur Vereinbarkeit von Erwerbstätigkeit und Beruf leisten,
- eine Aktivierung des Pflegepersonenpotentials bewirken,
- einen möglichst großen Bereich der unterschiedlichen Pflegearrangements in der häuslichen Pflege flankieren,

---

222 Tesch-Römer (2002), S. 23 f.

- wegen der bislang überwiegend von Frauen übernommenen häuslichen Pflege einen Beitrag zur Geschlechtergleichheit liefern sollte.

In diesem Sinne entspricht die hier zu untersuchende Thematik den impliziten Zielvorstellungen des Lebenslagen-Konzepts, wonach es darum geht, „soziale Ungleichheiten zu vermeiden"[223]. Die Untersuchungen über die Situation der Pflegenden beschränken sich aber nicht nur auf die Beschreibung des Ist-Zustands, sondern umfassen auch den „Soll-Zustand". Dabei wurden die Pflegenden gefragt, welche Maßnahmen helfen würden, um eine bessere Vereinbarkeit von Erwerbstätigkeit und Pflegetätigkeit zu erreichen. Nach einer Befragung aus dem Jahr 2002 ergeben sich dabei folgende Ergebnisse[224]:

Flexible Arbeitszeiten	55%
Arbeitszeitreduzierung	63%
Unbezahlte Freistellungen	51%
Heimarbeit für einen Teil der Arbeitszeit	50%
Berücksichtigung von Notfallsituationen	46%
Verfügbarkeit beruflicher Unterbrechungen	36%
Beratung	34%
Tagespflege für Ältere an der Arbeitsstätte	25%
Andere	11%

Die Befragungsergebnisse machen deutlich, dass die unbezahlte Freistellung – wie sie mit dem Pflegezeitgesetz verwirklicht wurde nur einen Aspekt der Wünsche der Pflegenden abbildet. Zentrales Anliegen der Pflegenden ist eine stärkere Flexibilität der Arbeitszeiten, um den unterschiedlichen Pflegebedarfen mit einem Wechsel von Vollzeit in Teilzeit gerecht zu werden.

---

223 Tesch-Römer (2002), S. 31

224 Mooney & Stathan (2002), S. 323 zitiert nach Au/Sowarka (2007), S. 7

2.1. Alter der Pflegepersonen

Hinsichtlich des Alters der Pflegenden gibt es verschiedene Untersuchungen, die zu unterschiedlichen Ergebnissen gelangen. Nach der Untersuchung von Braun[225] aus dem Jahr 1983 sieht die Altersverteilung der Pflegenden wie folgt aus:

Alter der Pflegenden	Anteil
unter 21	0%
21-30 Jahre	7%
31-40 Jahre	31%
41-50 Jahre	32%
51-60 Jahre	26%
über 60 Jahre	4%

Danach ist der weit überwiegende Anteil der Pflegenden im erwerbsfähigen Alter; nur ein kleiner Teil der Pflegenden ist bereits über 60 Jahre alt. Dieser Befund spiegelt sich in den neueren Untersuchungen nicht wieder. Diese gelangen vielmehr zu dem Ergebnis, dass rd. 30-40% der Pflegenden bereits das 65. Lebensjahr überschritten haben und insofern größtenteils aus dem Erwerbsleben ausgeschieden sind. Nach der Infratest-Repräsentativerhebung aus dem Jahr 2002 stellt sich die Altersverteilung der Pflegenden wie folgt dar[226].

Alter der Pflegenden	Anteil
Bis 39 Jahre	11%
40-54 Jahre	27%
55-64 Jahre	27%
65-79 Jahre	26%
80 Jahre und älter	7%
Keine Angabe	3%

Insofern ist die Mehrheit der Hauptpflegepersonen, nämlich rd. 60%, bereits über 55 Jahre alt. Schneekloth führt als Begründung für diesen Befund an, dass dieser Personenkreis sich in einer

[225] Braun (1983), S. 211

Lebensphase befinden würde, in der er zunehmend beruflich und familiär entpflichtet ist[227]. Bei diesem Personenkreis vermutet Schneekloth, dass wegen der entsprechenden zeitlichen Möglichkeiten auch eher die Bereitschaft zur Pflegeübernahme bestünde.[228]. Allerdings sind nach der Infratest-Repräsentativerhebung rd. Zweidrittel der Pflegepersonen im erwerbsfähigen Alter bis 64 Jahre. Insofern ist der Replik von Rumpf auf Schneekloth zuzustimmen, der attestiert, es könne nicht generalisierend festgehalten werden, dass die Pflege vor allem von den beruflich und familiär Entpflichteten getragen wird[229].

Nach den aktuellsten Daten sind 67% der Hauptpflegepersonen im Erwerbsfähigen Alter zwischen 20 und 64 Jahren. Die Mehrheit der Hauptpflegepersonen ist 55 Jahre oder älter. Knapp ein Drittel der Pflegepersonen hat bereits das 65. Lebensjahr überschritten[230].

Nach den spezifischen – auf Nordrhein-Westfalen bezogenen – Altersangaben sind 55% der Pflegepersonen zwischen 40 und 64 Jahre alt, 15% sind zwischen 65 und 74 Jahre, 14% waren älter als 75 Jahre und 15% jünger als 39 Jahre[231]. Das Durchschnittalter der Pflegenden in Nordrhein-Westfalen betrug im Jahr 2003 nach der Untersuchung von Dettbarn-Reggentin und Reggentin bei Frauen 52,2 und bei Männern 58,8 Jahre[232]. Nach der Untersuchung von Böttcher, Selinger und Hauss sind die Pflegenden in den ostdeutschen Ländern im Durchschnitt 49 Jahre alt[233]. Eine aus dem Jahr 2009 stammende Untersuchung der Universität Hamburg hat 54 Jahre als Durchschnittsalter der Pflegepersonen

---

226 Schneekloth/Leven (2003), S. 20
227 Schneekloth (2006a), S. 77
228 Schneekloth (2006a), S. 77
229 Rumpf (2007), S. 44
230 Bundesministerium für Gesundheit (2011), S. 27
231 Dettbarn-Reggentin/Reggentin (2004), S. 21
232 Dettbarn-Reggentin/Reggentin (2004), S. 21
233 Böttcher/Selinger/Hauss (2009), S. 28

ergeben[234]. Danach haben rd. 40% der Pflegenden bereits das Rentenalter erreicht und weitere 28% der Pflegenden sind zwischen 55 und 64 Jahre alt[235].

Festzustellen ist dabei eine Zunahme des Eintrittsalters der Pflegeperson, also des Alters der Pflegeperson bei der erstmaligen Pflege eines Angehörigen. Es wird daher prognostiziert, dass es wohl zu einer Zunahme von Pflegepersonen kommen wird, die bereits das Rentenalter erreicht haben bzw. kurz davor stehen[236]. Die Untersuchungen zeigen, dass die Pflegenden meist bereits älter sind und im Durchschnitt am Ende ihres Berufslebens stehen. Allerdings erscheint die Feststellung, die Pflegeübernahme in der Partnerschaft im Alter sei von Konsequenzen im Erwerbsbereich entkoppelt zu sein[237], doch fragwürdig, wenn zwei Drittel der Pflegenden noch nicht das 65. Lebensjahr vollendet haben.

Perspektivisch ist zu berücksichtigen, dass zwei Faktoren für die zukünftige Pflegebereitschaft der Pflegepersonen Bedeutung haben dürften. Zum einen hat die Politik der letzten Jahre die Frühverrentungsanreize deutlich mit der Folge reduziert, dass die Erwerbstätigenquote der über 55-Jährigen erheblich angestiegen ist. Von den 55-64-Jährigen waren im Jahr 2000 37,5% erwerbstätig. Diese Erwerbstätigenquote hat sich binnen neun Jahren auf 55,9% erhöht. Die Erwerbstätigenquote der 60-65-Jährigen ist ebenfalls deutlich angestiegen. Sie lag im Jahr 2000 bei 19,9% und ist bis zum Jahr 2009 auf 38,4%, mithin also um mehr als 90%, angestiegen[238].

Zum anderen wird durch die beschlossene stufenweise Anhebung des gesetzlichen Renteneintrittsalters ab dem Jahr 2012 bis zum

[234] Runde/Giese/Kaphengst/Hess (2009), S. 16, auf Basis einer Befragung von AOK-Leistungsempfängern

[235] Runde/Giese/Kaphengst/Hess (2009), S. 48

[236] Runde/Giese/Kaphengst/Hess (2009), S. 41; Otto (2005), S. 475

[237] Helfferich (2008), S. 42

[238] Deutscher Bundestag (2010f), S. 84. Die Erwerbstätigenquote der Männer stieg im genannten Zeitraum von 27,8% auf 46,7% und die der Frauen von 12,2% im Jahr 2000 auf 30,4% im Jahr 2009 an.

Jahr 2029 auf dann 67 Jahre die Pflegetätigkeit von nahen Angehörigen möglicherweise eingeschränkt. So wird in der MuG III-Studie darauf hingewiesen, dass die heute geführten Debatten um eine stärkere Integration von älteren Menschen in den Arbeitsmarkt bzw. die Verlängerung der Lebensarbeitszeit natürlich zu Zielkonflikten führen kann[239]. Denn durch die Anhebung der gesetzlichen Regelaltersgrenze dürfte davon auszugehen sein, dass die Beschäftigten länger ihrer Erwerbstätigkeit nachgehen[240]. Insofern dürfte der Vereinbarkeit von Pflege und Erwerbstätigkeit ein noch größeres Gewicht zukommen als gegenwärtig[241]. Auf die Ergebnisse dieser Untersuchungen wird im Rahmen dieser Arbeit noch zurückgegriffen, wenn es um die Frage geht, inwieweit durch eine Verlängerung der Pflegezeit die Karriere- und Einkommensperspektiven gerade von Frauen beeinträchtigt werden.

Für die weiter unten im vierten Kapitel dieser Arbeit erörterte Frage, ob eine Freistellung durch eine Entgelt oder Pflegegeld flankiert werden sollte, ist zunächst zur klären, wie die finanzielle Situation der Pflegenden aussieht. Die Klärung soll Aufschluss darüber bringen, inwieweit Erwerbsarbeit mit Pflegeaufgaben kompatibel ist bzw. welcher Spielraum für einen Einkommensverlust durch Reduktion der Arbeitszeit besteht.

2.2. Familienstand

Im Folgenden werden die Daten zum Familienstand von Pflegenden und Pflegebedürftigen bei der häuslichen Pflege dargestellt, die im 4. Kapitel für die Prüfung der Frage herangezogen werden, ob die Beschränkung des anspruchsberechtigten Personenkreises nach dem Pflegezeitgesetz auf nahe Angehörige Ziel führend ist.

Nach den bisherigen Untersuchungen ergibt sich bei den Pflegebedürftigen folgendes Bild: 32% der Pflegebedürftigen sind verhei-

239 Schneekloth/Wahl (2006), S. 247; Kümmerling(Bäcker (2012), S. 7
240 Pohl (2010), S. 368; Deutscher Bundestag (2011), S. 184
241 So die Einschätzung von Rumpf (2007), S. 122

ratet, 43% sind verwitwet, 6% sind geschieden und 19% sind ledig[242]. Das bedeutet, dass rechnerisch nur bei rd. einem Drittel der Pflegebedürftigen der Ehepartner als Pflegeperson in Betracht kommt.

Ebenso wie beim bereits erörterten Alter der Pflegenden bestehen auch große Unterschiede beim Familienstand der pflegenden Angehörigen. Nach den Ergebnissen einer Infratest-Repräsentativerhebung aus dem Jahr 1988 waren 80% der Pflegenden verheiratet, 8% verwitwet, 4% geschieden und 8% ledig[243]. Zu einem ähnlichen Ergebnis sind Dettbarn-Reggentin und Reggentin in ihrer Untersuchung zum Familienstand der Pflegenden in Nordrhein-Westfalen gekommen. Danach sind 79% der Pflegenden verheiratet, 7% verwitwet, 6% geschieden und 8% ledig[244]. Auffällig ist auch, dass rd. 80% der Pflegepersonen in Deutschland verheiratet sind[245]. Zur Begründung dieses Befundes wird die zumeist vorhandene finanzielle Absicherung durch den Ehepartner angeführt[246].

Nach einer neueren Untersuchung aufgrund von Befragungen von gesetzlich Versicherten ergibt sich zum Familienstand der Pflegenden für das Jahr 2009 folgendes Bild[247]:

Familienstand	Angaben in Prozent
Ledig	6,3%
Verheiratet/Zusammenlebend	78,4%
Verwitwet	7,9%
Geschieden/getrennt lebend	7,4%

In Hinblick auf die Verwandtschaftsverhältnisse zwischen Pflegeperson und zu Pflegendem ist kaum aktuelles Datenmaterial fest-

242 Dettbarn-Reggentin/Reggentin (2004), S. 20
243 Bundesministerium für Gesundheit und soziale Sicherheit (2000), S. 54
244 Dettbarn-Reggentin/Reggentin (2004), S. 22
245 Schneekloth/Müller (2000), S. 55
246 Schneider/Drobnic/Blossfeld (2001), S. 365
247 Runde/Giese/Kaphengst/Hess (2009), S. 58

stellbar. Nach der MUG-III-Studie ergibt sich, dass die Pflege größtenteils von den Ehepartnern verrichtet wird[248].

Verwandtschaftsverhältnis	Anteil
Ehe-/Lebenspartner	36%
Töchter	20%
Söhne	8%
Schwiegertöchter	6%
Mütter	12%
Väter	1%
Enkelkinder	2%
Freunde/Bekannte/Nachbarn	7%

Anhand dieser Daten ist erkennbar, dass die Pflegepersonen nach wie vor aus der Kernfamilie heraus rekrutiert werden. Die genannten Daten geben aber nur wenig Aufschluss über das Zustandekommen des konkreten Pflegearrangements. Welche der unterschiedlichen Aspekte wie z.B. Erwerbstätigkeit, Gesundheitszustand und Geschlecht der potentiellen familiären Pflegepersonen oder die räumliche Distanz zum Pflegebedürftigen entscheidend für die Auswahl der konkreten Pflegepersonen ist, ist bislang noch nicht geklärt. Franke und Reichert weisen in diesem Zusammenhang auf eine beziehungsspezifische Hierarchie der gewünschten Pflegepersonen hin, wonach an erste Stelle der Partner, dann die Kinder und an dritter Stelle Freunde und Nachbarn stehen[249].

2.3 Erwerbstätigenquote der Pflegenden

Eines der mit der Schaffung des Pflegezeitgesetzes verfolgten Ziele war die Verbesserung der Vereinbarkeit von Erwerbstätigkeit und Pflege. Festzustellen ist aber anhand der vorstehend genann-

248 s. Franke/Reichert (2011), S. 37 m.w.N.; ähnliche Werte bei Sauerborn (2011), S. 10

249 Franke/Reichert (2011), S. 38 mit Hinweis auf Li (2004), Caregiving Network Composotions and Use of Supportive Services by Community-Dwelling Dependet Elders. Journal of Gerontological Social Work, 43 (2,3), S. 147

ten Ausführungen, dass die Frage der Vereinbarkeit dieser beiden Bereiche nur für einen Teil der Pflegenden von Relevanz ist.

In einer Literaturstudie aus dem Jahr 2012 wird die Datenlage zur Erwerbstätigkeit pflegender Angehöriger als prekär beschrieben[250]. Es liegen nur wenige Untersuchungen hierzu vor. Von den Pflegenden sind je nach Untersuchung zwischen 30 und 50% nicht mehr im erwerbsfähigen Alter, sondern haben bereits das geltende gesetzliche Renteneintrittsalter überschritten. Insgesamt sind gut drei Viertel aller, die Pflegeleistungen erbringen, nicht erwerbstätig[251]. Mit zunehmendem regelmäßigem Pflegebedarf steigt dieser Anteil auf über 80%. Vollzeitbeschäftigt ist nur ca. ein Fünftel der Pflegepersonen[252]. Allerdings stieg in den 90er Jahren der Anteil von Pflegepersonen, die einer eigenen Erwerbstätigkeit nachgegangen sind, von 18% im Jahr 1991 auf 23% im Jahr 2002[253]. Dieser dennoch relativ geringe Anteil von erwerbstätigen Pflegepersonen wird zu einem großen Teil damit begründet, dass viele der Pflegepersonen bereits das Rentenalter erreicht haben und somit nicht mehr im Erwerbsleben stehen[254].

Bei der Betrachtung der Erwerbsbeteiligung der Pflegenden ist festzustellen, dass sich 64% im erwerbsfähigen Alter zwischen 16 und 64 Jahren befinden. Von diesem Personenkreis sind jedoch zwei Drittel (64%) nicht erwerbstätig. 8% sind geringfügig beschäftigt, weitere 13% sind teilzeitbeschäftigt bis zu 30 Wochenstunden und nur 16% der Pflegepersonen im erwerbsfähigen Alter sind in Vollzeit tätig[255]. Seit Einführung der Pflegeversicherung im Jahr 1995 hat sich der Anteil der Vollzeitbeschäftigten erhöht. Gingen zu Beginn der 90er Jahre nur 18% der Pflegepersonen einer Voll- oder Teilzeitbeschäftigung nach, waren es zehn Jahre später be-

[250] so Kümmerling/Bäcker (2012), S. 22
[251] Rosenkranz/Schneider (1997), S. 141; Runde/Giese/Kaphengst/Hess (2009), S. 17
[252] Rosenkranz/Schneider (1997), S. 141
[253] Becker/Lauerer (2010), S. 13
[254] Runde/Giese/Kaphengst/Hess (2009), S. 17
[255] Schneekloth/Müller (2000), S. 40; Meyer (2006), S. 23

reits 26%[256]. 47% der Pflegenden waren zu Beginn ihrer Pflegetätigkeit noch in Teil- oder Vollzeit tätig[257].

Nach der Literaturstudie von Franke und Reichert ist zudem festzustellen, dass die Art und Schwere der Erkrankung eines Pflegebedürftigen ein entscheidender Faktor dabei ist, ob die Erwerbstätigkeit nach der Übernahme der Pflege eingeschränkt oder fortgesetzt wird[258]. Danach haben Anfang der 90er Jahre von den bei Beginn der Pflege erwerbstätigen Hauptpflegepersonen rd. 26% ihre Erwerbstätigkeit nach Beginn der Pflegetätigkeit aufgegeben oder eingeschränkt. Diese Angaben beziehen sich auf Pflegende, die einen Pflegebedürftigen betreut haben, der in eine der Pflegestufen der Pflegeversicherung eingruppiert wurde. Betrachtet man demgegenüber die erwerbstätigen Pflegepersonen, die eine Person betreut haben, ohne dass bei dieser eine Pflegestufe vorliegt, liegt der entsprechende Anteil mit 10% deutlich niedriger[259]. Auch nach Einführung der Pflegeversicherung hat sich diese Relation kaum verändert. Im Jahr 2002 haben 23% der erwerbstätigen Hauptpflegepersonen ihre Erwerbstätigkeit bei Übernahme der Pflege eines in die Pflegestufen I-III zugeordneten Pflegebedürftigen aufgegeben oder reduziert. Bei erwerbstätigen Pflegepersonen, die eine nicht eingestufte Person betreuten, lag der diesbezügliche Anteil nur bei 9%[260].

Diese Daten zur Erwerbsbeteiligung der Pflegepersonen fußen auf Untersuchungen aus der Mitte des letzten Jahrzehnts. Seitdem ist allerdings eine Entwicklung festzustellen, nach der deutlich mehr Personen eine Erwerbstätigkeit ausüben und gleichzeitig eine Pflegeaufgabe wahrnehmen. Nach den Untersuchungen von TNS Infratest Sozialforschung waren im Jahr 2010 von den Hauptpflegepersonen im erwerbsfähigen Alter von 16 bis 64 Jahren 41%

---

256 Meyer (2006), S. 22
257 Backes/Wolfinger/Amrhein (2008), S. 134
258 Franke/Reichert (2011), S. 18
259 Franke/Reichert (2011), S. 18 f.
260 Franke/Reichert (2011), S. 18

nicht erwerbstätig[261]. Dies ist ein Rückgang gegenüber der entsprechenden Vergleichszahl von 1998 um 23%-Punkte. Im Gegenzug dazu hat sich seit 1998 der Anteil der Hauptpflegepersonen im erwerbsfähigen Alter, die neben der Pflege erwerbstätig waren, bis zum Jahr 2010 von 37% im Jahr 1998 auf 59% erhöht[262].

Im Zeitraum zwischen 1998 und 2010 ist zudem festzustellen, dass die Erhöhung der Zahl der erwerbstätigen Pflegepersonen überwiegend auf den Bereich der in Vollzeit tätigen Pflegepersonen entfällt. Zwischen 1998 und 2008 ist der Anteil der Pflegenden, die neben ihrer Vollzeittätigkeit die Pflege eines Angehörigen übernommen haben von 16% auf 28% angestiegen. Begründet wird diese Entwicklung u.a. mit der Zunahme des Anteils männlicher Pflegepersonen, die häufiger als weibliche Pflegepersonen in Vollzeit tätig sind[263]. Differenziert man hinsichtlich der Dauer der Arbeitszeit ergibt sich folgendes Bild[264]:

Erwerbstätigkeit der Hauptpflegeperson 2010	
Unter 15 Wochenstunden	11%
Teilzeit (15-30 Wochenstunden)	20%
Vollzeit	28%

Im Hinblick auf die in der vorliegenden Arbeit zu betrachtenden Aspekte der Vereinbarkeit von Erwerbstätigkeit und Pflege ist auch von Bedeutung, ob sich der zeitliche Umfang der Pflegetätigkeit von erwerbstätigen und nicht erwerbstätigen Angehörigen unterscheidet. Die hierzu vorgenommenen Untersuchungen kommen jedoch zu keinem eindeutigen Ergebnis. Zum einen Teil attestieren Studien, dass erwerbstätige Pflegende im gleichen Umfang Pflegearbeit leisten wie nicht erwerbstätige Pflegepersonen,

261 Bundesministerium für Gesundheit (2011), S. 31
262 Bundesministerium für Gesundheit (2011), S. 31
263 Bundesministerium für Gesundheit (2011), S. 30
264 Bundesministerium für Gesundheit (2011), S. 30

zum anderen Teil wird ein geringerer Umfang der Pflegearbeit bei erwerbstätigen Pflegenden festgestellt[265].

Im Folgenden sollen die Auswirkungen von Erwerbstätigkeit der Pflegeperson auf das Pflegearrangement, also die Wahl unter den verschiedenen Betreuungsmöglichkeiten, näher beleuchtet werden. Auffällig ist dabei, dass der Anteil von Empfängern von Pflegegeld nach § 37 SGB XI bei erwerbstätigen Pflegepersonen mit rd. 60% unterdurchschnittlich ist[266]. Insofern liegt die Vermutung nahe, dass gerade wegen der Erwerbstätigkeit die stationäre Betreuung stärker nachgefragt wird als bei nicht erwerbstätigen Pflegepersonen.

Die Erwerbstätigkeit hat auch eine – auf Kostengesichtspunkten resultierende – Auswirkung auf die Wahl der Betreuungsform. Nichterwerbstätige Frauen weisen eine stärkere Tendenz auf, Angehörige zu Hause zu pflegen. Dagegen ist für erwerbstätige Frauen das Eingehen der Pflegeverpflichtung nicht nur mit Einkommensverlusten verbunden, sondern führt auch zur Aufgabe von sozialen Ansprüchen im Hinblick auf Emanzipation und Selbstverwirklichung[267].

Die Fortdauer der Erwerbstätigkeit während der Pflege ist hinsichtlich der Konsequenzen für die Pflegenden nach dem bisherigen Forschungsstand differenziert zu betrachten. Studien bestätigen sowohl eine höhere physische und psychische Belastung von erwerbstätigen pflegenden Angehörigen als auch die entlastende Funktion der außerhäuslichen Erwerbsarbeit als Gegengewicht zur Pflegesituation[268]. Hingegen kumuliert sich nach einer Aufstel-

---

265 s. Franke/Reichert (2011), S. 44 f., m.w.N., die diesen Befund im wesentlichen damit erklären, dass jeweils unterschiedliche Definitionen von Pflege bzw. Pflegenden den verschiedenen Untersuchungen zugrunde liegen. Darüber hinaus ist der Pflegebedarf bei der Pflege durch nicht erwerbstätige Pflegende zumeist höher, so dass die Unterschiede in der Dauer der Pflege relativiert werden müssten.

266 so Runde/Giese/Kaphengst/Hess (2009), S. 19

267 Blinkert/Klie (2000), S. 324

268 Bundesministerium für Familie, Senioren, Frauen und Jugend (2006), 323

lung des BMFSFJ bei erwerbstätigen pflegenden Frauen eine Reihe von lebenslangen Benachteiligungen:

- der generell schwierigen Herstellung und geschlechtsspezifisch ungleich verteilten Chancen einer Work-Life-Balance, d.h. der gelingenden Vereinbarkeit von erwerbs- und familienbezogenen Anforderungen,
- dem Mangel an familienfreundlicher Politik (auch der Betriebe),
- den aus der Pflegeübernahme noch stärker ungleich verteilten Erwerbs-, Bildungs-, Teilhabe, Karriere- und Einkommenschancen von Männern und Frauen,
- der ungleich verteilten Verantwortung für Pflegeaufgaben auf Grund der geschlechtsspezifischen und innerfamiliären Arbeitsteilung,
- verbunden damit, dem ungleich höheren Erwerbslosigkeits- und Verarmungsrisiko infolge der Pflegeübernahme,
- der eingeschränkten Lebensqualität von Pflegenden mit Erwerbsverpflichtungen und möglicherweise noch Verpflichtungen gegenüber minderjährigen Kindern (Stichwort: Sandwich-Generation)[269].

Die empirischen Studien belegen, dass Arbeitnehmer mit familiären Pflegeverpflichtungen mehr Fehltage, mehr verspätete Arbeitsanfänge, vermehrt vorzeitige Arbeitsenden sowie häufigere Arbeitsunterbrechungen als Personen ohne zusätzliche Pflegetätigkeit aufweisen[270].

Die Pflege eines Angehörigen im häuslichen Bereich ist vielfach nicht planbar. Unvorhersehbare Ereignisse oder besondere Krankheitsverläufe erfordern in vielen Fällen eine zeitnahe Betreuung des Pflegebedürftigen durch die erwerbstätige Pflegeperson. Vielfach entsteht ein unvorhersehbarer Pflegebedarf, etwa wegen des Ausfalls des ambulanten Pflegedienstes oder der Not-

---

269 Bundesministerium für Familie, Senioren, Frauen und Jugend (2006), 323 f.

270 Schneider/Drobnic/Blossfeld (2001), S. 364; Schneekloth/Müller (2000), S. 12

wendigkeit eines Arztbesuchs. Die Vereinbarkeit von Erwerbsarbeit und Pflege ist wegen des nur schwer absehbaren Pflegebedarfs deshalb besonders schwierig. Die Pflege weist insofern ein hohes Maß an Fremdbestimmtheit auf, das nur schwer mit den regelmäßigen arbeitsvertraglichen Verpflichtungen in Einklang zu bringen ist. Umso verständlicher ist, dass die überwiegende Zahl der Erwerbstätigen sich zur besseren Vereinbarkeit von Familienarbeit und Beruf flexiblere Arbeitszeiten wünschen[271].

Mittel- und langfristig werden die demografischen Veränderungen das Problem der Vereinbarkeit von Pflegearbeit und Erwerbsarbeit verschärfen. Der Grund hierfür liegt in dem prognostizierten Rückgang der Bevölkerung in Deutschland und dem damit einhergehenden Anstieg der Erwerbstätigenquote gerade der über 55-Jährigen Personen. Nach den bisherigen Berechnungen wird sich die Bevölkerung im Erwerbsalter von gegenwärtig rd. 50 Mio. auf zwischen 33 und 36 Mio. verringern[272]. Innerhalb dieses Teils der Bevölkerung wird sich der Anteil der 50-65-Jährigen – also der Personenkreis, der vornehmlich die Angehörigenpflege übernimmt – von 2010 bis zum Jahr 2060 um fast ein Viertel von 31% auf 40% erhöhen[273]. Der Rückgang der Personen im Erwerbsalter wird demnach dazu führen, dass bislang nicht genutzte Erwerbspersonenpotentiale in wesentlich größerem Maße genutzt werden, als dies bislang der Fall war. Das betrifft insbesondere die Personen ab dem 50. Lebensjahr. Gerade in diesem Personenkreis wird eine bedeutende Personalreserve für die Zukunft gesehen. Zudem unterstellen die Arbeitsmarktforscher des Instituts für Arbeitsmarkt- und Berufsforschung deshalb auch in Zukunft ein weiter steigendes faktisches Renteneintrittsalter[274]. Dieser Anstieg dürfte dazu führen, dass sich die Frage der Vereinbarkeit von Pflege und Erwerbstätigkeit zukünftig auch für diejenigen älteren Menschen stellt, die gegenwärtig wegen des heute im Vergleich zum künfti-

---

271 Kümmerling/Bäcker (2012), S. 31 m.w.N.
272 Deutscher Bundestag (2010f), S. 85
273 Deutscher Bundestag (2010f), S. 85
274 Walwei (2010), S. 423

gen höheren gesetzlichen Renteneintrittsalter bereits aus dem Erwerbsleben ausgeschieden sind.

Auch der Bildungsstand entscheidet über die Bereitschaft zur Übernahme der häuslichen Pflege. Dabei ist insgesamt ein Trend festzustellen, dass Pflegepersonen mit höheren Bildungsabschlüssen (Realschule, Gymnasium) eher ihre Erwerbstätigkeit nach Pflegeübernahme fortsetzen als Personen mit niedrigen Bildungsabschlüssen[275]. Festzustellen ist darüber hinaus, dass Personen mit höherem Bildungsabschluss ihre Erwerbsbeteiligung weniger stark reduzieren bzw. aufgaben. Bei Personen mit niedrigen Bildungsabschlüssen ist dagegen die Wahrscheinlichkeit der Aufgabe der Erwerbstätigkeit wegen der Pflegeübernahme höher[276].

2.4. Aufgabe/Verringerung der Arbeitszeit wegen Pflegeübernahme

Verbunden mit der Pflege von Angehörigen treten auch Veränderungen in der Erwerbstätigkeit ein. Nach Angaben von Schneekloth und Wahl arbeitet in Deutschland etwa die Hälfte der erwerbstätigen pflegenden Angehörigen in Vollzeit[277]. Die Angaben, wie viele Personen ihre Erwerbstätigkeit wegen der Übernahme der Pflege von nahen Verwandten aufgegeben haben, schwanken allerdings. Nach einer Veröffentlichung des BMFSFJ aus dem Jahr 1997 gaben rd. 16% der Frauen und 8% der Männer ihre Erwerbstätigkeit bei der Pflege eines Angehörigen auf[278]. Von den befragten Pflegepersonen von Pflegebedürftigen mit täglichem oder ständigem Hilfebedarf waren es 34,4%[279]. Nach anderen Angaben haben 58% der Pflegepersonen, die zu Beginn

---

275 Au/Sowarka (2007), S. 5; Meyer (2006), S. 23 f., danach haben 70,8% der Hauptpflegepersonen mit Volksschulabschluss oder ohne Abschluss ihre Erwerbstätigkeit eingeschränkt oder aufgegeben; Franke/Reichert (2011), S. 33

276 Franke/Reichert (2011), S. 33 m.w.N.

277 Schneekloth/Wahl (2005), S. 24

278 Bundesministerium für Familien, Senioren, Frauen und Jugend (1996), S. 12

279 Bundesministerium für Familien, Senioren, Frauen und Jugend (1996), S. 143

der Pflege eines nahen Angehörigen noch erwerbstätig waren, die Erwerbstätigkeit eingeschränkt oder sie vollständig aufgegeben[280]. Nach der Infratest Repräsentativerhebung von 2002 haben dagegen nur noch 10% ihre Berufstätigkeit aufgegeben und 11% ihre Arbeitszeit reduziert[281]. 51% waren bei Beginn der häuslichen Pflege überhaupt nicht erwerbstätig. 26% haben ihre berufliche Tätigkeit nach Aufnahme der Pflegetätigkeit fortgesetzt.

Seit Anfang der 90er Jahre ist aber der Anteil von Erwerbstätigen, die trotz der Pflege ihre Berufstätigkeit fortsetzen, deutlich gestiegen. Soweit ersichtlich gibt es jedoch weder belastbare Erkenntnisse über die Gründe hierüber noch über die Frage, ob die Erwerbstätigkeit neben der Pflege in Vollzeit- oder in Teilzeitarbeit geleistet wird[282]. Auf Basis einer WSI-Befragung, bei der allerdings nicht zwischen Hauptpflegepersonen und mithelfenden Familienangehörigen unterschieden wurde, sind die erwerbstätigen Pflegenden durchschnittlich 36,7 Wochenstunden erwerbstätig[283].

Zusammenfassend ist festzustellen, dass „nur" rd. ein Viertel der pflegenden Erwerbstätigen ihre Arbeitszeit verringert oder die Erwerbstätigkeit ganz aufgegeben hat. Insofern ist die Frage der Vereinbarkeit von Pflege und Erwerbsarbeit zwar ein Problem, das sich gegenwärtig aber nicht flächendeckend darstellt[284]. Dies gilt insbesondere für Westdeutschland, wo aktuell rd. 76% der Frauen nicht in Vollzeit tätig sind. Allerdings zeigen Untersuchungen, dass es durchaus einen nicht unerheblichen Anteil Pflegender gibt, die ihre Arbeitszeit wegen der Pflegeübernahme reduzieren möchten, dies aber aus finanziellen Erwägungen heraus nicht realisieren[285]. Diese auf Deutschland bezogenen Untersuchungen werden auch durch internationale Studien bestätigt. Diese gelangen u.a. zu

280 Gräßel (2000), S. 85; Enquete-Kommission „Demografischer Wandel" (2002), S. 520; Reichert (2003), S. 223
281 Backes/Wolfinger/Amrhein (2008), S. 134
282 Schneekloth/Wahl (2005), S. 79; Backes/Wolfinger/Amrhein (2008), S. 134
283 Klenner/Pfahl (2008), S. 25
284 Rumpf (2007), S. 126
285 Franke/Reichert (2011), S. 62 m.w.N.

dem Ergebnis, dass sich ab einer Schwelle von wöchentlich zehn Pflegestunden negative Auswirkungen auf die Erwerbstätigkeit ergeben[286].

2.5. Belastung der erwerbstätigen Pflegepersonen

Pflegende Angehörige leisten umfangreiche Betreuungsarbeit: von der Hilfe beim Einkaufen und dem Transport, bei der Haushaltsführung und dem Zubereiten von Mahlzeiten, in finanziellen Angelegenheiten sowie der Organisation der Pflege, um nur einige zentrale Bereiche zu nennen. Studien darüber, ob und inwiefern Erwerbstätige dieselben Unterstützungsleistungen erbringen wie nicht erwerbstätige Pflegepersonen, existieren kaum[287].

Mittlerweile liegen zahlreiche Studien vor, die sich mit dem Belastungserleben pflegender Angehöriger befassen[288]. Die Belastungen umfassen physische und psychische Beeinträchtigungen sowie finanzielle Belastungen. Dabei variieren insbesondere die beiden erstgenannten Beeinträchtigungen je nach dem Krankheitsbild des Betroffenen und dem Schwergrad der Pflegebedürftigkeit. In der Literatur finden sich in der Mehrheit Untersuchungen zur Belastungssituation bei der Pflege an Demenz erkrankter Menschen, was möglicherweise damit erklärbar ist, dass deren Pflege gemeinhin als belastender erachtet wird.

Der Anteil der Pflegepersonen, die einen nahen Angehörigen in häuslicher Umgebung rund um die Uhr pflegen, beträgt 64%. Rund 26% der Hauptpflegepersonen betreuen den betroffenen Verwandten täglich stundenweise. Nur ein geringer Teil (8%) übernimmt nur im Wochenverlauf hin und wieder die Pflege oder ist sogar noch weniger in die Pflege eingebunden (2%). Bemerkenswert ist, dass diese Einschätzung der befragten Pflegepersonen nur eine begrenzte Übereinstimmung mit den Ergebnissen

286 s. Schneider (2006), S. 507 m.w.N.
287 so Franke/Reichert (2011), S. 40
288 z.B. Sauerborn (2011)

von Befragungen der Pflegebedürftigen aufweist. Danach gaben im Jahr nur 36% der zu Hause gepflegten Angehörigen an, dass sie rund um die Uhr Hilfe bei der Körperpflege, Ernährung, Kleidung und Mobilität benötigen[289]. 23% benötigen dreimal täglich und jeweils 11% ein- bzw. zweimal am Tag Hilfe[290]. Woraus diese unterschiedlichen Einschätzungen von Pflegenden und Pflegebedürftigen hinsichtlich der Rund-um-die-Uhr-Versorgung begründet sind, bleibt im Unklaren. Ein möglicher Erklärungsansatz liegt darin, dass die subjektive Selbsteinschätzung der Pflegenden bezüglich der eigenen Belastung größer, dagegen die Einschätzung des eigenen Hilfebedarfs bei den Pflegebedürftigen geringer ausfällt.

Soweit ersichtlich liegen für Deutschland keine Studien vor, die differenzierte Aussagen über die Art und den Umfang der Pflegeleistungen von erwerbstätigen und nicht-erwerbstätigen Pflegepersonen erlauben. Eine rund-um-die-Uhr Betreuung, die laut Infratest 64% der Pflegepersonen erbringen und eine täglich stundenweise Betreuung dürfte zumindest bei in Vollzeit tätigen Pflegepersonen nicht realistisch sein. Im Vordergrund stehen bei erwerbstätigen Pflegepersonen vielmehr die Unterstützung beim Einkaufen und dem Transport, Hilfen bei der Haushaltsführung und dem Zubereiten von Mahlzeiten, die Regelung finanzieller Angelegenheiten sowie die Organisation der Pflege[291]. Insbesondere aber auch die Veränderungen im Rollenverhalten und die Auseinandersetzung mit Persönlichkeitsveränderungen führen zu psychischen Belastungen bei den Pflegenden[292].

83% der Hauptpflegepersonen fühlen sich „sehr stark“ oder „eher stark“ durch die Pflegetätigkeit belastet. Nur 10% empfinden die häusliche Pflege als „eher wenig belastend“ und nur 7% als „gar

---

289 Statistisches Bundesamt (2004), S. 5

290 Statistisches Bundesamt (2004), S. 5

291 Franke/Reichert (2011), S. 40 m.w.N.

292 Sauerborn (2011), S. 19 m.w.N.

nicht belastend"[293]. Insbesondere wenn der Pflegebedürftige in der eigenen Wohnung betreut wird, empfinden die pflegenden Angehörigen die doppelte Haushaltsführung und die erforderlichen Wege als anstrengend. Dabei wirkt sich insbesondere der Verlust an Zeitautonomie negativ auf das Wohnbefinden der Pflegenden aus[294]. Im Falle der Aufnahme des Pflegebedürftigen in die Wohnung des Pflegenden entfallen zwar die zuvor genannten Belastungen, es entstehen aber andere, insbesondere psychische Belastungen, durch den permanenten Kontakt mit dem Pflegebedürftigen.

Die Pflegeübernahme kann auch zu erheblichen körperlichen Belastungen bei den Pflegepersonen führen. Zu den häufigsten Erkrankungen pflegender Angehöriger gehören Bluthochdruck, Kopf- und Bauchschmerzen, Hautbeschwerden und Schwindel[295]. Pflegende Angehörige müssen zudem die Nachtruhe häufig unterbrechen, um den Bedürfnissen des Pflegebedürftigen gerecht zu werden[296]. Untersuchungen haben ergeben, dass erwerbstätige Pflegende mit bis zu drei Mal höherer Wahrscheinlichkeit gesundheitlich beeinträchtigt sind wie Erwerbstätige ohne Pflegeverantwortung[297]. Die Hauptursachen für diese körperlichen Beschwerden liegen zumeist in Rollenkonflikten und in dem Gefühl, keine wirklich adäquate Pflege und Betreuung leisten zu können.

Neben der eigentlichen Belastung wegen der Pflegeübernahme verschärfen in vielen Fällen die mangelnde pflegerische Erfahrung, baulich-wohnliche Mängel und geringe finanzielle Mittel noch die Situation der Pflegenden. Dies kann zu depressiven Zuständen, Schuldgefühlen, Aggressivität oder insgesamt dem Gefühl

293 vgl. Sauerborn (2011), s. 21, wonach 80-90% der Pflegenden eine starke bzw. sehr starke Belastung angeben.

294 Meyer (2006), S. 30 m.w.N.; Franke/Reichert (2011), S. 54

295 Meyer (2006), S. 32; Gräßel (2000), S. 86; Sauerborn (2011), S. 21 m.w.N.

296 Gräßel (2000), S. 86, nach Gräßel muss gut die Hälfte aller Hauptpflegepersonen im Schnitt 2,4mal die Nachtruhe unterbrechen.

297 Franke/Reichert (2011), S. 49 m.w.N.

von Hilflosigkeit und sozialer Isolation führen[298]. Die geschilderten physischen und psychischen Belastungssituationen führen dazu, dass rd. 70% der Hauptpflegepersonen bereits als gesundheitlich beeinträchtigt angesehen werden[299].

Über diese Belastungen hinaus sind mit der Pflegeübernahme auch Auswirkungen auf die Tätigkeit am Arbeitsplatz verbunden. Pflegebedingte Fehlzeiten bzw. Verspätungen und damit verbunden die Nichterledigung aufgetragener Arbeit können insbesondere dann zu Konflikten mit dem Arbeitgeber und den Kollegen führen, wenn die Pflegeübernahme verschwiegen und damit Unverständnis bei Arbeitgeber und Kollegen hervorgerufen wird. Wegen der zeitlichen Inanspruchnahme von Erwerbsarbeit und Pflege werden vielfach Veranstaltungen mit betrieblichem Bezug (Weihnachtsfeier, Betriebsausflug, Treffen mit Kollegen) mit der Folge reduziert, dass soziale Kontakte im Betrieb aufgeben werden.

Das Ausmaß der physischen und psychischen Belastungen von pflegenden Angehörigen bei der häuslichen Betreuung naher Angehöriger zeigt sich auch im Vergleich zur Belastung bei stationärer Unterbringung. Nach der Untersuchung von Reggentin liegen die Belastungswerte von Pflegepersonen in der häuslichen Pflege signifikant über denen der stationären Einrichtung[300]. Insgesamt ist zu attestieren, dass die pflegebedingten Belastungen von Pflegepersonen deren allgemeine gesundheitsbezogene Lebensqualität gegenüber nicht pflegenden Menschen negativ beeinflussen[301].

Die geschilderten Belastungen für die pflegenden Angehörigen können sich im zeitlichen Verlauf der Betreuung des Pflegebedürftigen in Abhängigkeit zu deren Krankheitsverlauf deutlich erhöhen. Dabei wird es als psychisch besonders belastend empfunden, mitzuerleben wie der nahe Angehörige stetig „abbaut“. Daneben

---

[298] Sauerborn (2011), S. 21
[299] so Sauerborn (2011), S. 21 m.w.N.
[300] Reggentin (2005), S. 1; die Untersuchung beruht auf einer Auswertung der Belastung von 314 befragten Hauptpflegepersonen.
[301] Sauerborn (2011), S. 39

führt der stärkere Betreuungsaufwand in diesen Fällen wegen des nahezu permanenten Angebundenseins zu einem Gefühl der Eingeschränktheit der eigenen Lebensführung[302].

Die mit der häuslichen Pflege verbundenen Einschränkungen und Belastungen enden nicht unmittelbar mit der Unterbringung des Pflegebedürftigen in einer stationären Einrichtung. Nach der Untersuchung von Reggentin besteht vielmehr eine gewisse Nachwirkung. Der Abbau der Belastung durch die häusliche Pflege braucht offenbar Jahre[303].

Die dargestellten Belastungen der Pflegepersonen haben insgesamt zur Folge, dass die Lebensqualität der Angehörigen, die ihre älteren Verwandten in Pflegeheimen untergebracht haben, höher ist als bei den zu Hause Pflegenden[304].

Allerdings ist zu bedenken, dass die Aufrechterhaltung der Erwerbstätigkeit während der Pflegeübernahme nicht nur negative Effekte für die Pflegenden hat. Durch die Übernahme der Pflege kann das Verhältnis zur pflegebedürftigen Person gestärkt werden und auch eine gewisse persönliche Befriedigung durch die Pflegeübernahme entstehen. Durch die berufliche Tätigkeit bleibt auch ein „Gegengewicht“ zur Pflegetätigkeit[305]. So ist nach der Untersuchung von Sauerborn die Lebensqualität von pflegenden Angehörigen in Teilzeit- bzw. Vollzeittätigkeit deutlich höher als die Lebensqualität von Pflegenden im Ruhestand[306]. Ob dieser Befund im Wesentlichen durch die bestehende Erwerbstätigkeit oder die im höheren Alter als stärker empfundenen Pflegebelastungen

---

302 Buijssen (2003; S. 133; Geister (2004), S. 25

303 so Reggentin (2005), S. 6

304 Döhner/Kohler/Lüdecke (2007), S. 12 m.w.N.

305 so Au/Sowarka (2007), S. 4; ebenso Schnepp (2006), S. 63 m.w.N.; Franke/Reichert (2011), S. 49

306 Sauerborn (2011), S. 40

resultiert, bleibt nach der Untersuchung von Sauerborn allerdings unklar[307].

Durch Erwerbstätigkeit bleiben die beruflich sozialen Kontakte bestehen, dadurch resultiert eine gewisse Ablenkung zur Pflegetätigkeit, das Selbstwertgefühl wird gestärkt und die beruflichen Kompetenzen bleiben erhalten. Dies könnte auch der Begründungsansatz dafür sein, dass erwerbstätige Pflegende grundsätzlich einen Pflege-Mix – bestehend aus eigenen, familiären und professionellen Leistungserbringern – favorisieren[308].

3. Motive für die Pflegeübernahme

Für die im 4. Kapitel zu erörternde Frage nach der Sinnhaftigkeit einer etwaigen Vergütung während der Pflegezeit ist insbesondere auch die Motivlage der Pflegenden bei der Entscheidung zur Pflegeübernahme von Bedeutung. Nach den vorliegenden empirischen Studien gibt es hinsichtlich der Motive für die familiäre Übernahme der Pflege keine eindeutigen Befunde[309]. Vielmehr zeigen Analysen anhand des Alters-Survey, dass eine Kombination aus unterschiedlichen Motiven für die Übernahme der häuslichen Pflege maßgebend ist[310].

Jentzsch hat in ihrer Dissertation ein anschauliches Modell der Entscheidungskriterien eines erwerbstätigen Pflegenden entwickelt, in dem die Faktoren „Zeit“ und „Geld“ aufgeschlüsselt und einer detaillierten Analyse zugänglich gemacht werden. Nach Jentzsch unterteilt sich der Faktor „Zeit“ in[311]:

---

307 Sauerborn (2011), S. 47, wonach der Belastungsdruck am höchsten in der Gruppe der 40-49-Jährigen und der Gruppe der 70-Jährigen ist.

308 Franke/Reichert (2011), S. 42 m.w.N. Allerdings weisen die Autorinnen an anderer Stelle auch auf den belastenden Effekt der Einbezieher professionellen Leistungsanbietern, wegen des dadurch zusätzlich entstehenden Kommunikationsaufwands mit Krankenkassen und Pflegediensten sowie die schlechte Qualität der Leistungserbringung in, S. 55.

309 so Künemund/Vogel (2006), S. 275 m.w.N.

310 Künemund/Vogel (2006), S. 276

311 Jentzsch (2004), S. 211

- Zeit für Erwerbstätigkeit,
- Zeit für sich selbst (Regeneration, Hobby, Soziale Kontakte, Selbstpflege, Entspannung),
- Zeit für die Familie (Kinder, Partner, Soziale Kontakte),
- Zeit für ehrenamtliche Tätigkeit (Pflegetätigkeit, Betreuungstätigkeit).

Schließlich spielen auch persönliche Verpflichtungen gegenüber dem Partner, den Eltern und den sonstigen nahen Verwandten eine entscheidende Rolle bei der Übernahme der Pflegeverantwortung. Nach dem Alters-Survey von 1996 gaben über 80% der 40-85-Jährigen Befragten an, dass sie sich in der Pflicht sähen, ihren Angehörigen Hilfe im Notfall zu geben[312]. Wie sich diese eher moralischen Motive zukünftig entwickeln werden, ist ungewiss. Die hierzu vorgenommenen Untersuchungen kommen zu keinem eindeutigen Resultat. So ist nach Blinkert und Klie eine Tendenz festzustellen, dass in wachsendem Umfang die Übernahme von Pflegeaufgaben nicht mehr selbstverständlich erscheint[313]. Dieser Befund wird untermauert durch Untersuchungen zur moralischen Einstellung der Pflegenden. Im Zeitraum von 1997 bis 2002 war eine deutliche Abnahme der moralischen Verpflichtung, die häusliche Pflege zu übernehmen von 58,7% auf 52,1% festzustellen[314]. Auch das Selbstverständnis, dass Eltern einen Anspruch darauf haben, von ihren Eltern gepflegt zu werden, sank im genannten Zeitraum um rd. 10%-Punkte. Ein fast gleich hoher Rückgang war bezüglich des Anspruchs gegenseitiger Pflege durch den Ehepartner zu verzeichnen[315]. Demgegenüber kommt Opaschoswki in einer repräsentativen Studie zur Zukunft familiärer Vorsorgung pflegebedürftiger Menschen zu dem

---

312 aus Dettbarn-Reggentin/Reggentin (2004), S. 41

313 Blinkert/Klie (2003), S. 4 auf Basis einer Befragung von 400 Personen im Alter von 40 bis 60 Jahren in einer schwäbischen Kleinstadt.

314 Meyer (2006), S. 40 m.w.N.

315 Meyer (2006), S. 40

Ergebnis, dass sich ein neuer Wertemix abzeichnet, in dessen Zentrum Ehe, Kinder und Familie rücken[316].

Nach einer neueren Untersuchung der Arbeitsstelle Rehabilitations- und Präventionsforschung (RPF) der Universität Hamburg liegen nach der Auswertung einer schriftlichen Befragung von AOK-Versicherten der Übernahme der häuslichen Pflege folgende Motive zugrunde[317]:

Moralische Verpflichtung und Wirtschaftlichkeitsaspekte	37,0%
Altruistische Einstellung: nur moralische Verpflichtung	28,9%
Wirtschaftlichkeitsaspekte: Anspruch auf Einkommen/Vorteilserwartung	13,1%
Keine entsprechende Einstellung	21,0%

Betrachtet man allerdings die Kriterien für die Übernahme der häuslichen Pflege, so zeigt sich, dass Wirtschaftlichkeitserwägungen keine untergeordnete Rolle bei der Übernahme der häuslichen Pflege einnehmen. Nach der Untersuchung der Universität Hamburg ergibt sich hinsichtlich der Wichtigkeit von Wirtschaftlichkeitserwägungen bei der Übernahme der häuslichen Pflege folgendes Bild[318]:

Nicht so wichtig	27,4%
Wichtig	39,5%
Sehr wichtig	33,1%

Allerdings stehen Wirtschaftlichkeitserwägungen bei der Übernahme der häuslichen Pflege nicht an erster Stelle. Bedeutsamer sind vielmehr das Verhältnis des Pflegebedürftigen zur Pflegeperson und der Wunsch in der eigenen häuslichen Umgebung zu verbleiben. Nach der besagten Befragung der Universität Ham-

316 Opaschoswki (2004), S. 45
317 Runde/Giese/Kaphengst/Hess (2009a), S. 6
318 Runde/Giese/Kaphengst/Hess (2009a), S. 7

burg sind folgende Kriterien für die Entscheidung zur häuslichen Pflege entscheidend[319]:

Leben in vertrauter Umgebung	87,8%
Gutes Verhältnis zum Pflegepartner	75,9%
Staatliche Unterstützungsleistungen	54,1%
Wirtschaftlichkeit	33,1%
Angebot an Pflegediensten	29,3%

Nach den Ergebnissen der Hamburger Untersuchung ist davon auszugehen, dass nicht Wirtschaftlichkeitsüberlegungen, sondern das Bestreben, möglichst selbstbestimmt trotz Pflegebedürftigkeit das Leben weiter zu bestreiten vorrangig ist. Dies soll möglichst in der vertrauten Umgebung erfolgen und vorzugsweise im Kreis der Angehörigen[320].

Die Motive für die Übernahme der Pflege eines nahen Angehörigen sind demnach überwiegend emotional bzw. moralisch begründet. Nach der europäischen Untersuchung EUROFAMCARE haben folgende Aspekte Einfluss auf die Entscheidung gehabt, Angehörige häuslich zu betreuen[321]:

319 Runde/Giese/Kaphengst/Hess (2009a), S. 7

320 Runde/Giese/Kaphengst/Hess (2009a), S. 12

321 s. Döhner/Kohler/Lüdecke (2007), S. 11, EUROFAMCARE lagen im Kern Befragungen in sechs europäischen Ländern mit ca. 1.000 pflegenden Angehörigen zu Grunde. Die Pflegenden waren m Durchschnitt 54 Jahre und die Pflegebedürftigen im Durchschnitt 80 Jahre alt. 76% der Befragten waren Frauen.

Emotionale Bindung (Liebe, Zuneigung)	94,5%
Persönliche moralische Verpflichtung gegenüber meinem Familienmitglied	90,9%
Gefühl der Verpflichtung	85,8%
Pflege gibt mir ein gutes Gefühl	82,2%
Keine Alternative/ es war notwendig	64,4%
Angehörige wollen nicht, dass jemand anders sie betreut	62,1%
Kosten für professionelle Pflege zu hoch	45,1%
Eher zufällig und ohne bewusste Entscheidung hineingerutscht	29,5%
Religiöse Überzeugung	24,7%
Wirtschaftliche Vorteile	12,3%

3. Kapitel – Anwendung des Pflegezeitgesetzes

I. Allgemeines

Anknüpfend an die im 2. Kapitel dargestellte Entwicklung der Zahl der Pflegebedürftigen in Deutschland und der prognostizierten Entwicklung des familiären Pflegepotentials wird in diesem 3. Kapitel der Frage nachgegangen, inwieweit das Pflegezeitgesetz durch seine Freistellungsmöglichkeiten und Kündigungsschutzregelungen einen Beitrag zur besseren Vereinbarkeit von Erwerbsarbeit und (familiärer) Pflege und dadurch einen Anreiz zur Aktivierung des vorhandenen Pflegepotentials zur tatsächlichen Übernahme der Pflege zu leisten vermag. Um auch hier das Ergebnis bereits vorweg zu nehmen: Aus Sicht des Verfassers ist das Pflegezeitgesetz in seiner bisherigen Ausgestaltung reformbedürftig. Ausgehend von der tatsächlichen, durchschnittlichen Dauer der Pflege ist

- die auf max. sechs Monate begrenzte Pflegezeit zu kurz bemessen,
- der anspruchsberechtigte Personenkreis nach dem Pflegezeitgesetz deutlich zu eng beschrieben und
- die Pflegezeit bedingt durch deren grundsätzliche Unentgeltlichkeit gerade für Pflegende aus den oberen Einkommensschichten ein finanziell wenig akzeptables Instrumentarium zur Übernahme der häuslichen Pflege naher Angehöriger.

Diese einzelnen Kritikpunkte werden im Folgenden näher beleuchtet und durch entsprechendes sozio-ökonomisches Datenmaterial und Untersuchungsergebnisse hinterlegt. Daneben bestehen aus Sicht des Verfassers weitere Kritikpunkte am Pflegezeitgesetz, die sich im Wesentlichen aus systematischen bzw. nicht zu erklärenden Abweichungen gegenüber dem Gesetz zum Elterngeld und zur Elternzeit (BEEG) ergeben, das nach der Gesetzesbegründung Vorbild für das Pflegezeitgesetz war.

II. Die Historie des Pflegezeitgesetzes

In der Bundesrepublik Deutschland erhalten rd. zwei Millionen Menschen Leistungen der sozialen Pflegeversicherung – Tendenz steigend. Dies sind Leistungen der ambulanten Pflege bzw. das Pflegegeld, wobei der Bezug von Pflegegeld überwiegende Bedeutung hat, so der Gesetzentwurf des SoVD für ein Pflegezeitgesetz v. 12.6.2006[322]. Pflegebedürftige Menschen werden also vor allem zu Hause betreut, denn der große Anteil des Bezugs von Pflegegeld an den Leistungen der Pflegeversicherung ist ein Indiz für die häusliche Versorgung.

Die Pflege naher Angehöriger stellt die betroffenen Erwerbstätigen vor das Problem, die Pflege und die Erwerbstätigkeit miteinander in Einklang zu bringen. Dies gilt in der überwiegenden Zahl im Grunde sowohl für die Männer als auch für die Frauen. Nach den Daten aus dem Jahr 2003 hat sich die Mehrheit der Deutschen inzwischen gegen das sogenannte männliche Ernährermodell entschieden, bei dem nur der Mann einer Erwerbtätigkeit nachgeht und die Frau die häusliche Arbeit übernimmt. Nur ein knappes Viertel der Paare in Westdeutschland lebt noch in dieser klassischen Hausfrauenehe, während bei den anderen drei Vierteln beide Partner erwerbstätig sind[323]. Dieser Befund wirft die Frage auf, welche Rahmenbedingungen geschaffen werden müssen, damit die beiden Lebensbereiche Erwerbstätigkeit und Pflege miteinander vereinbart werden können.

Die Frage der Vereinbarkeit von Erwerbstätigkeit und Pflege ist seit ca. zehn Jahren verstärkt in der öffentlichen Diskussion. Hintergrund sind Untersuchungen, wonach vor allem Frauen unter den damaligen Bedingungen unter einem Arbeitszeitdilemma zu

322 Sozialverband Deutschland (2006), S. 1 ff.

323 WSI-FrauenDatenReport, ziert nach Klenner/Pfahl (2008), S. 4 Fn. 1

leiden hatten. Hatten sie neben ihrer Vollzeittätigkeit eine familiäre Pflegetätigkeit übernommen, dann fehlte ihnen die Zeit für die Familie und für sich selbst. Hatten Sie dagegen zur zeitlichen Sicherstellung der Pflegetätigkeit ihre Arbeitszeit aufgegeben oder auf eine Teilzeitbeschäftigung reduziert – wie es seit 2001 durch das Teilzeit- und Befristungsgesetz grundsätzlich möglich ist – waren damit meist ein Karriereverzicht und finanzielle sowie sozialversicherungsrechtliche Nachteile verbunden[324]. Können Erwerbsarbeit und Pflege von Angehörigen nicht miteinander vereinbart werden, führt dies entweder zur Aufgabe der Erwerbsarbeit oder zur Nichtaufnahme bzw. Aufgabe der Pflegetätigkeit.

- Die Aufgabe der Erwerbstätigkeit wirkt sich auf die Stabilität und Finanzierung der sozialen Sicherungssysteme aus und führt bei den Betroffenen zu Lücken in der eignen Altersabsicherung.
- Die Nichtaufnahme bzw. Aufgabe der Pflege erfolgt zumeist gegen den eigentlichen Willen des pflegebedürftigen Menschen und der pflegenden Angehörigen. Folge der Aufgabe der Pflegetätigkeit ist zumeist der Übergang zu teureren teil- oder vollstationären Leistungen, mit entsprechenden Kostenfolgen für die Pflegeversicherung, die privaten Haushalte bzw. die steuerfinanzierten Grundsicherungssysteme.

Negative Folgen aus der Unvereinbarkeit von Erwerbstätigkeit und Pflege sind aber nicht nur auf Seiten der Beschäftigten festzustellen, sondern treffen auch die Unternehmen. Wegen der demografischen Veränderungen und entsprechender Rückwirkungen auf den Arbeitsmarkt wächst das personalpolitische Interesse, Beschäftigte mit hoher Qualifikation bzw. mit langjährigem Erfahrungswissen nicht durch die Übernahme einer Pflegetätigkeit zu verlieren. Allerdings dürften längerfristige betriebliche Abwesenheitszeiten zu nicht unerheblichen Anpassungsprozessen in den

---

324 so Klenner/Pfahl (2008), S. 6

Betrieben führen[325]. Betriebliche Maßnahmen zur Vereinbarkeit von Erwerbstätigkeit und Pflege dürften positive Auswirkungen auf die Motivation, das Engagement und die Loyalität der Beschäftigten haben und insofern einen Beitrag zur Steigerung der Arbeitsproduktivität und -qualität leisten[326].

Die Vielzahl der negativen Folgen der Unvereinbarkeit von Erwerbsarbeit und Pflegetätigkeit auf den verschiedenen Ebenen haben Barkholdt und Lasch wie folgt zusammengefasst[327]:

- Gesellschaftlich:
  - Zunahme an sozialer Ungleichheit zwischen Männern und Frauen, zwischen Älteren, zwischen Haushalten mit und ohne Lebenspartner,
  - Verlust der Lebens- und Pflegequalität älterer Menschen,
  - Gesellschaften müssen sich an ihrem Umgang mit Hilfebedürftigen messen lassen, soziale Ausgrenzung und Unterversorgung Älterer berührt die Grundlagen von Demokratie und Gerechtigkeit.
- Volkswirtschaftlich:
  - Beschäftigungsverluste,
  - Wachsendes Armutsrisiko Älterer und künftig Älterer,
  - Kosten des Vorrangs der stationären Pflege.
- Betrieblich:
  - Fehlzeiten,
  - Unkalkulierbare Ausfälle,
  - Eingeschränkte Produktivität,
  - Verschleiß an Arbeitskraft,
  - Fluktuation,
  - Verlust von betrieblichem Erfahrungswissen.

---

325 Bäcker (2003), S. 135
326 Bäcker (2003), S. 135
327 Barkholdt/Lasch (2004), S. 17

- Individuell:
  - Für den Gepflegten:
    - Verlust von Lebensqualität und Entscheidungsspielraum,
    - Verlust bei der Qualität der Pflege,
    - Armutsrisiko durch Heimeinweisung.
  - Für den Pflegenden:
    - Einkommenseinbußen durch höhere Aufwendungen im Rahmen der familiären Pflege und Einkommenseinbußen durch Einschränkung oder Aufgabe der Erwerbstätigkeit,
    - Arbeitsplatzrisiko, Arbeitsplatzverlust,
    - Humankapitalverlust,
    - Belastung und gesundheitliche Risiken durch hohe Pflegebelastungen, dadurch Einschränkung oder Verlust der Beschäftigungs- und Arbeitsfähigkeit,
    - Verlust an sozialen Kontakten und Lebensqualität.

In einer Studie des Bundesministeriums für Frauen, Senioren, Familie und Jugend aus dem Jahr 1997 wurde erstmals der Gedanke einer – analog zum ehemaligen Erziehungsurlaub (jetzt Elternzeit) gestalteten – Pflegezeit aufgenommen. In einer vom Bundesfamilienministerium in Auftrag gegebenen repräsentativen Studie zu den Erwartungen an familienfreundliche Betriebe wurden auch Pflegende befragt. 40% der Befragten sahen den größton Handlungsbedarf in Freistellungsmöglichkeiten für Pflegeaufgaben[328]. Auch die Enquete-Kommission „Demografischer Wandel" hatte den Ausbau und den Erhalt des Anteils der Angehörigenpflege durch Erwerbstätige zur Unterstützung des Vorrangs häuslicher vor stationärer Pflege (Vereinbarkeit von Erwerbstätig-

[328] Bundesministerium für Familie, Senioren, Frauen und Jugend (2004), S. 10 ff.

keit und Pflege) als Handlungsfeld identifiziert[329]. Im Rahmen des dem Deutschen Bundestag vorgelegten Abschlussberichts hat die Enquete-Kommission „Demografischer Wandel“ im Jahr 2002 konkret die Idee der Pflegezeit aufgegriffen, um Erwerbstätigkeit und Pflege besser zu vereinbaren.

Weiter konkretisiert wurde diese Idee im Abschlussbericht der Enquete-Kommission „Ethik und Recht der modernen Medizin“ aus dem Jahr 2005. Diese Enquete-Kommission hatte eine vorübergehende Freistellung von der Erwerbsarbeit für Familienangehörige oder Nahestehende von Schwerstkranken vorgeschlagen, um den Wunsch vieler Menschen, in ihrer vertrauten häuslichen Umgebung zu sterben, zu respektieren und zu erfüllen[330]. Dazu sollte eine zukünftige Regelung einen Rechtsanspruch auf Gewährung von Freistellung von der Arbeit für einen Zeitraum von drei bis sechs Monaten bei gleichzeitiger sozialrechtlicher Absicherung sowie fortbestehendem Kündigungsschutz enthalten[331]. Nachdem der Sozialverband Deutschland im Jahr 2006 einen konkreten Gesetzentwurf für ein Pflegezeitgesetz vorgelegt hatte und der Gesetzgeber die Vereinbarkeit von Familie und Beruf durch die Einführung der Elternzeit zum 1.1.2007 neu gestaltete, brachte die Bundesregierung im Rahmen der Reform der Pflegeversicherung zum 1.7.2008 ein Pflegezeitgesetz auf den Weg.

III. Inhalt des Pflegezeitgesetzes

Durch Art. 3 des „Gesetzes zur Weiterentwicklung der Pflegeversicherung“[332] ist das Pflegezeitgesetz (PflegeZG) geschaffen worden. Mit der Reform der Pflegeversicherung soll die ambulante Pflege, insbesondere auch die häusliche Pflege durch Angehöri-

---

329 Enquete-Kommission „Demografischer Wandel“ (2002), S. 117 f.

330 Enquete-Kommission „Ethik und Recht in der modernen Medizin“ (2005), S. 103

331 Enquete-Kommission „Ethik und Recht in der modernen Medizin“ (2005), S. 103

332 v. 28.05.2008 (BGBl. I S. 874)

ge, gestärkt werden. Damit ist der Gesetzgeber dem Wunsch vieler pflegebedürftiger Menschen nachgekommen, durch vertraute Angehörige in gewohnter Umgebung gepflegt zu werden. Die Sicherstellung der häuslichen Pflege hängt aber nicht nur von der Verfügbarkeit vorhandener Pflegepersonen, sondern auch von deren Bereitschaft ab, Pflege- und Betreuungsverantwortung tatsächlich zu übernehmen. Um diese Bereitschaft zu fördern und den vielfach geäußerten Wünschen nach familiärer Pflege Rechnung zu tragen, sollten mit einem Pflegezeitgesetz die Rahmenbedingungen für die Vereinbarkeit von Beruf und familiärer Pflege verbessert werden. Hierzu dient das Pflegezeitgesetz, das den Koalitionsvertrag vom 11. November 2005[333] sowie den Koalitionsbeschluss vom 19. Juni 2007[334] umsetzt, wonach sich der Koalitionsausschuss darauf verständigt hatte, einen Anspruch auf eine sechsmonatige Pflegezeit für die Beschäftigten gegenüber ihrem Arbeitgeber einzuführen.

Mit dem Pflegezeitgesetz wurde der im Rahmen einer Repräsentativbefragung von Arbeitnehmerinnen und Arbeitnehmern meist genannte Handlungsbedarf zur Verbesserung von Erwerbsarbeit und Pflege aufgegriffen. In der im Jahr 2004 veröffentlichten Studie im Auftrag des BMFSFJ haben sich 39,2% der Beschäftigten, die Angehörige pflegen, dafür ausgesprochen, Freistellungsmöglichkeiten für Pflegeaufgaben gesetzlich zu etablieren[335]. Das Pflegezeitgesetz wurde nach der Gesetzesbegründung im Interesse pflegebedürftiger Angehöriger unter besonderer Berücksichtigung der verschiedenen Pflegesituationen und des unterschiedlichen Pflegebedarfs entwickelt. Die Pflegezeitregelungen nach dem Pflegezeitgesetz basieren danach auf zwei Säulen:

1. Bei unerwartetem Eintritt einer besonderen Pflegesituation von Angehörigen haben Beschäftigte das Recht, kurze

[333] http://www.bundesregierung.de/Webs/Breg/DE/Bundesregierung/Koalitionsvertrag/koalitionsvertrag.html

[334] http://www.insm-merkelmeter.de/8sozialpolitik.html

[335] Bundesministerium für Familien, Senioren, Frauen und Jugend (2004), S. 8

Zeit (bis zu zehn Tage) der Arbeit fernzubleiben, um die sofortige Pflege dieses nahen Angehörigen sicherzustellen oder zu organisieren.

2. Zu einer längeren Pflege in häuslicher Umgebung können berufstätige nahe Angehörige von pflegebedürftigen Personen durch eine vollständige oder teilweise Freistellung von der Arbeit bis zur Dauer von sechs Monaten den Umfang ihrer Erwerbstätigkeit dem jeweiligen Pflegebedarf anpassen.

1. Kurzzeitige Arbeitsverhinderung

Nach § 2 Abs. 1 PflegeZG haben Beschäftigte das Recht, bis zu zehn Arbeitstage der Arbeit fernzubleiben, wenn dies erforderlich ist, um für einen pflegebedürftigen nahen Angehörigen in einer akut auftretenden Pflegesituation eine bedarfsgerechte Pflege zu organisieren oder eine pflegerische Versorgung in dieser Zeit sicherzustellen. Anders als bei der Pflegezeit nach § 3 PflegeZG geht es bei § 2 PflegeZG noch nicht um die Vornahme der Pflege selbst, sondern darum, deren Durchführung überhaupt zu organisieren. Der Gesetzgeber geht davon aus, dass es pro Jahr rd. 200.000 kurzfristige Freistellungen im Sinne von § 2 PflegeZG geben wird.

Der Anspruch auf Arbeitsbefreiung besteht nur bei einer akuten Pflegesituation eines nahen Angehörigen. Damit ist in erster Linie das Eintreten einer Situation gemeint, in der bei einem nahen Angehörigen ein pflegerischer Bedarf entsteht oder sich verändert. Wie die akute Situation entstanden ist (Altersdemenz, Verkehrsunfall, usw.), ist nicht von Bedeutung[336]. Von einer akut auftretenden Pflegesituation kann nur dann ausgegangen werden, wenn der Pflegebedarf plötzlich neu entsteht[337]. Dies ist dann der Fall, wenn unerwartet oder unvermittelt die Pflegebedürftigkeit eintritt. Die

---

336 Nielebock (2008), S. 363

337 BR-Drucks. 718/07, Begründung, S. 220

Pflegebedürftigkeit muss also vom Beschäftigten nicht rechtzeitig vorhersehbar gewesen sein[338]. Er darf sich also nicht selbst durch Abwarten, in die Lage gebracht haben, nun kurzfristig die pflegerische Versorgung seines nahen Angehörigen sicherstellen zu müssen[339]. Eine akut auftretende Pflegsituation ist nicht nur anzunehmen, wenn die Pflegebedürftigkeit erstmalig auftritt, sondern auch wenn bei zwischenzeitlicher gesundheitlicher Besserung wieder plötzlich Pflegebedürftigkeit auftritt[340].

Die Arbeitsbefreiung kann nur insoweit von Beschäftigten beansprucht werden, als sie objektiv erforderlich ist, um die Pflege des nahen Angehörigen zu organisieren und sicherzustellen. Dies ist dann nicht der Fall, wenn bereits eine andere Person für den Pflegebedürftigen eine bedarfsgerechte Pflege organisiert bzw. die pflegerische Versorgung sicherstellt[341]. Dies erfordert jedoch neben der Verfügbarkeit des Dritten auch eine subjektive und objektive Pflegefähigkeit.

Der Anspruch auf Arbeitsbefreiung besteht für bis zu zehn Arbeitstage. Dies gilt unabhängig davon, ob es sich um Werktage oder Sonn- und Feiertage handelt, soweit an diesen Tagen der Beschäftigte zur Arbeitsleistung verpflichtet gewesen wäre. Arbeitstage sind also alle Kalendertage, an denen der Beschäftigte dienstplanmäßig, betriebsüblich oder laut Arbeitsvertrag zu arbeiten hat oder zu arbeiten hätte, wenn nicht ein gesetzlicher Feiertag vorläge[342].

Voraussetzung für die Freistellung ist aber, dass sie zur Organisation und Sicherung der Pflege „erforderlich“ ist. Dies ist dann nicht der Fall, wenn bereits eine andere hierzu fähige und bereite Person die Pflege organisiert oder den Angehörigen pflegt. Die „Erforderlichkeit“ der Freistellung bezieht sich auch auf die Dauer des

338 Müller (2008), S. 1058
339 Kossens (2009), § 3 PflegeZG Rdnr. 7
340 Kossens (2009), § 3 PflegeZG Rdnr. 8
341 Müller (2008), S. 1058
342 Zetl (2008), S. 174

Fernbleibens von der Arbeit[343]. Gegebenenfalls kann eine kürzere Frist als die Maximaldauer von zehn Arbeitstagen ausreichen, um die Pflege zu organisieren oder sicher zu stellen.

Nach § 2 Abs. 2 Satz 1 PflegeZG sind Beschäftigte verpflichtet, dem Arbeitgeber ihre Verhinderung an der Arbeitsleistung und deren voraussichtliche Dauer unverzüglich mitzuteilen. Sinn dieser Mitteilungspflichten ist es, den Arbeitgeber sobald als möglich über die Arbeitsverhinderung zu informieren, damit dieser die notwendigen Vorkehrungen treffen, z.B. für eine Vertretung sorgen kann. Die Mitteilungspflichten bestehen bei Arbeitnehmern unabhängig von der Erfüllung einer Wartezeit. Die Mitteilungspflichten sind auch unabhängig von einer bestimmten Betriebsgröße.

2. Pflegezeit

§ 3 PflegeZG regelt die Pflegezeit. Damit wollte der Gesetzgeber dem Wunsch vieler pflegebedürftiger Menschen Rechnung tragen, durch vertraute Angehörige in gewohnter Umgebung gepflegt zu werden. Mit § 3 PflegeZG hat der Gesetzgeber einen eigenen Anspruch auf Freistellung von der Arbeitsleistung von maximal sechs Monaten zur Pflege eines nahen Angehörigen verankert. Es geht dabei nicht – wie bei § 2 PflegeZG – um die Organisation der Pflege, sondern um die Durchführung der Pflege selbst, die durch die Pflegezeit ermöglicht werden soll.

Der Anspruch auf die sechsmonatige Pflegezeit steht allen Beschäftigten zu. Beschäftigte sind die in § 7 Abs. 1 Nr. 1 PflegeZG genannten Personen. Nach § 3 Abs. 1 Satz 2 PflegeZG besteht der Anspruch auf Pflegezeit nicht gegenüber Arbeitgebern mit in der Regel 15 oder weniger Beschäftigten. Die Beschäftigten werden nach der Kopfzahl berechnet. Teilzeitbeschäftigte werden danach voll angerechnet.

---

343 Preis/Nehring (2008), S. 729

Die Pflegezeit kann nur für die Pflege naher Angehöriger beansprucht werden. Der Begriff des „nahen Angehörigen“ ist in § 7 Abs. 3 PflegeZG definiert. Die Pflegebedürftigkeit muss aktuell vorliegen. Nicht erforderlich ist, dass die Pflegebedürftigkeit wie bei § 2 Abs. 1 PflegeZG akut eingetreten ist. Der Anspruch auf Pflegezeit nach § 3 Abs. 1 PflegeZG besteht also unabhängig vom Zeitpunkt des Beginns der Pflegebedürftigkeit.

Der Anspruch auf Pflegezeit besteht, wenn der pflegebedürftige nahe Angehörige in häuslicher Umgebung vom Beschäftigten gepflegt wird. Weder nach dem Gesetzeswortlaut noch nach der Begründung ist eine Mindestpflegedauer festgelegt. Insofern ist eine kurzzeitige Pflege am Tag ausreichend, aber auch erforderlich, um den Anspruch auf Pflegezeit zu begründen. Ebenfalls nicht erforderlich ist, dass die Pflege des nahen Angehörigen vom Beschäftigten allein durchgeführt wird[344]. Der Anspruch auf Pflegezeit besteht selbst dann, wenn der Beschäftigte sich die Pflege des nahen Angehörigen mit einer oder mit mehreren Personen teilt[345].

Der Anspruch auf Pflegezeit besteht nur dann, wenn der Pflegebedürftige in häuslicher Umgebung gepflegt wird. Der Begriff „häusliche Umgebung“ ist im Gesetz nicht definiert. Nach dem Sinn und Zweck des Freistellungsanspruchs ist hierunter jedwede anderweitige Unterkunft als die stationäre Unterkunft gemeint[346]. Eine Beschränkung der Pflege auf die eigene häusliche Umgebung des Pflegebedürftigen ist dem Gesetzeswortlaut nicht zu entnehmen[347]. Danach kann die Pflege sowohl in der Wohnung des Pflegebedürftigen oder des Pflegenden stattfinden[348]. Aber auch eine Pflege in der Wohnung/dem Haus von Dritten (z.B. Ge-

344 Kossens (2009), § 3 PflegeZG Rdnr. 22
345 Nielebock (2008), S. 363; Müller (2008), S. 1058
346 so auch Nielebock (2008), S. 363
347 Müller (2008), S. 1058; Preis/Nehring (2008), S. 729
348 Preis/Nehring (2008), S. 729

schwistern oder Freunden) kommt als „häusliche Umgebung“ in Betracht[349].

Die Beschäftigten haben nach § 3 Absatz 2 PflegeZG die Pflegebedürftigkeit des nahen Angehörigen durch Vorlage einer Bescheinigung der Pflegekasse oder des Medizinischen Dienstes der Krankenversicherung nachzuweisen. Im Gegensatz zur kurzfristigen Arbeitsverhinderung nach § 2 PflegeZG ist bei der Pflegezeit nach § 3 PflegeZG der Nachweis der Pflegebedürftigkeit auch ohne ausdrückliches Verlangen des Arbeitgebers vom Beschäftigten zu erbringen.

Nach § 3 Abs. 3 Satz 1 PflegeZG muss der Beschäftigte, der die Pflegezeit beanspruchen will, dies dem Arbeitgeber spätestens zehn Arbeitstage vor Beginn schriftlich ankündigen und gleichzeitig erklären, für welchen Zeitraum und in welchem Umfang die Freistellung von der Arbeitsleistung in Anspruch genommen werden soll. Durch die Ankündigungsfrist soll dem Arbeitgeber Zeit gegeben werden, um evtl. notwendige organisatorische Veränderungen vorzunehmen oder personelle Konsequenzen ziehen zu können (Einstellung einer Ersatzkraft).

Die Ankündigung der Pflegezeit ist Tatbestandsvoraussetzung für den Anspruch auf Pflegezeit. Wird die Ankündigung vom Beschäftigten nicht oder nicht ordnungsgemäß (insbesondere nicht schriftlich) vorgenommen, besteht kein Anspruch auf Pflegezeit[350]. Bleibt der Beschäftigte trotz unterbliebener oder mangelhafter Ankündigung der Arbeit fern, so kommt ihm der Sonderkündigungsschutz des § 5 PflegeZG nicht zu Gute[351]. Der Beschäftigte hat aber jederzeit die Möglichkeit die zuvor nicht oder nicht ordnungsgemäße Ankündigung der Pflegezeit nachzuholen.

---

349 Müller (2008), S. 1058; Müller/Stuhlmann (2008), S.290
350 Müller (2008), S. 1058
351 Müller (2008), S. 1058

3. Sozialversicherung

Da die Versorgung pflegebedürftiger Menschen, nicht zuletzt auch aufgrund der demographischen Entwicklung in Deutschland, eine gesamtgesellschaftliche Aufgabe darstellt, sollen pflegende Angehörige sozialversicherungsrechtlich durch die Solidargemeinschaft abgesichert werden. Deshalb wird die Pflegezeit in der Arbeitslosenversicherung als Versicherungszeit berücksichtigt und es werden die Beiträge zur Arbeitslosenversicherung von der Pflegekasse übernommen. In der Kranken- und Pflegeversicherung gewährt die Pflegeversicherung in den Fällen, in denen keine anderweitige Absicherung, insbesondere durch eine Familienversicherung, besteht, einen Beitragszuschuss in Höhe des Mindestbeitrags zur Kranken- und Pflegeversicherung. In der Rentenversicherung sind nach dem Pflegeversicherungsgesetz Zeiten der nicht erwerbsmäßigen häuslichen Pflege Pflichtbeitragszeiten, soweit die häusliche Pflege mindestens 14 Stunden wöchentlich beträgt und der Pflegebedürftige Leistungen aus der Pflegeversicherung erhält.

IV. Erste Erfahrungen mit dem Pflegezeitgesetz

Zielsetzung des Pflegezeitgesetzes war – wie gesehen – die Verbesserung der Vereinbarkeit von Erwerbstätigkeit und Pflege. Diese positiven Erwartungen wurden in den ersten Stellungnahmen aus der Literatur nicht geteilt. Der fast einmütige Tenor der ersten Veröffentlichungen war, dass zunächst abgewartet werden müsse, wie sich das Pflegezeitgesetz in der Praxis bewährt. Kritisch wurde festgestellt, dass offen sei, wie viele Beschäftigte sich die unbezahlte Pflegezeit in dieser Form überhaupt leisten können oder wollen, zumal eine Unterbrechung der Erwerbstätigkeit häufig auch negative Folgen für den weiteren Karriereverlauf und die Einkommensperspektiven hervorrufen kann[352].

[352] so Waldenmaier/Langenhan-Komus (2008), S. 313; ähnlich Hexel/Lüders (2009), S. 271

1. Befragungen/Einschätzungen aus der Wirtschaft

Offensichtlich hat auch das Mitte 2008 in Kraft getretene Pflegezeitgesetz jedenfalls in der breiten Öffentlichkeit nicht dazu geführt, dass die Rahmenbedingungen für die Vereinbarkeit von Pflege und Erwerbstätigkeit als ausreichend empfunden werden. Nach einer im August 2010 veröffentlichten repräsentativen Untersuchung des Instituts für Demoskopie Allensbach bewerten nur 7% der Gesamtbevölkerung die Vereinbarkeit von Pflege und Beruf als gut, 74% bewerten sie als schlecht[353]. Von den pflegenden Angehörigen sehen sogar 86% nur schlechte Möglichkeiten, Pflege und Beruf miteinander in Einklang zu bringen[354]. Möglicherweise erklären sich diese Ergebnisse durch die Tatsache, dass die Freistellungsmöglichkeiten nach dem Pflegezeitgesetz fast der Hälfte der Befragten überhaupt nicht bekannt waren[355].

Soweit ersichtlich gibt es derzeit noch keine umfassenden Untersuchungen über die Auswirkungen des Pflegezeitgesetzes[356]. Die Universität Hamburg hat lediglich anhand von Befragungen erste Tendenzen zur Akzeptanz und Wirkung des Pflegezeitgesetzes herausgearbeitet. Danach gibt es einen Anteil von 16% der Pflegepersonen im erwerbsfähigen Alter, die angeben, dass das Pflegezeitgesetz ihre Entscheidung für eine Pflegeübernahme beeinflusst hat[357].

Nach der Untersuchung von Böttcher, Selinger und Hauss von Mitte 2009 wurde in Brandenburg die Arbeitszeit bei Eintritt eines Pflegefalles durch Inanspruchnahme der Pflegezeit kaum reduziert[358]. Der Grund hierfür soll in den geringen Haushalts- und

---

353 Institut für Demoskopie Allensbach (2010), S. 38

354 Institut für Demoskopie Allensbach (2010), S. 38

355 so das Ergebnis einer Befragung von Februar/März 2011 von Compass unter 1002 Befragten.
Danach kannten 44% die Pflegezeit nicht, Compass-Private Pflegeberatung (2011), S. 2.

356 so auch Spieß (2010), S. 14

357 Runde/Giese/Kaphengst/Hess (2009), S. 41 f.

358 Böttcher/Selinger/Hauss (2009), S. 33

Individualeinkommen liegen[359]. Diese auf das Land Brandenburg bezogenen Ergebnisse werden durch die Angaben der Bundesregierung zur Inanspruchnahme der Pflegezeit bestätigt. Die Bundesregierung hatte eine Studie zu den Wirkungen des Pflege-Weiterentwicklungsgesetzes in Auftrag gegeben. Die Bundesregierung hat zwar Anfang 2010 mitgeteilt, dass ihr keine Statistiken über die Inanspruchnahme der kurzzeitigen Arbeitsverhinderung nach § 2 PflegeZG oder der Pflegezeit nach § 3 PflegeZG vorlägen[360]. Nach den vorläufigen Ergebnissen dieser Studie – basierend auf indirekten Angaben aus der Zahlung von Beitragszuschüssen zur Krankenversicherung – wurde seit 1. Juli 2008 bis zum November 2010 von 18.000 Personen Pflegezeit nach § 3 PflegeZG in Anspruch genommen[361]. Nach Auffassung der Bundesregierung dürfte die tatsächliche Gesamtzahl aber höher sein, da die Inanspruchnahme der Pflegezeit bei Pflegebedürftigen, die zum Zeitpunkt der Befragung verstorben waren oder in vollstationären Einrichtungen gepflegt wurden, nicht erfasst werden konnte[362].

Im Abschlussbericht des Bundesministeriums für Gesundheit über die Wirkungen des Pflege-Weiterentwicklungsgesetzes, mit dem das Pflegezeitgesetz geschaffen wurde, sind die bisherigen Erfahrungen mit dem Pflegezeitgesetz ausgewertet worden[363]. Danach haben von 150.000 grundsätzlich anspruchsberechtigten Personen rd. 9.000 Beschäftigte, also mithin 6% bis November 2010 die Möglichkeit wahrgenommen, sich kurzfristig von der Arbeit freistellen zu lassen[364]. Die Inanspruchnahmezahlen für die Pflegezeit in Höhe von 18.000 Personen haben sich im Abschlussbericht bestätigt.

---

359 Böttcher/Selinger/Hauss (2009), S. 34
360 Deutscher Bundestag (2010b), S. 16
361 Deutscher Bundestag (2010e), S. 2
362 Deutscher Bundestag (2010e), S. 2
363 s. Bundesministerium für Gesundheit (2011), S. 30
364 Bundesministerium für Gesundheit (2011), S. 31

Allerdings sind Zweifel an diesen Zahlen angebracht und zwar in zweifacher Hinsicht: Zum einen ist der Kreis der im Abschlussbericht des Bundesministeriums für Gesundheit befragten Personen relativ klein und umfasst z.B. nur fünf Personen, die eine kurzfristige Freistellung in Anspruch genommen haben. Zum anderen resultieren die Zweifel an den im Niedersächsischen Landespflegebericht 2010 enthaltenen landesspezifischen Inanspruchnahmedaten. Nach dem Niedersächsischen Landespflegebericht 2010 haben nämlich im Jahr 2008 nur 33 und im Jahr 2009 lediglich 59 Versicherte der AOK Niedersachsen Pflegezeit nach dem Pflegezeitgesetz in Anspruch genommen[365]. Nach Berechnungen der Niedersächsischen Landesregierung kann damit hochgerechnet werden, dass im Jahr 2008 nur rd. 100 und 2009 nur rd. 180 Versicherte in Niedersachsen Pflegezeit in Anspruch genommen haben[366]. Rechnet man diese Zahlen anhand des Bevölkerungsanteils Niedersachsens an der bundesweiten Bevölkerungszahl nach dem Königsteiner Schlüssel hoch, ergibt sich im Zeitraum von Juli 2008 bis November 2010 nur eine Inanspruchnahme von Pflegezeit in nur rd. 4.600 Fällen bundesweit[367]. Der neuesten Stellungnahme der Bundesregierung ist zu entnehmen, dass zur Inanspruchnahme der Pflegezeit nach dem Pflegezeitgesetz der Bundesregierung keine Zahlen vorliegen[368].

Unabhängig von diesen Differenzen hinsichtlich des tatsächlichen Umfangs der beanspruchten Pflegezeiten – deren Ursache auch durch Nachfragen des Verfassers bei der Niedersächsischen Landesregierung und dem Bundesministerium für Gesundheit nicht geklärt werden konnten – bestehen nach der Auswertung des Bundesministerium für Gesundheit folgende Gründe für die

365 Niedersächsischer Landtag (2011), S. 309

366 Niedersächsischer Landtag (2011), S. 309

367 Auch auf diesbezügliche Nachfrage des Verfassers beim Niedersächsischen Sozialministerium, das seinerseits Rückfrage bei der AOK Niedersachsen gehalten hat, konnten die doch erheblichen Unterschiede der Bundzahlen und der niedersächsischen Zahlen nicht aufgeklärt werden.

368 Deutscher Bundestag (2013), S. 2

Nichtinanspruchnahme der kurzfristigen Freistellung und der Pflegezeit:

Gründe für die Nichtinanspruchnahme der kurzfristigen Freistellung nach § 2 PflegeZG[369]	
Anspruch war nicht bekannt	64%
Freistellung war nicht erforderlich	53%
Persönliche Gründe	18%
Berufliche Nachteile bei Inanspruchnahme	12%
Finanzielle Gründe	9%
Besondere Gründe am Arbeitsplatz	8%

Gründe für die Nichtinanspruchnahme der Pflegezeit nach § 3 PflegeZG[370]	
Anspruch war nicht bekannt	52%
Freistellung war nicht erforderlich	51%
Finanzielle Gründe	37%
Berufliche Nachteile bei Inanspruchnahme	32%
Persönliche Gründe	28%
Besondere Gründe am Arbeitsplatz	27%
Betrieb mit weniger als 15 Mitarbeitern	21%

Die geringe Inanspruchnahme von kurzzeitiger Arbeitsverhinderung oder Pflegezeit hat nach der Analyse des Hamburger Forscherteams um Prof. Dr. Runde mehrere Ursachen. Zum einen sind 40% der Pflegepersonen im erwerbsfähigen Alter überhaupt nicht erwerbstätig. Zum zweiten ist festzustellen, dass der Anteil der erwerbstätigen Pflegepersonen an der Gesamtheit der Pflegepersonen nur bei rd. einem Drittel liegt. Drittens war das Pflegezeitgesetz im Befragungszeitraum erst relativ kurz in Kraft und die neuen Regelungen sind noch nicht bei allen bekannt[371]. Schließlich ist viertens darauf hinzuweisen, dass die auf sechs Monate

369 Bundesministerium für Gesundheit (2011), S. 33, Mehrfachnennungen waren möglich.

370 Bundesministerium für Gesundheit (2011), S. 33, Mehrfachnennungen waren möglich.

begrenzte Pflegezeit bei der zum Teil sehr langen Pflegedauer in vielen Haushalten nur begrenzt für bestimmte Pflegekonstellationen oder zur zwischenzeitlichen Entlastung der Pflegeperson tauglich ist[372]. Ergänzend hierzu sind nach Auffassung der Niedersächsischen Landesregierung auch folgende Gründe für die geringere Inanspruchnahme der Pflegezeit von Bedeutung:

- Angehörige, die pflegerische Aufgaben übernehmen würden, befürchten bei einem vorübergehenden Ausstieg aus dem Arbeitsleben oder einer Minderung ihrer Arbeitszeit Nachteile, die ihnen bei ihrem Arbeitgeber daraus entstehen könnten.
- Pflegepersonen, die Pflegezeit nehmen möchten, arbeiten in Betrieben mit unter 16 Beschäftigten und sind daher nicht berechtigt, Pflegezeit in Anspruch zu nehmen.
- Angehörige, die erstmalig oder umfassender als bisher Pflegeverantwortung übernehmen möchten, können sich die Einschränkung ihrer Arbeitszeit oder die vorübergehende Aufgabe aus finanziellen Gründen nicht erlauben[373].

In der Literatur werden als Hauptgründe für die mangelnde Inanspruchnahme der Pflegezeit folgende Aspekte genannt[374]:

- Der Anspruch auf Pflegezeit besteht nur bei Arbeitgebern mit mehr als 15 Arbeitnehmern.
- Die Begrenzung der Freistellung nach § 3 PflegeZG für einen Zeitraum von bis zu maximal sechs Monaten ist in vielen Fällen unzureichend.
- Die Regelungen zur sechsmonatigen Freistellung im Rahmen des Pflegezeitgesetzes sehen keinerlei Entgeltersatzleistungen vor.

---

371 ebenso: Niedersächsischer Landtag (2011), S. 310
372 Runde/Giese/Kaphengst/Hess (2009), S. 42
373 Niedersächsischer Landtag (2011), S. 310
374 Rürup (2011), S. 3 f.

Die Autoren der Arbeitsstelle Rehabilitations- und Präventionsforschung der Universität Hamburg resümieren daher, dass ein besonderer Anreizeffekt zur Übernahme der häuslichen Pflege durch Angehörige aufgrund des Pflegezeitgesetzes nicht erkennbar ist. Das Pflegezeitgesetz könne zwar den Rückzug der Kinder aus der häuslichen Pflege aufhalten, aber eine Trendwende sei damit nicht möglich, so die Zusammenfassung der Hamburger Studie[375].

Der Befund der geringen Inanspruchnahme des Pflegezeitgesetzes deckt sich mit Befragungen bei einzelnen Unternehmen, die bereits in der Vergangenheit die Möglichkeit der unentgeltlichen Freistellung wegen der Pflege naher Angehöriger auf Basis betrieblicher Regelungen geschaffen haben[376]. Ansonsten gibt es nur einzelne – aber nicht repräsentative – Ergebnisse von Befragungen. Nach Aussagen der Unternehmen und der Vereinigung der Unternehmensverbände Berlin und Brandenburg e.V. werden längere Freistellungen nach dem PflegeZG so gut wie gar nicht und kurzfristige Freistellungen kaum in Anspruch genommen[377].

Eine repräsentative Umfrage zu den Einstellungen der Bürger zur Pflegezeit ist vom „Zentrum für Qualität in der Pflege" (ZQP) im Mai 2010 vorgenommen worden[378]. Bei dieser Befragung waren zwar nicht die konkreten Auswirkungen des Pflegezeitgesetzes Gegenstand der Untersuchung, allerdings wurde nach der Einstellung der Bürger zur Freistellung aus Anlass der Betreuung eines pflegebedürftigen Angehörigen gefragt. Die diesbezüglichen Ergebnisse sind für die in dieser Arbeit untersuchte Fragestellung insofern von Bedeutung, als es darum geht, perspektivisch den durch die Wünsche der Betroffenen begründeten Reformbedarf am geltenden Pflegezeitgesetz nachzuzeichnen. Nach der Befra-

375 Runde/Giese/Kaphengst/Hess (2009), S. 42

376 laut Stuttgarter Nachrichten, Ausgabe vom 10.8.2008, ist nach Angaben der Personalabteilung von Daimler von den rd. 160.000 Beschäftigten bundesweit nur in rd. zehn Fällen von den betrieblichen Freistellungsmöglichkeiten wegen der Pflege naher Angehöriger Gebrauch gemacht worden.

377 Böttcher/Selinger/Hauss (2009), S. 55

378 Zentrum für Qualität in der Pflege (2010), S. 1

gung des ZQP wünscht sich jeder zweite eine Pflegezeit für den Fall, dass ein Angehöriger plötzlich pflegebedürftig wird[379]. Eine Begrenzung der Pflegezeit auf aktuell sechs Monate halten sechs von zehn der Befragten für zu kurz[380]. Die Befragung ergab zudem, dass für 43% der Befragten die Pflegezeit nur dann machbar wäre, wenn der Staat oder der Arbeitgeber unterstützend finanzielle Hilfe leisten würden; ansonsten sei die Pflegezeit finanziell nicht leistbar[381].

In seiner letzten Untersuchung aus August 2011 stellt das Zentrum für Qualität in der Pflege fest, dass über die tatsächliche Inanspruchnahme der Freistellungen nach dem Pflegezeitgesetz bisher keine belastbaren Zahlen vorliegen[382]. Die Unternehmensbefragung des Zentrums für Qualität in der Pflege ergab, dass im Jahr 2010 in knapp 90% der befragten Unternehmen weder der zehntätige Sonderurlaub nach § 2 PflegeZG noch die Pflegezeit nach § 3 PflegeZG in Anspruch genommen wurde[383]. Nur 20% der befragten Unternehmen kannten die genauen Inhalte des geltenden Pflegezeitgesetzes[384].

Aus Sicht der mittelständischen Unternehmen scheint die Schwierigkeit bei der Suche nach einem Ersatz für den in Pflegezeit befindlichen Mitarbeiter die größte Hürde bei der Anwendung des Pflegezeitgesetzes zu sein. 24% der befragten Unternehmen gaben an, dass es schwierig sei die Stelle neu zu besetzen, 22% hatten gerade beim Ersatz von Fach- und Führungskräften besondere Bedenken[385]. Dagegen spielen für die mittelständische

---

379 Zentrum für Qualität in der Pflege (2010), S. 1

380 Zentrum für Qualität in der Pflege (2010), S. 1

381 Zentrum für Qualität in der Pflege (2010), S. 1

382 Zentrum für Qualität in der Pflege (2011), S. 3

383 Zentrum für Qualität in der Pflege (2011), S. 4, die Ergebnisse beruhen auf einer im August 2011 durchgeführten repräsentativen Befragung von bundesweit 202 mittelständischen Unternehmen mit mehr als 50 Mitarbeitern mittels computergestützter Telefoninterviews (CATI).

384 Zentrum für Qualität in der Pflege (2011), S. 4

385 Zentrum für Qualität in der Pflege (2011), S. 12

Wirtschaft anfallende Verwaltungskosten und Kosten für den Personalausfall nur eine untergeordnete Rolle[386].

Über die – auf die in Anspruch nehmende Personenzahl begrenzte – Erkenntnis liegen bislang kaum weitere Angaben zum Umfang der Inanspruchnahme von kurzfristiger Arbeitsverhinderung nach § 2 PflegeZG bzw. Pflegezeit nach § 3 PflegeZG vor[387]. Dies gilt insbesondere für die Fragen,

- in welchem Umfang die Beschäftigten ihre Arbeitszeit im Rahmen der Pflegezeit nach § 3 PflegeZG reduziert haben,
- welche Branchen betroffen sind,
- welches Einkommen die Freigestellten bezogen hatten,
- wie die Altersstruktur der Freigestellten aussieht und
- wie die Versorgung der gepflegten nahen Angehörigen nach Beendigung der Pflegezeit sichergestellt wurde[388].

Resümierend lässt sich feststellen, dass das Pflegezeitgesetz nach den praktischen Erfahrungen nur im begrenzten Umfang die Vereinbarkeit von Pflege und Erwerbstätigkeit verbessert und die häusliche Pflege gestärkt haben. Wie anders ließe es sich erklären, dass in einer repräsentativen Befragung von September 2012 – also rund vier Jahre nach Inkrafttreten des Pflegezeitgesetzes – fast 90% der Befragten eine bessere Unterstützung von Pflegenden, die Angehörige zu Hause betreuen, fordern[389]. 74% der Be-

---

386 Zentrum für Qualität in der Pflege (2011), S. 12

387 Soweit ersichtlich finden sich lediglich in der Befragung von Compass-Private Pflegeberatung Aussagen über die Dauer der in Anspruch genommenen Pflegezeit. Danach haben 48% der rd. 100 befragten Personen, die Pflegezeit beansprucht haben, sechs Monate Pflegzeit genommen.
Bei 15% der Pflegenden dauerte die Pflegezeit vier bis sechs Monate und 23% haben Pflegezeit von einem Monat genommen, Compass-Private Pflegeberatung (2011), S. 3

388 Deutscher Bundestag (2010e), S. 2

389 Institut für Demoskopie Allensbach (2012), S. 8; Ergebnis einer repräsentativen Befragung von 1.558 Frauen von September 2012

fragten fordern trotz Pflegezeitgesetz und Familienpflegezeitgesetz Erleichterungen zur Vereinbarkeit von Pflege und Beruf[390].

2. Erfahrungen aus anderen Ländern

In 25 Mitgliedsstaaten der EU bestehen Regelungen zu Freistellung von der Arbeit zur Pflege naher Angehöriger[391]. Diese reichen von der kurzzeitigen Freistellung bis zu längerfristigen Freistellungsmöglichkeiten. Die Erfahrungen aus anderen Ländern, die Freistellungsregelungen für die Pflege von Angehörigen geschaffen haben, lassen nur wenig Rückschlüsse auf die mit dem Pflegezeitgesetz implementierten Freistellungsansprüche zu.

- In Schweden können Angehörige für bis zu acht Wochen ein schwer krankes Familienmitglied oder einen ihnen nahestehenden, nicht verwandten Menschen pflegen. Während dieser Zeit erhalten sie eine Vergütung, die ihrem Einkommen während einer eigenen Krankheit entspricht[392].
- In den Niederlanden können Arbeitnehmer seit 1998 bezahlten Pflegeurlaub für die Dauer von mindestens einem Monat bis zu sechs Monaten nehmen. Es besteht aber kein Anspruch auf Pflegeurlaub; vielmehr muss in jedem Einzelfall die Zustimmung des Arbeitgebers zum Pflegeurlaub eingeholt werden. Der Staat unterstützt den Pflegeurlaub finanziell mit einem monatlichen Höchstbetrag von 490,54 Euro (Stand 2005). Dieses Angebot hatte nach dem Bericht der Enquete-Kommission „Ethik und Recht in der modernen Medizin“ aber im Jahr 2005 noch nicht die breite Öffentlichkeit erreicht, so dass noch nicht viele

---

390 Institut für Demoskopie Allensbach (2012), S. 8

391 Deutscher Bundestag (2011), S. 216 m.w.N.

392 Enquete-Kommission „Ethik und Recht in der modernen Medizin“ (2005), S. 60

Menschen die bezahlte Pflegezeit in Anspruch genommen haben[393].

- In Dänemark besteht eine Regelung, wonach eine Bezugsperson, die kein direkter Angehöriger der gepflegten Person sein muss, für sechs Monate die pflegerische Versorgung übernehmen und während dieser Zeit des Pflegeurlaubs vom Arbeitgeber die Beiträge zur Rentenversicherung weitergezahlt bekommt[394].
- In Österreich besteht die Möglichkeit der Familienhospizkarenz. Danach können sich Arbeitnehmer zur Sterbebegleitung naher Angehöriger drei Monate von der Arbeit freistellen oder ihre Arbeitszeit reduzieren. Eine Entgeltfortzahlung für Zeiten der Freistellung ist nicht vorgesehen[395].
- Weitergehend sind die Freistellungsregelungen in Irland. Dort können Arbeitnehmer wegen Vollzeitpflege 13 bis 104 Wochen von der Arbeit freigestellt werden. Voraussetzung ist eine Karenzzeit von zwölf Wochen des Bestehens des Arbeitsverhältnisses. Eine Beschränkung auf nahe Familienangehörige ist nicht vorgesehen[396].
- Schließlich ist noch auf die belgische Regelung hinzuweisen. Dort haben Arbeitnehmer die Möglichkeit, von ihrer Tätigkeit wahlweise ganz- oder halbtags für die Zeit eines Monats freigestellt zu werden. Eine Verlängerung um einen Monat ist möglich. Während der Pflegezeit steht dem Arbeitnehmer eine Vergütung durch das Arbeitsamt zu, die nach Alter und zeitlichem Umfang der Freistellung gestaffelt ist. Darüber hinaus kann auch ein bis zu zwölfmonatiger Pflegeurlaub für schwerkranke Familienangehörige

---

393 Enquete-Kommission „Ethik und Recht in der modernen Medizin" (2005), S. 52

394 Becker/Lauerer (2010), S. 15

395 Becker/Lauerer (2010), S. 15

396 Becker/Lauerer (2010), S. 16

bei gleicher Lohnfortzahlung wie bei der Elternzeit genommen werden[397].

Soweit ersichtlich, bestehen kaum Untersuchungen über die Auswirkungen der skizzierten Regelungen in den anderen europäischen Ländern[398]. Nach der Auswertung der wenigen existierenden nationalen Untersuchungen durch die Beobachtungsstelle für gesellschaftspolitische Entwicklung in Europa zeigt sich aber, dass die vorhandenen Regelungen zur Freistellung wegen Pflege insgesamt wenig in Anspruch genommen werden[399]. Als Gründe für diesen Befund werden fehlende Finanzierungsmöglichkeiten sowie die Fixierung auf Vollzeitbeschäftigungen angegeben[400].

3. Zwischenfazit

Zusammenfassend ist als Zwischenfazit festzustellen, dass die Freistellungsmöglichkeiten nach dem Pflegezeitgesetz bislang in der Praxis relativ wenig in Anspruch genommen wurden. Über die Gründe für diese mangelnde Inanspruchnahme ist wenig bekannt. Es fehlt eine umfassende Evaluation des Pflegezeitgesetzes im Hinblick auf den Anspruch nehmenden Personenkreis, die Dauer der Freistellung und die einzelnen Branchen[401].

Aufgrund von repräsentativen Befragungen ist zudem zu attestieren, dass der Gesetzgeber das mit dem Pflegezeitgesetz verfolgte Ziel einer besseren Vereinbarkeit von Pflegetätigkeit und Erwerbstätigkeit nach Meinung der Bevölkerung bisher nicht erreicht hat. Nach den Ergebnissen einer Repräsentativbefragung im Rahmen des Monitor Familienleben 2010 des Instituts für Demoskopie

---

397 Beobachtungsstelle für gesellschaftspolitische Entwicklung in Europa (2010), S. 2

398 Beobachtungsstelle für gesellschaftspolitische Entwicklung in Europa (2010), S. 2

399 Beobachtungsstelle für gesellschaftspolitische Entwicklung in Europa (2010), S. 2

400 Beobachtungsstelle für gesellschaftspolitische Entwicklung in Europa (2010), S. 2

401 Deutscher Bundestag (2011), S. 158

Allensbach von August 2010 bewerten nur 7% die Vereinbarkeit von Pflege und Erwerbstätigkeit als gut. Dagegen bewerten 74% der Befragten die Vereinbarkeit von Pflege und Erwerbstätigkeit als schlecht[402]. Dabei ist besonders zu erwähnen, dass zwei Jahre nach Inkrafttreten des Pflegezeitgesetzes sogar 86% der pflegenden Angehörigen nur schlechte Möglichkeiten sehen, Pflege und Berufstätigkeit miteinander in Einklang zu bringen[403]. Die bisherigen Erfahrungen mit dem Pflegezeitgesetz zeigen insofern, dass es mit diesen relativ neuen gesetzlichen Regelungen nur bedingt gelungen ist, die Vereinbarkeit von Pflege und Beruf zu verbessern.

[402] Institut für Demoskopie Allensbach (2010), S. 38
[403] Institut für Demoskopie Allensbach (2010), S. 38

4. Kapitel – Reform des Pflegezeitgesetzes

Nachdem in den vorausgegangenen zweiten und dritten Kapiteln die Basisdaten hinsichtlich der häuslichen Pflege abgesteckt und die wesentlichen Hintergründe, Inhalte und die bisherige Anwendung des Pflegezeitgesetzes in der Praxis dargestellt wurden, widmet sich das nachfolgende 4. Kapitel der Frage, welche rechtlichen Rahmenbedingungen aufgrund der bisherigen soziologischen bzw. gerontologischen Erkenntnisse geschaffen werden müssten, um – wie es die dargestellten Befragungsergebnisse sowie die Ergebnisse der Arbeitsstelle Rehabilitations- und Präventionsforschung der Universität Hamburg und die Ausführungen von Blinkert und Gräf einfordern – die Vereinbarkeit von Erwerbsarbeit und Pflegetätigkeit signifikant zu verbessern.

Das Pflegezeitgesetz ist in seiner bisherigen Fassung so ausgestaltet, dass Freistellungsmöglichkeiten nur für nahe Angehörige des Pflegebedürftigen bestehen und zudem die Pflegezeit nur bis max. sechs Monate in Anspruch genommen werden kann. Alternativen zu diesen Beschränkungen des Pflegezeitgesetzes werden im Folgenden beleuchtet und kritisch hinterfragt. Die Alternativsuche enthält bereits inzident die Feststellung, dass der Sinn der genannten Beschränkungen zumindest zweifelhaft ist. In den nachfolgenden Betrachtungen soll deshalb der Fokus auf die Frage gelenkt werden, inwieweit die geltenden Beschränkungen innerhalb des Pflegezeitgesetzes auf bestimmte familiäre Pflegearrangements durch die Ergebnisse des wissenschaftlichen Altersforschungsdiskurses abgebildet werden können. Bereits diese Fragestellung und der vom Verfasser unterstellte Reformbedarf zum Pflegezeitgesetz machen deutlich, dass eine solche – letztlich differenzierte und bedarfsgerechte individuelle Pflegearrangements einschränkende – Ausgestaltung nicht dem gegenwärtigen Stand der Alternsforschung entspricht.

Nach der Autorengruppe vom Deutschen Zentrum für Altersfragen gehört das Thema „Alter und Vielfalt" inzwischen zum Kernrepertoire der internationalen Alternsforschung[404]. Danach belegen Studien das Vorliegen großer Heterogenität der älteren Menschen im Hinblick auf Gesundheit, Persönlichkeit und kognitiver Fähigkeiten. Berücksichtigt man ergänzend noch die unterschiedlichen Lebenslagen der Pflegenden in punkto Alter, Erwerbsbeteiligung, Einkommen oder Familienstand, erscheint die nachfolgende These wenig gewagt: Die Reduktion des Pflegezeitgesetzes auf nahe Angehörige, eine Festschreibung einer lediglich nur einmaligen Pflegezeit je Pflegebedürftigen sowie die zeitliche Begrenzung der Pflegezeit auf max. sechs Monate ist im Hinblick auf die unterschiedlichen Pflegeverläufe und damit auf die unterschiedlichen Pflegebedarfe und Pflegearrangements kaum mit der attestierten Heterogenität in der Gesundheit und Pflegebedürftigkeit im Alter in Einklang zu bringen.

Die nachfolgende Darstellung orientiert sich bewusst nicht an der Paragrafenfolge des Pflegezeitgesetzes, sondern greift die einzelnen Bereiche entsprechend den einleitenden Ausführungen im 1. Kapitel grundsätzlicher auf, ohne jedoch die konkreten Auswirkungen auf die einzelnen Vorschriften des Pflegezeitgesetzes aus dem Blick zu verlieren. Zur besseren Verständlichkeit der Darstellung wurde versucht, eine einheitliche innere Gliederung der nachfolgenden, im Einzelnen untersuchten Bereiche beizubehalten. Dabei wird in einem Dreischritt zunächst der grobe rechtliche Rahmen dargestellt, dann folgt eine detaillierte Erörterung der dem Sachverhalt zugrunde liegenden Problemlagen und im dritten Schritt werden wieder kurz die hieraus resultierenden konkreten Schlussfolgerungen für die einzelnen Vorschriften des Pflegezeitgesetzes beschrieben. Bei den nachfolgend untersuchten Bereichen handelt es sich um:

---

[404] Motel-Klingebiel/Wurm/Huxhold/Tesch-Römer (2009), S. 9

- den anspruchsberechtigten Personenkreis, d.h. konkret die Erörterung der Beschränkung des Anspruchs auf kurzfristige Arbeitsverhinderung und der Beschränkung der Pflegezeit allein auf die Pflege naher Angehöriger oder perspektivisch die Erweiterung des anspruchsberechtigten Personenkreises auf das gesamte informelle Pflegepotential, also auch den nicht-familiären Personenkreis.
- die Dauer der Pflegezeit, d.h. konkret die Erörterung der Sinnhaftigkeit einer Einschränkung oder Ausweitung der geltenden Pflegezeitdauer von derzeit maximal sechs Monaten.
- die finanzielle Flankierung der Pflegezeit in Form einer einkommensabhängigen oder -unabhängigen Leistung.
- die Einführung einer Höchstwartezeit für die Geltendmachung der Pflegezeit, die im geltenden Pflegezeitgesetz nicht vorgesehen ist, aber innerhalb des BEEG normiert ist, das schließlich Vorbild für das Pflegezeitgesetz war.
- die Einführung einer Höchstankündigungsfrist für die Geltendmachung der Pflegezeit, so wie sie auch im BEEG vorgesehen ist.

I. Anspruchsberechtigter Personenkreis nach dem Pflegezeitgesetz

Im Folgenden wird der Frage nachgegangen, ob die Begrenzung des anspruchsberechtigten Personenkreises nach dem Pflegezeitgesetz auf nahe Angehörige sachgerecht ist. Hintergrund dieser Erörterung ist die oben beschriebene Entwicklung des Pflegepotentials. Um der prognostizierten Stagnation entgegen zu wirken bzw. den Rückgang des familiären Pflegepotentials zu kompensieren, wird in der Literatur vorgeschlagen, Maßnahmen zu ergreifen, die auf eine Erweiterung des Pflegepersonenpotentials abzielen[405]. Zu diesem Personenkreis, der bislang nach dem Pfle-

405 z.B. Becker/Lauerer (2010), S. 23

gezeitgesetz nicht berechtigt ist, Pflegezeit in Anspruch zu nehmen, zählen insbesondere die bislang an der häuslichen Pflege relativ gering beteiligten nicht-familiären Personengruppen, wie Nachbarn, Mitbewohner und Freunde. Darüber hinaus wird in der Literatur die Notwendigkeit gesehen, das männliche Pflegepotential besser als bisher zu aktivieren. Das Potential der Männer ist noch nicht ausgeschöpft, denn nach Erkenntnissen der Bundesregierung kann sich knapp ein Drittel der Männer vorstellen, Pflegezeit in Anspruch zu nehmen[406]. Die nachfolgenden Überlegungen enthalten – um es konkret zu machen – die Prüfung, ob der in § 7 Abs. 3 PflegeZG genannte Personenkreis, der Anspruch auf Pflegezeit hat, um weitere Personengruppen ausgeweitet werden sollte.

Im Rahmen dieser Untersuchung wird nach der Darstellung des geltenden Rechts und der systematischen Einbindung in das sonstige Sozialversicherungsrecht schwerpunktmäßig auf die mit der Begrenzung des anspruchsberechtigten Personenkreises vergebenen Chancen einer weitreichenden Aktivierung des Pflegepersonenpotentials eingegangen.

1. Bisheriger anspruchsberechtigter Personenkreis

Anspruch auf Arbeitsbefreiung wegen kurzzeitiger Arbeitsverhinderung nach § 2 PflegeZG oder Pflegezeit nach § 3 PflegeZG haben nur die in § 7 Abs. 3 PflegeZG genannten Personen. Zu diesen gehören:

1. Großeltern, Eltern, Schwiegereltern,
2. Ehegatten, Lebenspartner, Partner einer eheähnlichen Gemeinschaft, Geschwister,
3. Kinder, Adoptiv- oder Pflegekinder, die Kinder, Adoptiv- oder Pflegekinder des Ehegatten oder Lebenspartners, Schwiegerkinder und Enkelkinder.

---

406 Angaben aus Bundesministerium für Familie, Senioren, Frauen und Jugend (2011), S. 21

Diese Aufzählung ist abschließend[407]. Für andere als die in § 7 Abs. 3 PflegeZG aufgeführten Angehörigen kann ein gesetzlicher Anspruch auf Pflegezeit nicht geltend gemacht werden. Unberührt von der Definition von § 7 Abs. 3 PflegeZG bleiben tarifvertragliche Regelungen, die eine Beurlaubung zum Zwecke der Pflege von Angehörigen vorsehen[408]. Möglich bleiben auch freiwillige Vereinbarungen zwischen den Beschäftigten und dem Arbeitgeber.

2. Systematische Vergleichbarkeit

Die Beschränkung des berechtigten Personenkreises in § 7 Abs. 3 PflegeZG auf den dort fixierten Kreis von nahen Angehörigen wirft Fragen im Hinblick auf die Stimmigkeit dieser Beschränkung im Vergleich zu den bisherigen sozialpolitischen Festlegungen auf. Im Sozialversicherungsrecht werden nämlich durchweg Leistungen im Pflegefall auch an Personen erbracht, die die Pflege tatsächlich übernehmen – unabhängig davon, ob es sich bei diesen Personen um nahe Angehörige des Pflegebedürftigen handelt.

2.1. Krankenversicherungsrecht

Im Krankenversicherungsrecht bestimmt § 37 Abs. 3 SGB V, dass der Anspruch auf häusliche Krankenpflege nur dann besteht, soweit eine im Haushalt lebende Person den Kranken in dem erforderlichen Umfang nicht pflegen und versorgen kann. Die Vorschrift regelt also die Subsidiarität der Versicherungsleistung gegenüber der Eigenleistung der Haushaltsangehörigen[409]. Im Haushalt lebt, wer in die häusliche Gemeinschaft des Versicherungsnehmers aufgenommen ist. Ein nur besuchsweiser Aufenthalt genügt allerdings nicht, denn die Aufnahme in den Haushalt erfordert eine gewisse Dauer und Beständigkeit. Verwandtschaftliche, schwägerschaftliche oder eheliche Beziehungen zu den übrigen Haus-

[407] Kossens (2009), § 7 PflegeZG Rdnr. 27 m.w.N.
[408] Kossens (2009), § 7 PflegeZG Rdnr. 27 m.w.N.
[409] Kasseler Kommentar/Höfer (2010), § 37 SGB V Rdnr. 2

haltsmitgliedern sind allerdings nicht erforderlich[410]. Für die Anwendung von § 37 Abs. 3 SGB V ist es daher nicht erforderlich, dass eine besonders enge Lebensgemeinschaft, etwa eine eheähnliche Gemeinschaft im Sinne einer Verantwortungs- und Einstehensgemeinschaft besteht[411]. Der Anspruch auf häusliche Krankenpflege entfällt nach § 37 Abs. 3 SGB V nicht schon dann, wenn im Haushalt lebende Personen die erforderlichen Pflegemaßnahmen durchführen könnten, sondern nur dann, wenn der Pflegende bereit ist, sich auch durch diese Personen pflegen zu lassen[412].

Anknüpfungspunkt für die Gewährung von Leistungen im Krankenversicherungsrecht ist also nicht – wie beim Pflegezeitgesetz – das Angehörigenverhältnis, sondern allein die tatsächliche Pflegemöglichkeit der im gleichen Haushalt lebenden Person. Es besteht also eine Diskrepanz zwischen der relativ weitreichenden Ausgestaltung des Subsidiaritätsprinzips im Krankenversicherungsrecht und den auf bestimmte nahe Angehörige beschränkten Freistellungsmöglichkeiten nach dem Pflegezeitgesetz.

2.2. Soziale Pflegeversicherung

Eine weitere Diskrepanz ist zwischen der Gewährung von Pflegegeld nach § 37 SGB XI für selbst beschaffte Hilfen des Pflegebedürftigen und dem begrenzten Kreis von anspruchsberechtigten Personen nach dem Pflegezeitgesetz festzustellen. Pflegende Angehörige sind im Konzept der Pflegeversicherung angesprochen durch das Pflegegeld, das als Anerkennung und Anreiz für pflegende Angehörige, Freunde oder Nachbarn gedacht ist[413].

Das Pflegegeld wird gezahlt, wenn der Pflegebedürftige seine Pflege durch familiäre, nachbarschaftliche oder sonstige ehrenamtliche Pflegekräfte sicherstellt. Pflegebedürftige können nach

---

410 Kasseler Kommentar/Höfer (2010), § 37 SGB V Rdnr. 18
411 Kasseler Kommentar/Höfer (2010),, § 37 SGB V Rdnr. 18
412 BSG v. 30.03.2000 – B 3 KR 11/99 R; BSG v. 17.03.2005 – B 3 KR 9/04 R
413 Klie/Guerra, S. 23; Udsching (2010), § 37 SGB XI Rdnr. 2

§ 37 Abs. 1 Satz 1 SGB XI anstelle der häuslichen Pflegehilfe ein Pflegegeld beantragen. Der Anspruch setzt voraus, dass der Pflegebedürftige mit dem Pflegegeld dessen Umfang entsprechend die erforderliche Grundpflege und hauswirtschaftliche Versorgung in geeigneter Weise selbst sicherstellt. Unerheblich ist dabei, ob die Sicherstellung durch ehrenamtliche Pflegekräfte, Nachbarn, Freunde oder Angehörige erfolgt. Eine Sicherstellung der erforderlichen Pflege ist aber dann nicht gegeben, wenn nur eine Pflegeperson in Anspruch genommen wird und wegen anderer zeitlicher Bindungen (etwa durch Erwerbstätigkeit) eine Hilfestellung bei den im Tagesablauf anfallenden, der Hilfe bedürftigen Verrichtungen, nicht gewährleistet ist[414].

Das Pflegegeld soll insofern den Pflegebedürftigen in die Lage versetzen, die notwendigen Hilfeleistungen durch selbst beschaffte Pflegepersonen zu organisieren[415]. Leistungsberechtigt ist nur der Pflegebedürftige selbst[416]. Er entscheidet selbst darüber, zu welchen Zwecken er das Pflegegeld einsetzt. Er kann es an Angehörige, Nachbarn oder Freunde, die ihn pflegen oder an andere ehrenamtliche Pflegekräfte weiterleiten.

Das Pflegegeld nach § 37 SGB XI ist mit dem Pflegeweiterentwicklungsgesetz wie folgt erhöht worden:

	Bis 30.6.2008	ab 1.7.2008	ab 1.1.2010	ab 1.1.2012
Pflegestufe I	205 €	215 €	225 €	235 €
Pflegestufe II	410 €	420 €	430 €	440 €
Pflegestufe III	665 €	675 €	685 €	700 €

Schließlich sind die Leistungen für die vollstationäre Unterbringung des Pflegebedürftigen nach § 43 SGB XI erhöht worden. Allerdings bezieht sich die Erhöhung nur auf die Pflegestufe III sowie die Härtefälle der Stufe III.

414 Udsching (2010), § 37 SGB XI Rdnr. 7
415 Udsching (2010), § 37 SGB XI Rdnr. 2
416 Udsching (2010), § 37 SGB XI Rdnr. 3

	Bis 30.6.2008	ab 1.7.2008	ab 1.1.2010	ab 1.1.2012
Pflegestufe I	1.023 €	1.023 €	1.023 €	1.023 €
Pflegestufe II	1.279 €	1.279 €	1.279 €	1.279 €
Pflegestufe III	1.432 €	1.470 €	1.510 €	1.550 €
Härtefall	1.688 €	1.750 €	1.825 €	1.918 €

Zudem wurden die Leistungen zur Betreuung von Demenzkranken erhöht. Bisher konnte für zusätzliche Betreuungsleistungen für Demenzkranke ein Betrag von bis zu 460 € jährlich gewährt werden. Ab dem 1.7.2008 ist dieser Betrag nach § 45b Abs. 1 SGB XI auf bis zu monatlich 100 € als Grundbetrag erhöht worden.

Die Übersicht über die einzelnen Leistungen der Pflegeversicherung macht deutlich, dass die Leistungen bei familiärer, nachbarschaftlicher oder sonstiger ehrenamtlicher Pflegetätigkeit deutlich geringer bemessen sind als bei stationärer oder ambulanter Betreuung durch Pflegeeinrichtungen. Die Verbesserungen der Rahmenbedingungen der familiären Pflege durch die Freistellungsmöglichkeiten nach dem Pflegezeitgesetz muss insofern auch vor dem Hintergrund betrachtet werden, dass eine Stärkung der Pflege durch nahe Angehörige letztlich positiv die Finanzsituation der Pflegeversicherung beeinflussen kann. So haben die Verfechter einer Pflegezeit nicht nur darauf verwiesen, dass die Pflege durch nahe Angehörige dem diesbezüglichen Wunsch vieler Menschen entspricht, sondern auch darauf, dass durch die Vermeidung der teureren stationären Unterkunft eine Entlastung für die Pflegeversicherung insgesamt eintritt.

Dieser politisch und ökonomisch gewollte Vorrang der ambulanten Pflege vor der stationären Unterbringung ist jedoch in den letzten Jahren in der Praxis ins Wanken geraten. Festzustellen ist, dass sich die Relation von ambulanter und stationärer Versorgung immer mehr zu Letzterer verschoben hat. Zwischen 1996 und dem

Jahr 2005 ist ein Rückgang der ambulanten Versorgung von 77% auf 66% zu attestieren[417].

Das Pflegegeld erhält der Pflegebedürftige unabhängig davon, ob die Pflege durch einen nahen Angehörigen oder durch sonstige nahestehende Personen sichergestellt wird. Die Gewährung des Pflegegeldes setzt also im Gegensatz zu den Freistellungsansprüchen nach dem Pflegezeitgesetz kein nahes Verwandtschaftsverhältnis zwischen dem Pflegebedürftigen und dem Pflegenden voraus. Dieser Unterschied ist sowohl aus der Perspektive des Pflegebedürftigen als auch nach der Gesetzesbegründung zum Pflegegeld nach § 37 SGB XI nur schwer verständlich. Auf der einen Seite setzt der Gesetzgeber beim Pflegegeld Familien und sonstige soziale Netzwerke als integralen Bestandteil der pflegerischen Versorgung in Deutschland voraus und stärkt die Selbstbestimmung des Pflegebedürftigen durch seine Entscheidungsbefugnis, wie er seine eigene bedarfsgerechte Pflege sicherstellt und ob er das Pflegegeld an die ihn betreuende Person weiterreicht. Auf der anderen Seite schränkt er den berechtigten Betreuungskreis nach dem Pflegezeitgesetz ein und reduziert ihn auf nahe Angehörige. Die in der sozialen Pflegeversicherung vom Gesetzgeber selbst intendierte Einbeziehung sozialer Netzwerke über Nachbarn, Freunde oder Mitbewohner, findet im Pflegezeitgesetz insofern keinen entsprechenden Niederschlag.

Daneben sind in der sozialen Pflegeversicherung in den §§ 19 und 44 SGB XI bestimmte Privilegien für die Pflegepersonen geschaffen worden, die unabhängig davon gelten, ob der Pflegende in einem nahen verwandtschaftlichen Verhältnis zum Pflegebedürftigen steht. Danach entrichten die Pflegekassen Beiträge an den zuständigen Träger der gesetzlichen Rentenversicherung für die Pflegepersonen, die eine pflegebedürftige Person nicht gewerbsmäßig wenigstens 14 Stunden wöchentlich pflegen. Die Beiträge werden nur dann entrichtet, wenn die Pflegeperson regelmäßig

[417] Geiger (2009a), S. 16 m.w.N.

nicht mehr als 30 Stunden wöchentlich erwerbstätig ist. Auch hier beschränkt der Gesetzgeber die Beitragspflicht nicht auf nahe Angehörige, sondern bezieht alle nichterwerbsmäßig Pflegenden ein, die ein zeitliches Mindestmaß an wöchentlicher Pflege erbringen.

2.3. Steuerrecht

Im Steuerrecht ist auf § 33 Abs. 2 EStG hinzuweisen. Danach ist es für die Pflegenden möglich, pflegebedingte Aufwendungen als außergewöhnliche Belastungen Steuer mindernd geltend zu machen. Eine Berücksichtigung als außergewöhnliche Belastung kommt allerdings nur dann in Betracht, wenn der Steuerpflichtige sich der Pflege aus rechtlichen, tatsächlichen oder sittlichen Gründen nicht entziehen kann und die Aufwendungen angemessen sind. Die Geltendmachung pflegebedingter Aufwendungen ist insofern nicht davon abhängig, dass eine familiäre Pflege durch den Einkommensteuerschuldner vorliegt[418]. Ausreichend ist vielmehr, dass sich der Pflegende aus tatsächlichen oder sittlichen Gründen der Pflege nicht entziehen kann[419]. Dies kann auch bei (langjährigen) Bekannten, Nachbarn oder Mitbewohnern der Fall sein. Das Steuerrecht knüpft demnach die Geltendmachung pflegebedingter Aufwendungen als außergewöhnliche Belastungen nicht an (enge) familiäre Beziehungen zwischen dem pflegebedürftigen Menschen und dem Pflegenden.

2.4. Zwischenfazit

Die Darstellung der sozialversicherungs- und steuerrechtlichen Regelungen im Bereich der Pflege hat deutlich gemacht, dass die Beschränkung des anspruchsberechtigten Personenkreises bei der Pflegezeit auf nahe Angehörige im Vergleich zu den sonstigen Regelungen im Krankenversicherungs-, Pflegeversicherungs- und

---

418 Heger, in Blümerich (2010), § 33 EStG Rdnr. 105
419 Heger, in Blümerich (2010), § 33 EStG Rdnr. 105

Steuerrecht nicht überzeugend ist. Die Regelungen in den letztgenannten drei Rechtsbereichen sind vom Gesetzgeber so ausgestaltet, dass die Freiheit des Pflegebedürftigen hinsichtlich der Wahl des für ihn bedarfsgerechten Pflegearrangements möglichst weitreichend ist.

Sozialversicherungs- und Steuerrecht flankieren die Auswahlentscheidung des Pflegebedürftigen hinsichtlich des konkreten Pflegearrangements, ohne die Entscheidung des Pflegebedürftigen zugunsten einer Pflegeperson aus einem bestimmten familiären Personenkreis zu begrenzen. Im Gegensatz zu dieser im Sozial- und Steuerrecht gegebenen Wahlfreiheit des Pflegebedürftigen schränkt der Gesetzgeber die Vielfalt der unterschiedlichen Pflegearrangements durch einen abschließenden und auf nahe Angehörige begrenzten Personenkreis mit der Folge ein, dass ein Widerspruch zu der im Sozialversicherungs- und Steuerrecht getroffenen Wertentscheidung einer möglichst großen Freiheit des Pflegebedürftigen bei der Wahl der Pflegeperson entsteht. Aus systematischen Erwägungen ist daher die Begrenzung des anspruchsberechtigten Personenkreises auf kurzfristige Arbeitsverhinderung und Pflegezeit kaum begründbar. Vielmehr wäre es zur Angleichung an die bisherigen – in den sozialversicherungs- und steuerrechtlichen Vorschriften zum Ausdruck gebrachten – Wertungen des Gesetzgebers angezeigt, den anspruchsberechtigten Personenkreis auf alle Personen auszudehnen, die die Pflege nicht gewerbsmäßig tatsächlich übernehmen. Mit einer solchen Erweiterung würde ein Gleichklang zu den Vorschriften des Krankenversicherungs-, Pflegeversicherungs- und Steuerrechts gewährleistet.

3. Familienstand und Pflege

Aus den im 2. Kapitel dargestellten Daten zu den familiären Beziehungen zwischen Pflegebedürftigen und Pflegenden wurde deutlich, dass die häusliche Pflege gegenwärtig weit überwiegend durch Familienangehörige wahrgenommen wird. Die genannten

Zahlen beziehen sich auf die Vergangenheit. Fraglich ist aber, ob in Anbetracht der oben skizzierten Veränderungen der familiären Lebensformen, der Schwerpunkt der häuslichen Betreuung weiterhin durch Personen des engen familiären Bandes erfolgen wird. Die aufgezeigten Entwicklungstendenzen (u.a. zunehmende Scheidungsraten, mehr allein Erziehende) werden nach Auffassung der überwiegenden Literatur zu heterogenen und komplexeren „Familienzusammenhängen" führen, die nicht mehr ausschließlich auf Verwandtschaft beruhen[420].

Vor diesem Hintergrund ist nachvollziehbar, dass die Bedeutung nicht familiärer informeller Netzwerke bei der häuslichen Pflege zunehmend wichtiger wird[421]. Hinsichtlich der Inanspruchnahme sozialer Netzwerke, d.h. der Einbeziehung anderer Verwandter, Nachbarn oder Freunde scheint es signifikante Unterschiede zwischen Frauen und Männern zu geben. Während nach den Untersuchungen von Lüdecke und Mnich über 40% der (Schwieger-)Söhne derartige zusätzliche Hilfen in Anspruch nehmen, liegt der entsprechende Anteil bei den Frauen mit nur rd. 25% deutlich niedriger[422]. Nach den Daten aus der Infratest-Repräsentativerhebung 2002 werden immerhin 9% der Pflegebedürftigen, die über private Helfer gepflegt werden, von Nachbarn, Freunden und Bekannten gepflegt. Nach Schneekloth zeichnen sich hier zumindest in Ansätzen neue Konstellationen ab, die insbesondere dann, wenn keine tragfähigen sozialen Netze vorhanden sind, als alternatives Arrangement mobilisierbar sein könnten[423].

Otto verweist in diesem Zusammenhang aber darauf, dass bedingt durch eine weite Wohnentfernung zwischen dem Pflegebedürftigen und seinen nahen Angehörigen im Bedarfsfall die Familienzentrierung bei der Pflegeübernahme aufgeweicht wird[424]. Die

---

420 Mahne/Motel-Klingebiel (2009), S. 33; Franke/Reichert (2011), S. 38 f. m.w.N.
421 Lüdecke/Mnich (2009), S. 6
422 Lüdecke/Mnich (2009), S. 15
423 Schneekloth (2006a), S. 78
424 Otto (2005), S. 479

tatsächlichen Betreuer wohnen nur selten weit entfernt von dem Pflegebedürftigen. Auch dieser Befund liefert ein Argument für die Anknüpfung der Freistellungsmöglichkeit an die tatsächliche Pflegeübernahme und nicht, wie im geltenden Recht, an das nahe Verwandtschaftsverhältnis.

4. Aktivierung des Pflegepotentials

Nach Auffassung der Bundesregierung haben ehrenamtlich Tätige gerade im Bereich der Pflege eine herausragende Bedeutung für die Sicherstellung der Pflege[425]. Diese Bedeutung wird in Anbetracht des prognostizierten Fachkräftemangels in der Pflege nicht abnehmen. Nachfolgend soll unter dieser Prämisse untersucht werden, ob diese Bedeutung ehrenamtlichen Engagements im Pflegezeitgesetz de lege ferenda dergestalt seinen Niederschlag finden müsste, dass auch alle – über den engen Familienkreis hinausgehenden – sonstigen Personen, die nicht gewerbsmäßig pflegen, Anspruch auf Pflegezeit haben.

Aufgrund der demografischen Entwicklungen, der Veränderungen der familiären Strukturen und der zunehmenden Erwerbstätigkeit von Frauen wird die häusliche familiäre Pflege – wie oben bereits erörtert – im bisherigen Umgang (d.h. vornehmlich von Frauen) nicht mehr erbracht werden können[426]. Häuslich Pflegende leisten einen wichtigen Beitrag zum Wohle der Pflegebedürftigen und zur finanziellen Entlastung der Pflegeversicherung. Deshalb – so der Ansatz der nachfolgenden Überlegungen – sollte, so wie es Wille ausdrückt, „das wertvolle Ressourcenkapital häusliche Pflege durch Angehörige und nahestehende Personen mit Hilfe geeigneter Rahmenbedingungen weitest möglich ausgeschöpft werden.[427]"

425 Deutscher Bundestag (2010), S. 3
426 Rosenkranz/Schneider (1997), S. 152
427 Wille (2011), S. 3

Nach Schneekloth ist die Aufrechterhaltung des Vorrangs der häuslichen Pflege ohne familiäres und zunehmend auch freiwilliges Engagement nicht realisierbar[428]. Um den zukünftig steigenden Pflegebedarf dennoch bedarfsgerecht abzudecken, bieten sich im Prinzip nur zwei Möglichkeiten an. Zum einen eine stärkere Professionalisierung der Pflege und zum anderen die Aktivierung weiterer – nicht dem engen Familienkreis zuzurechnender – ehrenamtlicher Pflegepersonen[429].

4.1. Soziale Netzwerke

Wie gesehen, haben Urgroßkinder, Nichten/Neffen oder Nachbarn des Pflegebedürftigen keinen gesetzlichen Anspruch auf Pflegezeit. Diesem Personenkreis bleibt nur die Möglichkeit, mit ihrem Arbeitgeber auf freiwilliger Basis eine Freistellung zur Pflege zu vereinbaren. Anhand der skizzierten Daten zum Verwandtschaftsverhältnis der Pflegenden zur Pflegeperson wurde deutlich, dass die Pflege in einem nicht geringen Teil der Pflegefälle durch ein Netzwerk an Helfern aus der Familie und professionellen Einrichtungen unter Einbeziehung von Freunden und Nachbarn organisiert wird[430]. Auf Basis einer WSI-Befragung kommen Klenner und Pfahl zu dem Ergebnis, dass fast die Hälfte (45%) der abhängig beschäftigt Pflegenden die Pflege mittels eines Pflegenetzwerkes leistet, in dem auch auf professionelle Pflegedienstleister zurückgegriffen wird[431]. 55% der Pflegenden gelingt es, sich neben ihrem Beruf an einer Pflege zu beteiligen, die nur durch Verwandte, Bekannte oder Ehrenamtliche getragen wird[432].

Nachbarn, Bekannten oder ehrenamtlich Tätigen kommt insofern bereits jetzt eine wichtige Rolle bei der Absicherung der Pflege zu. Dieser Personenkreis stützt das jeweilige Pflegearrangement und

---

428 Schneekloth/Wahl (2006a), S. 81 ff.; ebenso: Deutscher Bundestag (2014), S. 458

429 für Letzteres Winker (2008), S. 60

430 Häuser (2006), S. 20

431 Klenner/Pfahl (2008), S. 20

432 Klenner/Pfahl (2008), S. 20

entlastet die pflegenden Angehörigen. Nach Feststellungen der Bundesregierung fungieren Nachbarn und Bekannte in einem wachsenden Anteil als Hauptpflegepersonen, weil z.B. keine weiteren Angehörigen vorhanden sind[433].

Die besondere Bedeutung von sozialen Netzwerken im Alter wird auch in den neueren Forschungsergebnissen deutlich. Entgegen früherer Annahmen, die im Wesentlichen einen Verlust sozialer Interaktion im Alter (Disengagement-Theorie) unterstellt haben, sehen neuere Ansätze eine wesentlich aktivere Rolle der Älteren. So führt nach der sozio-emotionalen Selektionstheorie die eingeschränkte Zukunftsperspektive der Älteren dazu, dass diese stärker als jüngere Erwachsene dazu neigen, „emotional bedeutsame soziale Interaktionen anzustreben und periphere soziale Kontakte zu Gunsten von engeren Kontakten aufzugeben“[434].

Anknüpfend an diesen Befund wird in der Literatur die Entlastung der Hauptpflegeperson durch Unterstützungsnetzwerke als eine vordringliche Aufgabe angesehen[435]. Ziel sei es dabei, Potentiale aus dem vertrauten Nahbereich für unterstützende Aufgaben zu finden. Für den hier in Rede stehenden Personenkreis von älteren Menschen über 75 Jahre, bei denen das Pflegerisiko besonders groß ist, haben Litwin und Landau vier Netzwerktypen unterschieden und zwar[436]:

- das Angehörigen-Netzwerk (22%): Diesem gehören im Mittel zehn Personen an,
- das familienintensive Netzwerk (8%): Dieses umfasst im Durchschnitt vier Personen (fast ausschließlich Kinder),
- das auf Freunde bezogene Netzwerk (28%): Dieses umfasst etwa neun Personen und

433 Bundesministerium für Familien, Senioren, Frauen und Jugend (2005a), S. 12
434 Huxhold/Mahne (2009), S. 69
435 Dettbarn-Reggentin/Reggentin (2004), S. 49
436 Littwin/Landau (2000) zitiert nach Dettbarn-Reggentin/Reggentin (2004), S. 49

- das Netzwerk mit diffusen Bindungen (42%): Hierzu gehört ein wenig intensives Angehörigennetzwerk mit durchschnittlich elf Personen.

Diese in Prozent angegebene Häufigkeit der verschiedenen Netzwerktypen zeigt, dass durch die Begrenzung auf einen engen Familienangehörigenbegriff im Pflegezeitgesetz das vorhandene Potential an Pflegepersonen nur begrenzt ausgenutzt wird. Allein die im Angehörigen-Netzwerk (22%) und im familienintensiven Netzwerk (8%) agierenden Verwandten dürften im Grundsatz unter den Angehörigenbegriff des § 7 Abs. 3 PflegeZG fallen, währenddessen die restlichen 70% nicht zum berechtigten Personenkreis nach § 7 Abs. 3 PflegeZG gehören.

Die Beschränkung des berechtigten Personenkreises auf nahe Angehörige in § 7 Abs. 3 PflegeZG ist aus Sicht des Gesetzgebers zumindest nachvollziehbar, um den berechtigten Personenkreis und dadurch die Belastung der Unternehmen zu begrenzen, jedoch mit Blick auf das Ziel, die häusliche Pflege zu stärken, fraglich. Gerade die festzustellende Tendenz der Auflösung der bisherigen Familienstrukturen und steigende Mobilitätsanforderungen an die Arbeitnehmer, die zu einer räumlichen Trennung von der bisherigen Familienverortung führen können, sprechen für eine Erweiterung des berechtigten Personenkreises. Insbesondere Personen, die nicht auf familiäre Unterstützung zurückgreifen können, müssen „Versorgungslücken“ anders überbrücken. Hier sind „Familienersatznetzwerke“ gefragt, in die z.B. ehrenamtliche Helfer und finanzierbare Haushaltshilfen eingebunden sein können[437].

Insofern hat sich auch die Europäische Kommission dafür ausgesprochen, die Verlagerung der Pflege in das häusliche Umfeld – anstelle einer Unterbringung in Pflegeeinrichtungen – zu erhöhen[438]. Aber auch die Bundesregierung misst – trotz der in der 16.

---

437 so Häuser (2006), S. 21

438 Europäische Kommission (2009), S. 13

Legislaturperiode beschlossenen Begrenzung des pflegezeitberechtigten Personenkreises auf nahe Angehörige – der Unterstützung der Pflege durch ehrenamtlich Tätige sowie sonstigen zum bürgerschaftlichen Engagement bereiten Personen große Bedeutung zu[439].

Geiger attestiert, dass durch die steigende Zahl von Pflegebedürftigen, dem schwindenden Anteil von pflegebereiten bzw. pflegefähigen Angehörigen, dem Anstieg der Zahl der Ledigen, getrennt Lebenden und Geschiedenen unter den Pflegebedürftigen das bislang noch typische Pflegearrangement, bei dem vor allem eine Person die Betreuungsarbeit trägt, weiter zurückgehen wird[440].

Aufgrund der Ergebnisse des Forschungsprojekts „Möglichkeiten und Grenzen selbständiger Lebensführung im Alter“ (MuG III) lassen sich gewisse Trends absehen. Im Vergleich zu Anfang der 1990er Jahre ist die Helferstruktur zehn Jahre später wesentlich ausdifferenzierter. Dabei haben sich neue Organisationsformen der Hilfe und Pflege entwickelt. Diese neuen Formen zeichnen sich durch mehr männliche pflegende Angehörige, mehr Pflegeleistungen aus Nachbarschaft und Bekanntschaft und mehr individuelle Arrangements mit verschiedenen privaten und professionellen Hilfen aus[441]. Schneekloth und Wahl sehen in Anbetracht dieser Entwicklungslinien eine große Herausforderung der Alternspolitik, diese Trends weiter aktiv zu unterstützen und zu fördern[442].

4.2. Vielfältigkeit der Pflegearrangements

Wie bereits ausgeführt, werden sich zukünftig die traditionellen Unterstützungsstrukturen wegen unterschiedlicher Faktoren zunehmend auflösen. Andere Lebensformen als die traditionelle Familie werden zunehmen. Dies wird auch Folgen für die konkrete Wohnsituation der Pflegebedürftigen haben. Bereits jetzt zeichnet

[439] Deutscher Bundestag (2010), S. 3
[440] Geiger (2009a), S. 17
[441] Rumpf (2007), S. 110 m.w.N.
[442] Schneekloth/Wahl (2006), S. 248

sich ab, dass gemeinschaftliche Wohnmodelle dabei stärker als bisher in den Fokus geraten[443], auch wenn derzeit noch offen ist, ob derartige Wohnmodelle über die Experimentierphase hinaus für breite Bevölkerungsschichten ein attraktives Wohnangebot sein werden. Nach dem bisherigen Forschungsstand sind derartige Wohnmodelle mit starkem Einbezug von bürgerschaftlichem Engagement tatsächlich in der Lage, die entstehende Pflegelücke zumindest teilweise zu füllen. Das Engagement in gemeinschaftlichen Wohnmodellen kann insofern das sich auszudünnen drohende Hilfenetz des unmittelbaren Familienkreises zumindest etwas stabilisieren[444].

Die skizzierten Entwicklungen deuten darauf hin, dass neue Organisationsformen in der häuslichen Pflege entstehen[445]. Dabei zeichnet sich ein Trend zu spezifisch-individuellen Pflegearrangements mit privaten, beruflichen und ehrenamtlichen Betreuungspersonen ab[446]. Für die häusliche Pflege bedeutet dies, dass verschiedene Formen als häusliches Pflegearrangement in Betracht kommen, in das die unterschiedlichen Akteure, wie private Pflegepersonen, beruflich Pflegende und freiwillig Engagierte einbezogen werden[447]. Perspektiven für ein häusliches Pflegearrangement ergeben sich nach Mittnacht insbesondere dort, wo es gelingt, berufliche Pflege und die verfügbaren Potentiale der privaten Hauptpflegeperson und freiwillig Engagierter zu kombinieren[448]. Unter Einbeziehung von weiteren Verwandten, Nachbarn oder sonstigen pflegebereiten Personen können sich verschiedenartige Pflegearrangements ergeben, die zielgenau und die spezifische Situation des pflegebedürftigen Menschen berücksichtigend, eine passgenaue pflegerische Betreuung sicherstellen können.

---

443 Kricheldorff (2008), S. 239 ff.
444 Kehl/Then (2008), S. 9
445 Geiger (2009a), S. 18
446 Schneekloth/Wahl (2005), S. 23; Mittnacht (2009), S. 20
447 Mittnacht (2009), S. 19; Geiger (2009a), S. 18
448 Mittnacht (2009), S. 20

Mit einer Erweiterung des berechtigten Personenkreises auf Personen und den Verzicht auf die Angehörigeneigenschaft könnte das Pflegepotential gerade für diejenigen Personenkreise in stärkerem Maße als bisher aktiviert werden, die über keine stabilen familiären Netzwerke verfügen. Zudem würde sich durch die Öffnung der Freistellungsmöglichkeiten nach dem Pflegezeitgesetz und die dadurch erfolgenden stärkeren Anreize für die Pflegeübernahme zusätzlicher Spielraum für weitere Pflegearrangements ergeben, der z.B. in der zeitlichen Aufteilung der Pflegetätigkeit münden könnte. Durch eine derartige Erweiterung von Pflegearrangements dürfte auch die in der Literatur angesprochene Überforderung der (Haupt-)Pflegeperson zumindest ein Stück weit entschärft sein[449]. Die Erweiterung des pflegezeitberechtigten Personenkreises kann insofern zur Entlastung der pflegenden Angehörigen führen und dadurch insgesamt zu einer Sicherstellung des Solidarpotentials in der Familie führen.

4.3. Qualität der häuslichen Pflege

Ob nachbarschaftliche Verhältnisse, Zusammenwohnverhältnisse oder intensive Freundschaften tatsächlich eine Verbundenheit darstellen, die die Gewähr einer Pflegeübernahme in dem Umfang bietet, wie sie auch in der Familie gegeben ist, braucht an dieser Stelle nicht erörtert, geschweige denn entschieden werden. Allerdings ergibt sich aus der empirischen Forschung ein wesentliches Ergebnis, das sich kurz wie folgt zusammenfassen lässt: „Beziehungsqualität schlägt Beziehungsdauer"[450]. Als Konsequenz hieraus ergibt sich nach Maier eine Angleichung von Paarbeziehungen und Freundschaftsbeziehungen[451].

Im Hinblick auf die hier zu untersuchende Problematik der Pflegebedürftigkeit im Alter sind nach Maier allerdings geschlechtsspezifische Unterschiede zu verzeichnen. Männer verfügen im Alter

[449] s. Auth/Leiber/Leitner (2011), S. 8
[450] Maier (2008), S. 225
[451] Maier (2008), S. 225

über ein vergleichsweise gering ausgeprägtes Netzwerk. Sie werden allerdings in der Regel von Frauen gepflegt. Frauen verfügen demgegenüber im Alter zwar über größere Netzwerke und leisten dabei viel Unterstützung. Werden sie allerdings pflegebedürftig, erfolgt in der Regel jedoch wenig Unterstützung aus dem Netzwerk[452]. Freundschaften und soziale Netzwerke können somit im Alltag sogar wichtiger sein als Familienbeziehungen.

Rumpf hat noch einen weiteren Aspekt in die Diskussion eingebracht, der ebenfalls die These der verstärkten Einbeziehung außerfamiliärer Personen in die häusliche Pflege unterstützt und damit in der Konsequenz für die Ausweitung des anspruchsberechtigten Personenkreises nach § 7 Abs. 3 PflegeZG spricht. Sie hat in ihrer Literaturarbeit das Verhältnis von Nähe und Distanz in der Pflege thematisiert und darauf hingewiesen, dass die „fürsorgliche Praxis in der häuslichen Pflege mit sehr individuellen, spontanen und unberechenbaren emotionalen Bedingungen konfrontiert ist, die förderlich oder eben auch blockierend wirken können"[453]. Diese Unzulänglichkeiten und Unberechenbarkeiten des Privaten führen nach Rumpf zu der grundsätzlichen Überlegung, dass Pflegearrangements im Interesse aller Beteiligten auf einem Konzept geteilter Verantwortung beruhen sollten, eben aus einem Mix aus familiären Hilfen, ambulanten Dienstleistungen, teilstationären Angeboten und einem verlässlichen sozialen Netz, das zunehmend bedeutsamer wird[454]. So zeigen Untersuchungen, dass auf den engsten Familienkreis beschränkte familiäre häusliche Pflegearrangements nicht in jedem Fall dem Anspruch, Selbstbestimmung und Selbstständigkeit des Pflegebedürftigen zu fördern, entsprechen[455]. Konkret: Was nützt dem Pflegebedürftigen der Anspruch seines nahen Angehörigen auf Pflegezeit, wenn er eine Betreuung durch ihn eher als Belastung, denn als wirkliche Hilfe empfindet und stattdessen andere betreuungsbereite Freun-

452 Maier (2008), S. 227
453 Rumpf (2007), S. 102
454 Rumpf (2007), S. 102
455 Rumpf (2007), S. 103

de oder Nachbarn mangels Freistellungsanspruch die vom Pflegebedürftigen gewünschte Hilfeleistung nicht erbringen können?

Anknüpfend hieran stellt sich aus Sicht des Pflegebedürftigen die Frage, ob mit einem nahen Angehörigen, der die alleinige häusliche Pflege übernommen hat, wirklich in jedem Fall ein bedarfsgerechte Pflege gewährleistet werden kann. Die pflegenden nahen Angehörigen sind durch die Übernahme der Pflegeverpflichtungen in der Regel einer Doppel- oder gar Dreifachbelastung durch Pflege, Erwerbstätigkeit und eigene Kindererziehung ausgesetzt. Die Übernahme der Pflege bedeutet für Angehörige häufig eine enorme Einschränkung ihres sozialen Lebens und kann zur Isolation und Überforderung führen. Dabei spielen auch die subjektiv mit der Pflege empfundenen Belastungen eine besondere Rolle. Festzustellen ist, dass Pflegende, die sich weniger belastet fühlen, die häusliche Pflege über einen längeren Zeitraum hinweg aufrechterhalten[456]. Die Teilung der Pflegeverantwortung mit anderen Personen wäre sicher eine geeignete Maßnahme, um das durch die Pflege entstehende Belastungspotential zu dämpfen und insofern eine längerfristige Aufrechterhaltung der Betreuung des Pflegebedürftigen durch die Hauptpflegeperson zu erreichen[457].

4.4. Potentiale nichtfamiliärer Unterstützungssysteme

Fraglich ist aber, ob durch eine Ausweitung des berechtigten Personenkreises tatsächlich das durch demografische Entwicklungen und zunehmende Frauenerwerbstätigkeit zukünftig sich verringernde Pflegepotential kompensiert werden kann. Soweit ersichtlich, gibt es zu dieser Fragestellung noch keine Untersuchungen, so dass die zukünftige Pflegebereitschaft und das konkrete Pflegeverhalten von nicht familiär verbundenen Menschen derzeit ungewiss sind. Es bleibt also abzuwarten, ob tatsächlich nur der rechtliche Verbund in der Ehe bzw. das nahe Verwandtschaftsverhältnis oder vielmehr die Qualität einer Partnerschaft das ent-

---

456 Gräßel (2000), S. 88

scheidende Kriterium für die Pflegeübernahme sein wird. In der Literatur wird die These vertreten, dass die Betreuung durch den Partner einer nichtehelichen Gemeinschaft zunehmen wird[458]. Begründet wird dies u.a. damit, dass Verbindlichkeit und Kooperation die zentralen Bedürfnisse menschlicher Solidarität sind. Die Familie bietet den Raum, diese Verbindlichkeit herzustellen und Kooperation dauerhaft zu etablieren. Diese Verbindlichkeit und Kooperation kann zweifellos auch in anderen Arten von Beziehungen aufgebaut werden[459].

Die hier vorgeschlagene stärkere Berücksichtigung bzw. Einbeziehung von ehrenamtlichen Personen wird auch durch die von Klie beschriebenen vier „Megatrends" im Bereich Pflege und Betreuung unterlegt[460]. Danach ist erstens das Vorhandensein und die Leistungsfähigkeit von Familien, Nachbarschaften und anderen informellen Netzen konzeptionell und politisch in den letzten Jahren vernachlässigt worden. Hinzu kommt zweitens ein Mentalitätswechsel in der Bevölkerung, der die Pflegebereitschaft in den Familien, die die Finanzierung der Pflegeversicherung noch vergleichsweise stabil gehalten hat, so nicht mehr voraussetzten lässt. Der dritte Megatrend besteht nach Klie in der Revision der Rolle des Staates, der sich zunehmend in Anbetracht von andauernden strukturellen Haushaltsdefiziten aus der Rolle des Gewährenden zurücknimmt zugunsten einer gestaltenden und gewährleistenden Funktion[461]. Und schließlich lässt sich viertens das bürgerschaftliche Engagement als fester Bestandteil des Welfare Mixes sowohl strategisch als auch operativ identifizieren[462]. Folge dieser „Megatrends" ist, dass die Zahl der außerfamiliär Pflegenden über den derzeitigen Anteil von rd. 10% perspektivisch zu-

---

457 Ebenso Auth/Leiber/Leitner (2011), S. 9f.
458 Rosenkranz/Schneider (1997), S. 143
459 Blüher (2004), S. 33
460 Klie (2010), S. 574
461 Klie (2010), S. 574 m.w.N.
462 Klie (2010), S. 574 f.

nehmen wird[463]. Bereits in den letzten Jahren war diese Entwicklung deutlich feststellbar. Nach den Ergebnissen des Deutschen Alterssurveys finden immer mehr Menschen außerhalb der Familie Hilfe in Krisensituationen[464].

Diese grundsätzlich positive Einschätzung der Einbeziehung außerhalb der Familie stehender Pflegepersonen wird auch durch praktische Erfahrungen untermauert. Im Rahmen des nach § 8 Abs. 3 SGB IX geförderten Modellprojekts „Pflegebegleiter" werden pflegende Angehörige durch speziell qualifizierte Freiwillige unterstützt[465]. Eine Befragung der Angehörigen im Rahmen dieses Modellprojekts führte zum Ergebnis, dass bei ihnen eine größere Regeneration, eine psychisch-seelische Stabilisierung und ein höheres Wohlbefinden eintraten[466]. Der Verfasser hat bei der Betreuung seiner dementiell erkrankten Mutter selbst positive Erfahrungen mit der „Aufsuchenden Altenhilfe" in Bremen gemacht. Dabei handelt es sich um ein Modellprojekt mit dem Ziel, die Lebensqualität älterer Menschen zu verbessern. Damit soll der Verbleib in der eigenen Häuslichkeit ermöglicht, zur Teilhabe am gesellschaftlichen Leben ermuntert und vor Vereinsamung geschützt werden[467].

5. Politische Initiativen

Konkret stellt sich also die Frage, wie das informelle Pflegepotential perspektivisch um einen Personenkreis erweitert werden kann, der bislang noch nicht in signifikantem Umfang pflegerische Betreuungsleistungen erbracht hat[468]. Bereits vor Inkrafttreten des

---

463 Deutscher Verein für öffentliche und private Fürsorge (2011), S. 6

464 Bundesministerium für Familien, Senioren, Frauen und Jugend (2010b), S. 38 f.

465 Bubolz-Lutz et al (2009), S. 13 zitiert nach Rothgang/Müller/Unger (2012), S. 67

466 Bubolz-Lutz et al (2009), S. 13 zitiert nach Rothgang/Müller/Unger (2012), S. 67

467 s. http://www.altersdiskriminierung.de/themen/artikel.php?id=5118 (abgerufen am 7.12.2012)

468 s. Geiger (2009), S. 18

Pflegezeitgesetzes hat der Sozialverband Deutschland (SoVD) in seinem Gesetzentwurf für ein Pflegezeitgesetz vorgeschlagen, den anspruchsberechtigten Personenkreis für die Pflegezeit auch auf Personen einer ehe- oder partnerschaftsähnlichen Lebensgemeinschaft festzulegen[469]. Zur Begründung führt der SoVD aus, dass damit der Vielfalt moderner Lebensformen Rechnung getragen werde. Es gebe immer mehr Menschen, die unverheiratet zusammenleben. Diese oft langjährigen, nicht institutionalisierten Verbindungen müssen auf Grund der engen Lebensgemeinschaft mit berücksichtigt werden[470].

Soweit ersichtlich, haben von den im Deutschen Bundestag vertretenen Fraktionen lediglich die Fraktion von BÜNDNIS90/DIE GRÜNEN sich dieses speziellen Themas angenommen. Im Fraktionsbeschluss vom 3.7.2007 ist gefordert, dass einem Antrag auf Pflegezeit u.a. dann stattzugeben sei, wenn eine verwandtschaftliche oder eindeutige soziale Verbindung nachgewiesen ist[471]. Danach sollen auch Personen ohne verwandtschaftliche Beziehung zur pflegebedürftigen Person einen Anspruch auf Pflegezeit haben, wenn sie sich ausdrücklich bereit erklären, Verantwortung für den Pflegebedürftigen zu übernehmen. Diese Person muss nach Vorstellung von BÜNDNIS90/DIE GRÜNEN eidesstattlich versichern, dass sie die Pflege im beantragten Zeitraum organisieren kann. Zugleich muss eine Erklärung der pflegebedürftigen Person vorliegen, die deren ausdrückliches Einverständnis belegt, dass der Antragsteller sie pflegt[472].

6. Zwischenfazit

Nach den bisherigen Feststellungen ist die Einziehung von Freunden, Nachbarn oder sonstigen ehrenamtlichen Tätigen in den berechtigten Personenkreis nach § 7 Abs. 3 PflegeZG somit

---

469 Sozialverband Deutschland (2006), S. 4
470 Sozialverband Deutschland (2006), S. 4
471 BÜNDNIS90/DIE GRÜNEN (2007)
472 BÜNDNIS90/DIE GRÜNEN (2007)

grundsätzlich zu unterstützen. Die Einbeziehung kann einen Beitrag zur Stabilisierung des Pflegepersonenpotentials leisten und dem Willen des Pflegebedürftigen und seiner nahen Umgebung entsprechen. Die Erweiterung des anspruchsberechtigten Personenkreises auf weitere Personen würde zudem das gesetzlich nachvollziehen, was in der Praxis festzustellen ist: Einen Trend zur stärkeren Einbeziehung von Freunden, Nachbarn oder sonstigen langjährigen Vertrauten in die Sicherstellung der pflegerischen Versorgung.

Konkret könnte also der eingeschränkt berechtigte Personenkreis des § 7 Abs. 3 PflegeZG erweitert werden auf alle Personen, die den pflegebedürftigen Menschen nicht erwerbsmäßig betreuen[473]. Damit wird ein Gleichklang geschaffen zu den bereits bestehenden sozialversicherungs- und steuerrechtlichen Regelungen, die keine Beschränkung auf einen engen Angehörigenbegriff als Voraussetzung für entsprechende Leistungen bzw. Vergünstigungen enthalten. Die Ausweitung des berechtigten Personenkreises nach dem Pflegezeitgesetz steht auch im Einklang mit dem in der neueren Literatur umfassender verwendeten Begriff der „pflegenden Angehörigen". Nach Meyer können unter Berücksichtigung der demografischen und strukturellen Entwicklungen in der Gesellschaft nicht mehr ausschließlich die nächsten Familienmitglieder oder der erweiterte Familienkreis darunter gefasst werden. Unter dem Begriff des „pflegenden Angehörigen sind ebenso Freunde, Bekannte, Nachbarn und andere Menschen zu verstehen, die in das Pflegearrangement eines älteren unterstützungsbedürftigen Menschen involviert sind[474].

Diese Erweiterung des anspruchsberechtigten Personenkreises in § 7 Abs. 3 PflegeZG dürfte aber wohl auf Arbeitgeberseite für problematisch angesehen werden, da mit erweiterten Freistellungsansprüchen der Beschäftigten bei der Pflege die personelle

473 ebenso: Dettbarn-Reggentin/Reggentin (2004), S. 58; Deutscher Juristinnenbund (2011), S. 4
474 Meyer (2006), S. 10

Dispositionsfreiheit der Arbeitgeber zusätzlich eingeschränkt würde. Wohl auch aus diesen Erwägungen heraus hat der Sozialverband Deutschland in seinem Gesetzentwurf für ein Pflegezeitgesetz den Kreis der Anspruchsberechtigten zwar auf alle Personen ausgedehnt, die in einem persönlichen Verhältnis zu dem Pflegebedürftigen stehen, den Anspruch auf Pflegezeit für diesen nichtverwandtschaftlich verbundenen Personenkreis jedoch von einer Zustimmung durch den Arbeitgeber abhängig gemacht[475]. Ein solches Zustimmungserfordernis beschränkt jedoch den Anspruch auf Pflegezeit. Dieses Erfordernis verhindert gerade das, was eigentlicher Zweck der Erweiterung des anspruchsberechtigen Personenkreises ist, nämlich die bedarfsgerechte Pflege und die Aktivierung des Pflegepersonenpotentials. Aus Sicht des Verfassers wäre eine Zustimmung des Arbeitgebers als Bedingung für den Anspruch auf Pflegezeit insoweit nicht Ziel führend. Die durch die Pflegezeit arbeitgeberseitig entstehenden Belastungen sollten vielmehr durch Modifikationen an anderen Stellschrauben des Pflegezeitgesetzes reduziert werden.

Allerdings müssen die Erwartungen, die durch die Einbeziehung weiterer anspruchsberechtigter Personenkreise nach § 7 Abs. 3 PflegeZG entstehen, gedämpft werden. Zum einen existieren nur wenige wissenschaftlich fundierte Erkenntnisse über die Pflege, die ausschließlich im Freundes- und Nachbarschaftskreis erbracht wird[476]. Zum anderen dürften die traditionellen familiären Pflegearrangements auf absehbare Zeit nach wie vor eine dominierende Rolle einnehmen. Neue Formen des gemeinschaftlichen Wohnens im Alter, erodierende Familienstrukturen und eine stärkere Singularisierung könnten aber – aus dem Vakuum nicht mehr vorhan-

---

475 Nach dem Gesetzentwurf des SoVD heißt es wie folgt: „Anspruchsberechtigt sind Ehegatten, Lebenspartner, Verwandte in gerader Linie, Geschwister, Schwiegereltern und Schwiegerkinder, Personen einer eheähnlichen oder partnerschaftlichen Lebensgemeinschaft, aber auch – wenn der Arbeitgeber zustimmt – in dem anderen persönlichen Verhältnis“, s. Sozialverband Deutschland (2006), S. 4

476 Winter (2006), S. 4

dener familiärer Einbindung heraus – zu einer größeren Vielfalt von Pflegearrangements außerhalb der familiären Strukturen führen und insofern zu einer stärkeren Aktivierung eines noch brachliegenden Pflegepotentials führen[477]. Ein reformiertes Pflegezeitgesetz mit einem größeren Berechtigtenkreis könnte innerhalb dieses Aktivierungsprozesses einen stärkenden Einfluss haben.

II. Dauer der Pflegezeit

Bereits kurz nach Inkrafttreten des Pflegezeitgesetzes wurde in der Literatur kritisiert, dass die maximal sechsmonatige Pflegezeit in vielen Fällen zeitlich unzureichend sei, um eine bedarfsgerechte Pflege sicherzustellen, da die durchschnittliche Pflegedauer deutlich über sechs Monaten liege[478]. Im Folgenden soll die Frage untersucht werden, ob diese Kritik berechtigt und eine zeitliche Ausweitung der Pflegezeit angebracht ist. Bei dieser Untersuchung wird nicht nur die Interessenlage der pflegebedürftigen Menschen beleuchtet, sondern es wird insbesondere auf die Auswirkungen einer verlängerten Pflegezeit auf die Pflegenden und dabei insbesondere der weiblichen Pflegenden sowie auf die Konsequenzen für die Unternehmen eingegangen.

1. Sechsmonatige Pflegezeit

Nach § 4 Abs. 1 Satz 1 PflegeZG beträgt die Pflegezeit für jeden nahen Angehörigen längstens sechs Monate. Dabei handelt es sich um eine Höchstdauer, die nur aufgrund entsprechender individual- oder kollektivrechtlicher Vereinbarungen überschritten werden darf. Angehörige sind alle in § 7 Abs. 3 PflegeZG genannten Personen.

Nicht eindeutig geregelt ist die Frage, ob die in § 4 Abs. 1 PflegeZG festgelegte sechsmonatige Höchstdauer der Pflegezeit für einen Angehörigen auf mehrere Abschnitte aufgeteilt werden

[477] ebenso: Geiger (2009), S. 18 f.

kann. Überwiegend wird hierzu die Auffassung vertreten, der Zeitraum von bis zu sechs Monaten sei zusammenhängend zu nehmen[479]. Für diese Position spricht, dass im Gegensatz zu den Regelungen bei der Elternzeit[480] der Gesetzgeber bei § 4 PflegeZG keine Aufteilung des Sechsmonatszeitraums in einzelne Zeitabschnitte vorgesehen hat. Auch der Wortlaut der Vorschrift („Die Pflegezeit...“) könnte eine derartige Auslegung rechtfertigen.

Nach dem Sinn und Zweck des Pflegezeitgesetzes, nämlich der Sicherstellung der Betreuung naher Angehöriger in der gewohnten häuslichen Umgebung, ist jedoch eine große Flexibilität und eine Aufteilung der Pflegezeit in mehrere Abschnitte durchaus akzeptabel. Zu denken ist dabei an die Fälle, bei denen die Pflegebedürftigkeit zunächst wieder behoben wird, dann aber nach Ablauf eines gewissen Zeitraums erneut entsteht. Ein praktisches Bedürfnis besteht auch dann, wenn die eigentliche Pflegeperson die Pflege zeitweise nicht weiterführen kann und mangels anderer zur Verfügung stehender Pflegepersonen durch den Beschäftigten ersetzt werden muss. Nach der Intention des Gesetzgebers sind keine Gründe ersichtlich, hier eine Aufteilung der Pflegezeit auszuschließen[481]. Dies hat der Parlamentarische Staatssekretär im BMAS, Dr. Brauksiepe, in der Antwort auf eine Frage der Abgeordneten Scharfenberg ausdrücklich attestiert. Nach Auffassung der Bundesregierung kann die Pflegezeit auch in mehrere Zeitabschnitte aufgeteilt werden[482].

Dieser Auffassung haben sich die mit dieser Problematik befassten Arbeitsgerichte aber nicht angeschlossen. Nach Auffassung des Landesarbeitsgerichts Stuttgart lässt das

---

478 z.B. Kerschbaumer (2009), 281

479 Müller (2008), S. 1058; Preis/Nehring (2008), S. 729

480 s. § 16 Abs. 1 Satz 5 BEEG

481 Joussen (2009), S. 729; wohl auch Glatzel (2009), S. 1379; a.A. Preis/Nehring (2008), S. 729, die zu bedenken geben, dass damit der Beschäftigte jedes Mal, wenn die eigentliche Pflegekraft in Urlaub ist, selber einspringt und sich so bei jeweils frühzeitiger Ankündigung langfristig unkündbar machen könnte

482 Deutscher Bundestag (2010b), S. 29

Pflegezeitgesetz nur eine einmalige Inanspruchnahme der Pflegezeit mit unmittelbarer anschließender Verlängerungsmöglichkeit, nicht aber eine Aufteilung der Pflegezeit in mehrere getrennte Abschnitte zu[483]. Soweit ersichtlich, ist das Urteil des LAG Stuttgart die erste zweitinstanzgerichtliche Entscheidung zur Frage, ob die Pflegezeit in getrennten Abschnitten in Anspruch genommen werden kann. Die Begründung des LAG Stuttgart lehnt sich an die auch in der Literatur gegen die Stückelung der Pflegezeit vorgebrachten Argumente[484] an und ist in dieser Hinsicht nachvollziehbar. Nicht überzeugend ist dagegen die auf den weit reichenden Kündigungsschutz abzielende Begründung des Gerichts. Die Ausführungen des Gerichts, durch die Stückelung der Pflegezeit könne ein langwieriger Sonderkündigungsschutz nach § 5 PflegeZG erwirkt werden, trägt gerade auch im Hinblick auf die zahlreiche Literatur zu diesem Punkt nicht. So ist das – auch im Vergleich zum BEEG – weit reichende Sonderkündigungsschutzrecht in der Literatur vielfach kritisiert worden. Dabei bestand aber Einigkeit, den weiten Anwendungsbereich über eine Missbrauchskontrolle nach § 242 BGB auf das nach Sinn und Zweck des PflegeZG erforderliche Maß zu beschränken[485]. Das Urteil des LAG Stuttgart ist im Revisionsverfahren vor dem BAG bestätigt worden. Auch nach Auffassung des BAG kann die Pflegezeit nicht in mehrere Zeitabschnitte aufgeteilt werden[486]. Offengelassen hat das BAG aber die Frage, ob es mit § 3 Abs. 1 PflegeZG vereinbar ist, dass der Arbeitnehmer die Pflegezeit im Wege einer einmaligen Erklärung auf mehrere getrennte Zeitabschnitte verteilt.

Durch die skizzierte Rechtsprechung ist die Pflegezeit relativ starr und wenig flexibel. Sie kann nicht unterbrochen werden und je nach konkretem Betreuungsbedarf flexibel in Anspruch genommen werden. Sie steht damit im Widerspruch zu Pflegeverläufen, die

483 LAG Stuttgart, Urt. vom 31.03.2010 – 20 Sa 87/09
484 Vergleich zu § 16 Abs. 1 Satz 5 BEEG, Wortlaut "Die Pflegezeit"
485 zuletzt Müller, BB 2010, 705, Anm. zu ArbG Stuttgart, Urt. vom 24.09.2009
486 BAG, Urt. vom 15.11.2011 – 9 AZR 348/10

durch sich verändernde gesundheitliche Zustände des Pflegebedürftigen geprägt sind und dementsprechend einen sich verändernden Pflegebedarf aufweisen[487]. Der statische Charakter der Pflegezeit schränkt deren praktische Anwendbarkeit deutlich ein.

Die Dauer der maximalen Pflegezeit von sechs Monaten gilt sowohl für die vollständige und als auch für die nur anteilige Freistellung von den arbeitsvertraglichen Pflichten. Eine entsprechende Verlängerung der maximalen Dauer der Pflegezeit bei nur teilweiser Freistellung ist nach dem eindeutigen Wortlaut („Höchstdauer") von § 4 Abs. 1 Satz 1 PflegeZG nicht von der Norm gedeckt. Eine entsprechende Verlängerung der gesetzlichen Höchstdauer kann aber durch eine freiwillige Absprache zwischen Arbeitgeber und Beschäftigtem vereinbart werden.

Die Pflegezeit beginnt zu dem Zeitpunkt, den der Beschäftigte in seiner wirksamen Ankündigung nach § 3 Abs. 3 PflegeZG bestimmt hat. Hat der Beschäftigte wirksam die Pflegezeit angekündigt, so wird der Beginn und der Lauf der Pflegezeit sogar durch eine vor Beginn der Pflegezeit eintretende Arbeitsunfähigkeit des Beschäftigten nicht berührt[488].

Der Beschäftigte ist nicht gehalten, den Sechs-Monats-Zeitraum sofort auszuschöpfen. Er kann auch – z.B. wenn die künftige Pflegesituation noch unklar ist – zunächst für einen geringeren Zeitraum Pflegezeit beanspruchen. Hat der Beschäftigte aber den Zeitraum seiner Pflegezeit durch seine Erklärung festgelegt, so kann er grundsätzlich keine einseitigen Änderungen mehr vornehmen. Der Arbeitnehmer ist also an seine Erklärung gebunden. Dadurch soll der Arbeitgeber geschützt werden, der Vorkehrungen für die Zeit der Freistellung zu treffen hat. Möchte der Beschäftigte eine Verlängerung der Pflegezeit bis zur Höchstdauer von sechs

---

[487] so auch die Kritik von Kümmerling/Bäcker (2012), S. 17 f.

[488] s. Zmarzlik/Zipperer/Viethen, § 16 BErzGG Rdnr. 3 zur ähnlichen Problematik bei der Elternzeit

Monaten in Anspruch nehmen, so ist dies nach § 4 Abs. 1 Satz 2 PflegeZG von der Zustimmung des Arbeitgebers abhängig.

Die Pflegezeit endet grundsätzlich mit Ablauf von sechs Monaten seit ihrem Beginn. Ist eine kürzere Pflegezeit vom Beschäftigten beantragt worden, endet die Pflegezeit mit dem Ablauf des beantragten Zeitraums. In § 4 Abs. 2 PflegeZG ist geregelt, unter welchen Umständen die Pflegezeit vorzeitig endet. Ist der nahe Angehörige nicht mehr pflegebedürftig oder die häusliche Pflege des nahen Angehörigen unmöglich oder unzumutbar, endet die Pflegezeit vier Wochen nach Eintritt der veränderten Umstände. Die Pflegezeit endet in diesen Fällen unabhängig davon, ob der Beschäftigte den Arbeitgeber von den veränderten Umständen unterrichtet hat[489].

Die Pflegezeit endet nach § 4 Abs. 2 Satz 1 PflegeZG vorzeitig, wenn die häusliche Pflege des nahen Angehörigen unmöglich oder unzumutbar ist. Unmöglich ist die Pflege dann, wenn der Angehörige verstorben ist oder sich sein Gesundheitszustand derart verschlechtert hat, dass nur eine stationäre Unterkunft sachgerecht ist. Unzumutbar ist die häusliche Pflege des nahen Angehörigen dann, wenn der Beschäftigte der Belastung durch die Pflege nicht mehr nachzukommen vermag. Unzumutbar ist die häusliche Pflege auch dann, wenn wegen unvorhergesehener Umstände die Finanzierung während der Pflegezeit nicht mehr sichergestellt ist[490].

Im Übrigen kann die Pflegezeit nur vorzeitig beendet werden, wenn der Arbeitgeber zustimmt. Der Beschäftigte ist also grundsätzlich an den von ihm beantragten Zeitraum der Pflegezeit gebunden. Nach dem Gesetzeswortlaut offen ist die Frage, ob der Arbeitgeber die Entscheidung über seine Zustimmung frei treffen kann, oder ob er seine Entscheidung nach billigem Ermessen zu treffen hat. Die Regelungen über die vorzeitige Beendigung der

---

489 Müller (2008), S. 1058

490 Nielebock (2008), S. 36

Pflegezeit dienen der Planungssicherheit des Arbeitgebers. Deshalb ist eine Bindung an den vom Beschäftigten beantragten Zeitraum richtig, wenn der Arbeitgeber entsprechend den Ankündigungen des Beschäftigten bereits organisatorische Dispositionen vorgenommen hat. Ist dies nicht der Fall, so besteht kein hinreichendes Schutzbedürfnis des Arbeitgebers, das eine begründungslose Ablehnung der vorzeitigen Beendigung der Pflegezeit rechtfertigen könnte. Vor diesem Hintergrund ist der Arbeitgeber in seiner Entscheidung über seine Zustimmung zur vorzeitigen Beendigung der Pflegezeit beschränkt. Er hat sie nach billigem Ermessen zu treffen, wobei er grundsätzlich zur Zustimmung verpflichtet ist, wenn er im Hinblick auf den vom Beschäftigten angekündigten Beendigungszeitraum keine organisatorischen, insbesondere personalorganisatorischen Maßnahmen vorgenommen hat[491].

2. Tatsächliche Pflegedauer

In der Literatur wird kritisiert, dass die in § 4 PflegeZG festgelegte Höchstdauer der Pflegezeit von sechs Monaten deutlich hinter die durchschnittliche tatsächliche Pflegezeit zurückfällt[492]. Tatsächlich liegt die durchschnittliche Dauer der Pflegebedürftigkeit auch nach den Erkenntnissen der Bundesregierung erheblich höher als sechs Monate[493]. Festzuhalten bleibt aber, dass über die konkrete durchschnittliche Dauer von Pflegebedürftigkeit bislang nur wenige und darüber hinaus vor allem noch unterschiedliche Erkenntnisse vorliegen[494]. Die nachfolgend dargestellten unterschiedlichen Zeiten der Pflege in häuslicher Umgebung beruhen aus einer unterschiedlichen Definition der Pflegebedürftigkeit. Zum Teil wird Pflegebedürftigkeit bereits in dem Zeitpunkt als vorliegend angenommen, in dem die ersten Beeinträchtigungen gegeben wa-

---

491 so wohl auch Müller (2008), S. 1058

492 Kerschbaumer (2008), S. 281

493 Bundesministerium für Familie, Senioren, Frauen und Jugend (2011), S. 14

494 so Müller/Unger/Rothgang (2010), S. 230

ren[495]. Andere Autoren hingegen definieren die durchschnittliche Zeit der Betreuung von Pflegebedürftigen im Privathaushalt anhand des gesetzlichen Pflegebedürftigkeitsbegriffes[496].

Nach Schneekloth und Wahl – die an den Zeitpunkt des Vorliegens der ersten Beeinträchtigungen anknüpfen – sind Pflegebedürftige in Privathaushalten im Durchschnitt 8,2 Jahre auf Hilfeleistungen angewiesen[497]. Allerdings liegen die Zeiten des Bezugs von Leistungen wegen der Pflegebedürftigkeit deutlich unter diesem Durchschnittwert. Leistungen nach dem SGB XI erhalten Frauen rd. vier Jahre und Männer rd. zweieinhalb Jahre.[498]. In diesen genannten Zeiträumen sind aber auch Zeiten der stationären Pflege einbezogen. Lässt man diese Zeiten unberücksichtigt, ergibt sich eine durchschnittliche Zeit der Betreuung von Pflegebedürftigen in häuslicher Umgebung von 2,5 Jahren bei Frauen und 2,0 Jahren bei Männern[499].

Über die tatsächliche Dauer der Pflegebedürftigkeit existieren – soweit ersichtlich – keine genauen Angaben. Jentzsch vermutet den Grund hierfür in der Tatsache, dass eine Pflegeübernahme oft ein schleichender Prozess ist, der von den Beteiligten nicht von Anfang an als solcher wahrgenommen wird[500]. Andererseits ist bei Befragungen zur Pflegedauer der Pflegeprozess meist noch nicht abgeschlossen, so dass eine Aussage über die endgültige Pflegedauer zu diesem Zeitpunkt nicht getroffen werden kann[501].

Hinsichtlich der absoluten Pflegedauer ist zwischen Männern und Frauen zu differenzieren. Nach einer etwas älteren Untersuchung zur Situation von über 60 Jahre alten Frauen mit ihren pflegebedürftigen Ehemännern verteilt sich die Dauer der Pflege wie folgt:

495 so z.B. Schneekloth/Wahl (2005), S. 229
496 so z.B. Rothgang/Staber (2012), S. 53
497 Schneekloth/Wahl (2005), S. 229
498 Rothgang/Kulik/Müller/Unger (2009), S. 173
499 Rothgang/Kulik/Müller/Unger (2009), S. 3; Becker/Lauerer (2010), S. 14; Rothgang/Staber (2012), S. 52
500 Jentzsch (2004), S. 103
501 Jentzsch (2004), S. 103

bis zu einem Jahr: 14%, ein bis zwei Jahre: 12,1%, zwei bis vier Jahre: 24,8%, vier bis acht Jahre: 26,7%, acht bis 16 Jahre 10,9% und über 16 Jahre: 11,5%[502]. Nach einer Untersuchung von Bickel[503] sind Männer im Alter von 65 Jahren im Mittel 15,4 Monate ihrer Restlebenszeit pflegebedürftig. Frauen der gleichen Altersgruppe weisen mit durchschnittlich 29,4 Monaten Pflegedauer eine wesentliche längere Pflegebedürftigkeit aus.

In neueren Untersuchungen wird nach Pflegestufen differenziert die Dauer der Pflegebedürftigkeit betrachtet. Die Pflegebedürftigkeit mit einer der drei Pflegestufen dauert bei Männern 15,8 Monate. Frauen haben mit 40,3 Monaten eine deutlich höhere Pflegeverweildauer[504]. Differenziert man weiter zwischen den einzelnen Pflegestufen ergibt sich nach dem GEK-Pflegereport 2008 folgendes Bild[505].

Pflegestufe	Frauen	Männer
Pflegestufe I	52,0 Monate	29,4 Monate
Pflegestufe II	16,4 Monate	5,7 Monate
Pflegestufe III	1,9 Monate	1,5 Monate

Betrachtet man die unterschiedlichen Pflegestufen, ist auffällig, dass in den letzten Jahren vermehrt Pflegebedürftige der Pflegestufe I in häuslicher Umgebung gepflegt werden. Deren Anteil ist von 48,6% im Jahr 1997 auf 61,4% im Jahr 2009 angestiegen, währenddessen der Anteil der Pflegebedürftigen der Pflegestufe II im gleichen Zeitraum von 40,5% auf 30,5% und in der Pflegestufe III von 10,9% auf 8,1% abgesunken ist[506].

502 Bundesministerium für Familie, Senioren, Frauen und Jugend (1995), S. 100
503 Bickel (2001), S. 34
504 Rothgang/Borchert/Müller/Unger (2008), S. 11
505 Rothgang/Borchert/Müller/Unger (2008), S. 11
506 Runde/Giese/Kaphengst/Hess (2009), S. 28

Nach den Befragungsergebnissen der Arbeitsstelle Rehabilitations- und Präventionsforschung der Universität Hamburg aus dem Jahr 2009 ergeben sich folgende Daten[507]:

Dauer der Pflegebedürftigkeit	1997	2002	2009
weniger als ein Jahr	7,2%	7,3%	7,9%
Ein bis unter zwei Jahre	18,4%	15,0%	13,2%
Zwei bis unter drei Jahre	19,1%	14,4%	14,1%
Drei bis unter fünf Jahre	20,9%	23,9%	21,2%
Fünf bis unter zehn Jahre	16,8%	23,6%	22,4%
Zehn Jahre und mehr	17,6%	15,8%	21,2%

Anhand dieser Daten wird deutlich, dass seit 1997 der Anteil von Pflegebedürftigen zugenommen hat, die länger als fünf Jahre gepflegt wurden.

Nach dem GEK-Pflegereport 2009 haben Frauen im Durchschnitt 24,6 Monate in der Stufe I, 15,0 Monate in der Pflegestufe II und 4,4 Monate in der Stufe III verbracht. Die insgesamt überlebte Zeit mit Pflegeleistungen liegt bei 44 Monaten, also bei weniger als vier Jahren[508]. Die Frauen, die im Jahr 2000 erstmalig pflegebedürftig wurden, erhielten im Beobachtungszeitraum von 2000 bis Mitte 2009 durchschnittlich 20,4 Monate informelle Pflege, 9,7 Monate formell-ambulante Pflege und 13,9 Monate vollstationäre Pflege[509].

Nach den Ergebnissen der Untersuchung von Rothgang, Borchert und Knorr sind 23% der Pflegebedürftigen, die erstmalig in die Pflegestufe I eingestuft worden sind, nach zwei Jahren verstorben. Nur etwa die Hälfte der Pflegebedürftigen hat den 41. Monat nach Eintritt der Pflegestufe I überlebt[510]. Der Pflegeverlauf von Personen, die mit der Pflegestufe II erstmalig in die Pflege gelangen,

507 Runde/Giese/Kaphengst/Hess (2009), S. 26 f.

508 Rothgang/Kulik/Müller/Unger (2009), S. 19

509 Rothgang/Kulik/Müller/Unger (2009), S. 19

510 Rothgang/Borchert/Knorr (2005), S. 35, so das Ergebnis einer Untersuchung von ca. 15.000 Pflegebedürftigen im Alter von mindestens 50 Jahren, deren Pflegebedürftigkeit nach dem 1.1.1998 festgestellt wurde.

zeigt ein deutlich höheres Morbiditätsrisiko. Nach zehn Monaten sind bereits 50% der Pflegebedürftigen verstorben[511]. Diese Zahlen deuten darauf hin, dass auch nach dem Zeitraum von sechs Monaten Pflegezeit noch ein erhebliches Potential an familiärer Betreuung besteht. Bestätigt wird dieser Befund durch einen Blick auf den Pflegeleistungsverlauf nach Eintritt der Pflegestufen I-III mit Pflegegeld, also dem Personenkreis, der überwiegend ausschließlich die Pflege durch nahe Angehörige sicherstellt. Dabei ist festzustellen, dass nach vier Jahren Pflegebedürftigkeit insgesamt knapp zwei Drittel der Pflegebedürftigen nach wie vor ausschließlich Pflegegeld beziehen[512].

Nach aktuellen Berechnungen werden nach zwei Jahren Pflegebedürftigkeit 50% der Männer und 61% der Frauen nicht mehr zu Hause gepflegt[513]. Auf Basis der Verläufe von Pflegebedürftigen, deren Pflegebedürftigkeit im Jahr 2001 begonnen hat, haben Müller, Unger und Rothgang die Dauer der Pflegebedürftigkeit untersucht[514]. Innerhalb des rd. neun Jahre umfassenden Untersuchungszeitraums haben sie festgestellt, dass Männer je nach Alterskategorie gut zwei bis dreieinhalb Jahre und Frauen dreieinhalb bis fünf Jahre in Pflegebedürftigkeit verbracht haben. Insgesamt wurden die pflegebedürftigen Frauen im Alter von über 60 Jahren durchschnittlich 3,2 Jahre in häuslicher Umgebung betreut. Bei den vergleichbaren Männern liegt die durchschnittliche Pflegezeit bei 2,5 Jahren[515].

Die durchschnittliche wöchentliche Stundenzahl ehrenamtlicher Betreuung steht in Abhängigkeit zum Schweregrad der Pflegebedürftigkeit. Nach den Untersuchungen von Attias-Donfut umfasst

511 Rothgang/Borchert/Knorr (2005), S. 35

512 Rothgang/Borchert/Knorr (2005), S. 35, die in diesem Befund eine beachtliche Stabilität familialer Pflegearrangements erblicken.

513 Müller/Unger/Rothgang (2010), 236; Rothgang/Iwansky/Müller/Sauer/Unger (2010), S. 9.

514 Müller/Unger/Rothgang (2010), S. 236; Rothgang/Iwansky/Müller/Sauer/Unger (2010), S. 141

die Hilfe und Pflege durch Angehörige und Nachbarn ein mindestens dreimal so hohes Volumen im Vergleich zu professionellen Pflegediensten. Die Angaben über den tatsächlichen Zeitaufwand der Pflegeperson für die Pflege eines Angehörigen variieren sehr stark. Nach Dettbarn-Reggentin und Reggentin beträgt die Betreuungszeit in der häuslichen Pflege im Durchschnitt 8,8 Stunden pro Woche[516]. Nach aktuellen Angaben der Bundesregierung für das Jahr 2010 wenden die privaten Hauptpflegepersonen für die Betreuung der Pflegebedürftigen dagegen im Durchschnitt 37,5 Stunden pro Woche auf[517]. Bemerkenswert ist, dass der durchschnittliche Betreuungsaufwand der Pflegeperson im Zeitablauf zurückgegangen ist. Der durchschnittliche Betreuungsaufwand ist von 1988 von 45,5 Wochenstunden auf die besagten 37,5 Wochenstunden gesunken. Ein Grund für diesen verringerten Zeitaufwand der Pflegeperson sind zum einen die geschilderten Verschiebungen hin zu einem höheren Anteil von Pflegebedürftigen der Stufe I in der häuslichen Pflege. Des Weiteren spielen bessere Pflegeinfrastrukturangebote und eine höhere Erwerbsbeteiligung der Pflegeperson eine Rolle[518].

80% der Hauptpflegepersonen müssen rund um die Uhr zur Verfügung stehen und 50% müssen ihren Nachtschlaf wegen der Hilfe- und Pflegetätigkeit unterbrechen, davon 76% mehr als einmal in der Nacht[519].

Nach anderen Studien liegt der Zeitaufwand der Hauptpflegeperson für die Betreuung und Pflege bei 45,5 Wochenstunden, wobei der Betreuungsaufwand in Abhängigkeit zum individuellen Pflegebedarf steht[520]. Während bei der Betreuung von pflegebedürftigen Angehörigen, die in die Pflegestufe I eingruppiert wurden, ein Be-

515 Müller/Unger/Rothgang (2010), S. 236; Rothgang/Iwansky/Müller/Sauer/Unger (2010), S. 141
516 Dettbarn-Reggentin/Reggentin (2004), S. 25
517 Bundesministerium für Gesundheit (2011), S. 28
518 Bundesministerium für Gesundheit (2011), S. 29
519 Dettbarn-Reggentin/Reggentin (2004), S. 25 m.w.N.
520 Bundesministerium für Gesundheit und Soziale Sicherung (2009), S. 55

treuungsaufwand von 37,9 Wochenstunden festgestellt wurde, beläuft er sich bei Pflegebedürftigen der Pflegestufe III auf 60,6 Stunden. Nach dem Ergebnis einer relativ aktuellen Befragung von im Durchschnitt 54 Jahre alten pflegenden Angehörigen liegt der Pflegeaufwand in Deutschland bei rd. 39 Wochenstunden[521]. Die befragten berufstätigen Pflegenden gaben an, im Durchschnitt 32 Stunden Pflegearbeit in der Woche abzuleisten[522]. Deutlich geringer beziffern Böttcher, Selinger und Hauss die durchschnittliche Pflegedauer für Ostdeutschland. Danach pflegen erwerbstätige Frauen in Ostdeutschland im Durchschnitt 13 Stunden pro Woche (Männer: 9,5 Wochenstunden). Nicht erwerbstätige Frauen pflegen durchschnittlich 22,5 Wochenstunden[523].

Von Bedeutung ist zudem die Aufteilung der Pflegezeiten in die eigentlichen pflegerischen Betreuungsleistungen und die hauswirtschaftlichen Dienste. Dabei ist auffällig, dass der weitaus größte Zeitbedarf bei der Betreuung Pflegebedürftiger nicht durch die Pflege im engeren Sinne, sondern durch hauswirtschaftliche Dienste entsteht[524]. Zu diesen hauswirtschaftlichen Leistungen gehören Hilfen bei der Essenszubereitung und bei der Einnahme der Mahlzeiten, Unterstützung bei sozialen Kontakten und bei der Tagesgestaltung, Begleitung in öffentlichen Räumen und emotionale Zuwendungen. Nach dem von Heinmann-Koch ermittelten durchschnittlichen Zeitaufwand der Pflegepersonen von 35 Wochenstunden entfallen nur rd. 5½ Stunden auf die reine Pflegetätigkeit.

3. Ausweitung der Pflegezeit

Vor dem Hintergrund des zuvor erörterten Befundes ist von unterschiedlicher Seite die Forderung aufgestellt worden, die Dauer der

521 Lüdecke/Mnich (2009), S. 11
522 Lüdecke/Mnich (2009), S. 11
523 Böttcher/Selinger/Hauss (2009), S. 29
524 Rumpf (2007), S. 112 m.w.N.

Pflegezeit deutlich zu erhöhen[525]. Dabei wird zum einen darauf abgestellt, dass eine Verlängerung der Pflegezeit dem überwiegenden Wunsch der Betroffenen entspricht[526]. Zum anderen wird argumentiert, die Freistellung für einen Zeitraum von maximal sechs Monaten sei in vielen Fällen unzureichend. Insofern würde die Chance vertan, die Basis für ein ausreichendes Familienpflegepotential zu entwickeln, um dem steigenden Bedarf an häuslicher Pflege durch Angehörige Rechnung zu tragen[527]. In der Literatur wird eine Ausweitung der Pflegezeitdauer von verschiedenen Autoren mit unterschiedlichen Begründungen gefordert.

Blinkert und Gräf haben in ihrer Studie deutlich gemacht, dass mit Hilfe flexibler Arbeitszeitmodelle die Vereinbarkeit von Pflege und Erwerbsarbeit gestärkt werden kann und so positiv Einfluss auf die häusliche Pflege genommen und der prognostizierte „Heimsog" zumindest abgeschwächt werden kann. Dieser „Heimsog", also der zunehmende Anteil stationärer Leistungen in der Pflege, war bereits in den letzten Jahren feststellbar und dürfte sich durch eine höhere Frauenerwerbsbeteiligung und ein schrumpfendes Pflegepotential fortsetzen[528]. In der Konsequenz dessen dürften die Ausgaben der sozialen Pflegeversicherung weiter deutlich ansteigen. Zu dem von Blinkert und Gräf vorgeschlagenen Strategiebündel gehören Maßnahmen der Flexibilisierung der Arbeitszeit und Arbeitsorganisation, aber auch analog zum „Erziehungsjahr" ein gesetzlich gesichertes „Pflegejahr", das eine Wiederaufnahme des Arbeitsverhältnisses garantiert[529].

Rothgang, Kulik, Müller und Unger haben im GEK-Pflegereport 2009 die unterschiedlichen Pflegearrangements und den Wechsel zwischen den einzelnen Pflegearrangements (häusliche Pflege,

---

525 z.B. Bundesministerium für Familie, Senioren, Frauen und Jugend (2010a), Anlage, S. 2

526 Zentrum für Qualität in der Pflege (2010), S. 1

527 Rürup (2010), S. 2

528 s. Wille (2011), S. 2, wonach der Anteil der stationären Pflege von 31,40% im Jahr 2010 auf 33,99% im Jahre 2030 ansteigen wird.

529 Blinkert/Gräf (2009), S. 37

teilstationäre und vollstationäre Pflege) untersucht. Sie resümieren unter der Prämisse einer weiterhin zu erfolgenden Förderung der informellen Pflege im Hinblick auf die damit verbundene finanzielle Entlastung der Pflegeversicherung, dass die Förderung der häuslichen Pflege insbesondere zu Beginn der Pflegebedürftigkeit geschehen müsse. Dies sei der entscheidende Moment für die weitere Ausgestaltung der Sequenzen in den Pflegearrangements[530]. Diese Argumentation ist nachvollziehbar, da die Pflege zumeist ein dynamischer Prozess ist, der sich in verschiedene Phasen unterteilt und zumeist mit einer Unterstützungsphase im häuslichen Bereich des Pflegebedürftigen beginnt. Verschlechtert sich der Zustand des Pflegebedürftigen, kann in einer weiteren Phase die Notwendigkeit bestehen, die Pflege zu intensivieren und das Pflegearrangement umzustellen. In einer weiteren Phase ist dies bei weiterer Erhöhung des Pflegebedarfs des Pflegebedürftigen nicht mehr ausreichend und die Hinzuziehung professioneller Pflegekräfte erforderlich[531].

Für die Wahl zwischen den unterschiedlichen Pflegearrangements dürfte es für die betroffenen Pflegebedürftigen und deren Angehörigen von entscheidender Bedeutung sein, wie die Pflege mittelfristig sichergestellt wird. Dabei dürfte ein zwei- bis dreijähriger Zeitraum für die Pflegezeit den betroffenen Familien deutlich mehr Planungssicherheit geben als die gegenwärtig nur max. sechsmonatige Pflegezeit, so die vier Autoren[532]. Um eine der Zielsetzungen des Pflegezeitgesetzes, nämlich die mit der Stärkung der familiären Pflege verbundene Entlastung der Pflegeversicherung, in höherem Maße zu erreichen, sprechen die Ergebnisse von Rothgang, Kulik, Müller und Unger dafür, die maximale Pflegezeitdauer zu erweitern. Damit könnte frühzeitig zu Beginn der Pflegebedürftigkeit ein weiterer Anreiz für die Wahl der häuslichen familiären Pflege gesetzt werden.

---

530 Rothgang/Kulik/Müller/Unger (2009), S. 174
531 Franke/Reichert (2011), S. 36 m.w.N.
532 Rothgang/Kulik/Müller/Unger (2009), S. 174

Mit gleicher Zielrichtung plädieren Klenner und Pfahl für eine sog. „garantierte Optionalität“[533]. Sie verstehen darunter, dass die Arbeitnehmer die volle Optionalität hinsichtlich der Arbeitszeitdauer erhalten. Arbeitnehmer sollen danach einerseits berechtigt sein, die Arbeitszeit einseitig abzusenken, um die Pflege von Angehörigen zu übernehmen. Anderseits soll diese Wahlmöglichkeit der Arbeitnehmer kein einmaliger Akt sein. Vielmehr sollen Arbeitnehmer nach Beendigung der Pflege das Recht haben, die nur befristet vereinbarte Teilzeitphase wieder zu verlassen und wieder eine Vollzeittätigkeit aufzunehmen[534].

Diese Vorschläge gehen über das geltende Recht hinaus. Das Pflegezeitgesetz und das Teilzeit- und Befristungsgesetz sehen zwar die Möglichkeit vor, dass Arbeitnehmer ihre eigentlich mit dem Arbeitgeber vereinbarte Arbeitszeit einseitig verringern können. Die Möglichkeiten der (Wieder-)Verlängerung der Arbeitszeit nach Beendigung der Pflege sind jedoch begrenzt. Nach § 9 TzBfG hat der Arbeitgeber einen teilzeitbeschäftigten Arbeitnehmer, der ihm den Wunsch nach einer Verlängerung seiner vertraglich vereinbarten Arbeitszeit anzeigt, bei der Besetzung eines entsprechenden freien Arbeitsplatzes bei gleicher Eignung zu berücksichtigen, es sei denn, dass dringende betriebliche Gründe oder Arbeitszeitwünsche anderer teilzeitbeschäftigter Arbeitnehmer entgegenstehen. § 9 TzBfG enthält also keinen Rechtsanspruch des Arbeitnehmers auf (Wieder-) Verlängerung seiner Arbeitszeit[535]. Der Arbeitgeber ist nur verpflichtet, den teilzeitbeschäftigten Arbeitnehmer bevorzugt zu berücksichtigen. Diese bevorzugte Berücksichtigung ist allerdings mehrfach konditioniert durch

- das Vorhandensein eines entsprechenden freien Arbeitsplatzes,

---

533 Klenner/Pfahl (2008), S. 37 ff.

534 Klenner/Pfahl (2008), S. 38

535 Holwe/Kossens/Pielenz/Räder (2007), § 9 TzBfG Rdnr. 1

- die gleiche Eignung des die Verlängerung der Arbeitszeit beantragenden Arbeitnehmers
- das Nichtvorhandensein entgegenstehender dringender betrieblicher Gründe bzw. von Arbeitszeitwünschen anderer teilzeitbeschäftigter Arbeitnehmer.

4. Einwände gegen die Ausweitung der Pflegezeit

Gegen die Ausweitung der Dauer der Pflegezeit werden in der Literatur nicht unbeachtliche Gegenargumente vorgebracht. Dabei geht es zum einen um das Argument, eine verlängerte Pflegezeit würde die Unternehmen wegen der damit verbundenen weiteren Einschränkung der personellen Entscheidungsfreiheit zusätzlich belasten und damit Wachstum und Beschäftigung gefährden, sowie um das Argument, eine verlängerte Pflegezeit würde die Einkommens- und Karriereperspektiven von Frauen schwächen und insoweit zu einer Perpetuierung der Benachteiligung von Frauen führen. Beide Argumente gegen eine Verlängerung der Pflegezeit auf zwei bis drei Jahre werden nachfolgend dargestellt und bewertet.

4.1. Benachteiligung von Frauen

Eine Erhöhung der Dauer der Pflegezeit wird insbesondere von den Arbeitgeberverbänden abgelehnt, die per se einen gesetzlich fixierten Anspruch auf Freistellung zum Zwecke der Pflege naher Angehöriger als wirtschaftsfeindlich betrachten und die bereits die bestehende sechsmonatige Pflegezeit ablehnen[536]. Die Bundesvereinigung Deutscher Arbeitgeberverbände weist zudem darauf hin, dass die Intention des Gesetzgebers, die häusliche familiäre

---

536 Bundesvereinigung Deutscher Arbeitgeberverbände (2010), S. 1, nach Auffassung der Bundesvereinigung der Deutschen Arbeitgeberverbände gewährleisten nur zwischen Arbeitgeber und Arbeitnehmer unmittelbar vereinbarte Lösungen eine angemessene Berücksichtigung unternehmensspezifischer Gegebenheiten und individuelle Bedürfnisse der Arbeitnehmer mit Pflegeverantwortung.

Pflege zu fördern, dazu führen könnte, dass Frauen ihre Erwerbstätigkeit stark einschränken und insofern die Bemühungen, die Frauenerwerbsquote zu erhöhen, konterkariert werden[537].

Die Forderung nach einer längeren als der geltenden Pflegezeitdauer von sechs Monaten wird aber nicht nur von den Arbeitgebern, sondern auch von Untergliederungen der Gewerkschaften abgelehnt. Der DGB-Frauenkongress begründete seine Ablehnung gegenüber einer längeren Pflegezeit damit, dass eine langfristige Freistellung die Gefahr eines Ausstiegs der meist weiblichen Pflegenden aus dem Berufsleben berge[538]. Die daraus resultierende Vereinbarkeitsproblematik von Berufsarbeit, Familienarbeit und Pflege beträfe in erster Linie Frauen mit negativen Folgen für die eigene Berufsbiografie und für die eigene Rente[539]. Insofern hat der DGB in der Vergangenheit auch nur solche tarifvertraglichen Regelungen unterstützt, die den Beschäftigten kurzfristig die Übernahme von Pflegetätigkeiten ermöglichen.

Auf Seiten der politischen Parteien hat sich BÜNDNIS90/DIE GRÜNEN für eine enge zeitliche Begrenzung der Pflegezeit ausgesprochen, um Verdrängungseffekte zu Lasten von Frauen aus dem Erwerbsleben zu vermeiden[540]. BÜNDNIS90/DIE GRÜNEN haben deshalb einen Zeitraum für die Pflegezeit von einem Monat bis zu drei Monaten vorgeschlagen, also deutlich unter der geltenden Höchstdauer der Pflegezeit von sechs Monaten[541]. Nach Vorstellung der Bundestagsfraktion von BÜNDNIS90/DIE GRÜNEN sollte eine maximal dreimonatige Pflegezeit eingeführt werden, die vorrangig der Organisation der notwendig gewordenen Pflege und der Übernahme der Pflegebegleitung dient. Die Pflegezeit soll mit

---

537 Bundesvereinigung Deutscher Arbeitgeberverbände (2010), S. 1

538 Deutscher Gewerkschaftsbund (2006), S. 5; ebenso Backes/Amrhein/Wolfinger (2008a), S. 56 die allgemein befürchten, dass die Pflegezeit zu einem befristeten, aber angesichts der zeitlichen Langfristigkeit von familiärer Pflege in der Konsequenz zu einem kompletten Berufsausstieg motivieren könnte.

539 Bauer/Flieder (2007), S. 2

540 BÜNDNIS90/DIE GRÜNEN (2007), S. 2

541 Deutscher Bundestag (2010a), S. 1; Deutscher Bundestag (2012a), S. 2

einer steuerfinanzierten Lohnersatzleistung in Höhe von 50 Prozent des Nettogehalts – mindestens 300 Euro, maximal 1.000 Euro – einhergehen[542]. Parallel hierzu ist es nach den Überlegungen von BÜNDNIS90/DIE Grünen erforderlich, das Teilzeit- und Befristungsgesetz so weiter zu entwickeln, dass ein Rückkehrrecht für Arbeitnehmer zu der Arbeitszeit besteht, die für sie vor der Arbeitszeitreduzierung galt[543].

In der Tat besteht der vom DGB-Frauenkongress und BÜNDNIS90/DIE GRÜNEN benannte Zielkonflikt. Auf der einen Seite steht der Wunsch vieler Beschäftigter, ihre Angehörigen bedarfsgerecht selbst zu pflegen, wozu auch eine Entscheidung über die Dauer der Pflege und damit der Länge der zu beanspruchenden Freistellung gehört. Auf der andere Seite besteht die Befürchtung, dass zumeist Frauen diese Wahlmöglichkeit wahrnehmen, nicht oder nur unter erschwerten Voraussetzungen (Qualifizierungsverlust durch Zeitablauf) ihre Tätigkeit wieder aufnehmen und damit das Ziel einer Gleichberechtigung und Gleichstellung von Frauen und Männern im Erwerbsprozess gefährdet ist. Betrachtet man die Studien zur Wirkung des Elternurlaubs bzw. der Elternzeit, so ergibt sich ein eindeutiges Bild: Die Wahrscheinlichkeit zur Rückkehr auf den Arbeitsplatz bzw. ins Erwerbsleben sinkt mit zunehmender Ausdehnung der Elternzeit[544]. Eine ähnliche Wirkung dürfte auch bei der Freistellung wegen Pflegezeit zu erwarten sein.

Die Pflegetätigkeit berührt aber nicht nur die (Re-)Integrationsmöglichkeiten von Frauen in den Erwerbsprozess, sondern hat nach geltendem Recht auch nachteilige Konsequenzen für die Rentenhöhe der pflegenden Frauen. Insofern verschärft der höhere Pflegeanteil von Frauen die bereits bestehenden unterschiedlichen Rentenhöhen von Frauen und Männern[545]. Daneben bzw. als übergeordneter Aspekt stellt sich im Hinblick auf die Unterstüt-

542 Deutscher Bundestag (2010a), S. 1
543 Deutscher Bundestag (2010a), S. 1 u. 3
544 Spieß (2010), S. 4 m.w.N.
545 s. Backes/Wolfinger/Amrhein (2008), S. 139

zung der Pflegeübernahme die Problematik einer drohenden Festschreibung bestehender Ungleichheiten der Geschlechter und einer einseitigen Zuständigkeitszuweisung für Betreuungsaufgaben und den damit verbundenen Belastungen für Frauen[546]. Im Folgenden soll der Versuch unternommen werden, diese Ambivalenz zwischen der Einräumung von weiteren Freiheiten für Pflegende in Form von längeren Freistellungszeiten und der Gefahr der Festschreibung bestehender Ungleichheiten zwischen Männer und Frauen aufzulösen.

4.1.1. Geschlechterverteilung bei der Pflegeübernahme

Die Geschlechterverteilung der Pflege naher Angehöriger ist relativ gut untersucht. Alle Untersuchungen kommen zu dem Ergebnis, dass die familiäre Pflege zum ganz überwiegenden Teil von Frauen geleistet wird.

Nach einer Studie von Reichert liegt der Frauenanteil bei der häuslichen Pflege in Deutschland bei 82,2%[547]. Schneekloth und Leven geben den Frauenanteil an der häuslichen Versorgung mit 73% an[548]. Nach anderen Untersuchungen liegt der Anteil der weiblichen Pflegenden bei 90%[549] bzw. bei 79,3%[550]. Nach Angaben der Bundesregierung, die sich auf die Untersuchung von Hammer und Bartjes stützt, sind mindestens 20% der Hauptpflegepersonen in der häuslichen Pflege Männer[551]. Bei diesen Prozentangaben ist aber zu berücksichtigen, dass die einschlägigen Untersuchungen bei der Geschlechterverteilung allein das Verwandtschaftsverhältnis zugrunde gelegt haben und insofern – mangels eines Verwandtschaftsverhältnisses – die Betreuung des Ehepartners keine Berücksichtigung gefunden hat[552]. Nach Jentz-

[546] Barkholdt/Lasch (2004), S. 4
[547] Reichert (2003), S. 217
[548] Schneekloth/Leven (2003, S. 34
[549] Braun (1983), S. 211
[550] Runde/Giese/Kaphengst/Hess (2009), S. 57
[551] Deutscher Bundestag (2010), S. 5
[552] so Rettl (2007), S. 9

sch liegt der Anteil von Frauen und Männern bei der Pflege des Ehepartners ungefähr gleich hoch[553]. Der höhere Anteil von Frauen besteht insofern im Wesentlichen bei der Pflege der Eltern, respektive der Schwiegereltern[554]. Dieser Befund wird in Teilen von Künemund in Frage gestellt. Er weist darauf hin, dass nach den Daten aus dem Alters-Survey 1996 7% der 40-85-Jährigen Männer einen Schwiegerelternteil betreuen. Im Vergleich hierzu sind es bei Frauen auch nur 8%[555].

Nach Schneekloth und Müller sind es zu 23% die Töchter, zu 20% die Partnerinnen, zu 11% die Mütter und zu 10% die Schwiegertöchter, die die häusliche Pflege übernehmen[556]. Männliche Verwandte oder Nachbarn spielen bei der Pflege nur eine untergeordnete Rolle. So sind nur 2% der Väter und 5% der Söhne in der familiären Pflege tätig[557].

Die empirischen Daten belegen trotz der unterschiedlichen Prozentangaben deutlich, dass die familiäre Pflegearbeit überwiegend von Frauen geleistet wird. Frauen sind also durch die physischen und psychischen Anstrengungen der Pflege am stärksten belastet. Neben diesen Belastungen kommt in vielen Fällen hinzu, dass die pflegenden Frauen noch selbst eigene Kinder unter 18 Jahren zu betreuen haben. Nach der Infratest-Repräsentativerhebung aus dem Jahr 1998 haben nur 16% der Hauptpflegepersonen keine Kinder[558]. Dagegen haben 6% der Hauptpflegepersonen Kinder unter 6 Jahren, 10% Kinder zwischen 6 und 13 Jahren und 10% Kinder zwischen 14 und 17 Jahren[559]. Insgesamt haben somit rd. 26% der Hauptpflegepersonen Kinder im Alter bis zu 18 Jahren.

553 Jentzsch (2004), S. 40
554 Rettl (2007), S. 9
555 Künemund (2005), S. 305
556 Schneekloth/Müller (2000), S. 52
557 Schneekloth/Müller (2000), S. 52
558 Bundesministerium für Gesundheit und soziale Sicherheit (2000), S. 54
559 Bundesministerium für Gesundheit und soziale Sicherheit (2000), S. 54

Die Gründe für die weit überwiegende Leistung der Pflegetätigkeit durch Frauen sind relativ wenig erforscht[560]. Monokausale Ansätze, wie die Tatsache, dass wegen der höheren Lebenserwartung und des in der Regel geringeren Alters meist Frauen ihren Ehepartner pflegen, dürften zwar einen Erklärungsansatz liefern. Aufgrund der prognostizierten bleibenden Differenz bei der Lebenserwartung werden Frauen auch in Zukunft häufiger eher ihren Partner pflegen als umgekehrt[561]. Als einziges Erklärungsmuster für die Dominanz von Frauen in der häuslichen Pflege greift dieser Ansatz aber zu kurz. Die unbezahlte häusliche Arbeit ist trotz der zunehmenden Frauenerwerbstätigkeit immer noch frauendominiert. Die Gründe hierfür liegen im tradierten Rollenbild der Alleinverdienerehe, in der der Ehemann für das Familieneinkommen durch Erwerbstätigkeit Verantwortung übernimmt. Die Gründe sind aber auch in der noch immer vorhandenen geringeren Entlohnung von Frauen auf dem Arbeitsmarkt zu suchen. Der unbereinigte Gender-Pay-Gap liegt relativ konstant bei 23%. Gerade Familien im unteren und mittleren Einkommenssegment haben insoweit nur wenige Wahlmöglichkeiten zur Verteilung der Pflege auf verschiedene Personen.

4.1.2. Einstellungshindernis für Frauen

Nach dem bisherigen Datenmaterial ist auch zukünftig davon auszugehen, dass die Ansprüche auf Verringerung oder Freistellung von der Arbeit wegen Pflege überwiegend von Frauen geltend gemacht werden. Dieser Umstand kann dazu führen, dass das Pflegezeitgesetz, das primär der Verbesserung der Vereinbarkeit von Beruf und Pflege dienen soll, im Ergebnis zu einer Benachteiligung von Frauen führen könnte, indem Arbeitgeber diesen Aspekt bereits bei der Einstellung von Frauen berücksichtigen[562].

560 s. Schneider/Drobnic/Blossfeld (2001), S. 366, die zwar betonen, dass die intergenerationale Pflege vor allem Frauensache sei, dass darüber hinaus aber kaum Untersuchungen über die Gründe hierfür besten.

561 so Helfferich (2008), S. 44

562 Waldenmaier/Langenhan-Komus (2008), S. 314

Dabei ist es denkbar, dass Arbeitgeber eher vor einer Beschäftigung weiblicher Arbeitskräfte zurückschrecken, da bei ihnen eine höhere Wahrscheinlichkeit besteht, dass sie künftig Pflegezeit in Anspruch nehmen. Die Situation ist vergleichbar mit den Auswirkungen von Ansprüchen nach dem Teilzeit- und Befristungsgesetz sowie dem Bundeselterngeld- und Elternzeitgesetz. So zeigen Untersuchungen zum Anspruch auf Teilzeit nach dem TzBfG, dass rd. ein Drittel der befragten Unternehmen im Anspruch auf Teilzeitarbeit ein Einstellungshemmnis gesehen haben[563].

Die Gefahr, dass allein durch die höhere Wahrscheinlichkeit einer Pflegetätigkeit von weiblichen Angehörigen die Einstellungsbereitschaft der Arbeitgeber gegenüber Frauen rückläufig sein wird, scheint jedoch nur gering sein. Zum einen ist zu berücksichtigen, dass bereits eine Vielzahl von arbeitsrechtlichen Schutzvorschriften für Frauen existieren, die in ihrer Reichweite und in ihren Auswirkungen auf die betriebliche Praxis – insbesondere auf die Personalbewirtschaftung – weit größere Bedeutung haben als die Vorschriften des Pflegezeitgesetzes. Zu nennen sind hierbei das Mutterschutzgesetz, das Bundeselterngeld- und Elternzeitgesetz und das Teilzeit- und Befristungsgesetz. Zum anderen dürften Fragen des Arbeitgebers im Rahmen von Einstellungsgesprächen hinsichtlich einer zu erwartenden Pflegebedürftigkeit unter den Anwendungsbereich des AGG fallen und unzulässig sein[564].

Dennoch darf nicht unberücksichtigt bleiben, dass signifikante Unterschiede zwischen dem Mutterschutz bzw. der Kinderbetreuung und der Pflegearbeit bestehen. Pflegende Frauen sind in der Regel älter als Kinder erziehende Frauen, sie haben größere Wiedereinstiegsprobleme, der Beginn der Pflege kann plötzlich auftreten und die Dauer der Pflegenotwendigkeit ist schwer absehbar. Schließlich unterscheidet sich das Verhältnis von Pflegebedürftigen und Pflegenden von der Beziehung zwischen Eltern und Kin-

---

563 Wanger (2004), S. 5
564 Waldenmaier/Langenhan-Komus (2008), S. 314

dern und Pflegeheime haben einen schlechteren Ruf als Kindergärten[565].

4.1.3. Anreize zur geschlechtergerechten Pflegeübernahme

Dennoch sind die dahinterstehenden Überlegungen – also konkret die Frage, ob ähnlich wie bei der Elternzeit durch konkrete gesetzliche Anreiz- und Steuerungselemente die Pflegearbeit von Frauen und Männer gleichgewichtiger aufgeteilt werden kann – von besonderem Interesse. So kritisiert Auth, dass zwar „Papamonate", also Anreize für Väter zur Übernahme der Kindererziehung gesetzt wurden, aber nicht darüber diskutiert wird, mit welchen Maßnahmen die Pflegearbeit „gerechter" verteilt werden kann[566].

Da die Pflegezeit in ihrer Struktur den Freistellungsmöglichkeiten von der Arbeit im Rahmen der Elternzeit sehr ähnelt und nach der Gesetzesbegründung zum Pflegezeitgesetz viele Vorschriften dem BEEG nachgebildet sind, liegt die Vermutung nahe, dass sich auch die Auswirkungen auf die Beschäftigungs- und Karriereperspektiven von Frauen nach dem BEEG und dem PflegeZG in etwa entsprechen. Auch die Verteilung der Inanspruchnahme von Elternzeit und tatsächlicher Pflege von nahen Angehörigen ist vergleichbar. Nach den bereits erwähnten Untersuchungen sind ca. 80-90% in häuslicher Umgebung Pflegende weiblichen Geschlechts. Nach Erkenntnissen der Bundesregierung lag im Jahr 2004 der Anteil der Väter in Elternzeit (damals Erziehungsurlaub) bei 5%[567]. Am 1.1.2007 ist das Bundeselterngeld- und Elternzeitgesetz in Kraft getreten. Damit wurde für Geburten ab dem 1.1.2007 das bisherige Erziehungsgeld durch das Elterngeld abgelöst. Nach den Erkenntnissen der Bundesregierung hat sich der Anteil der Männer, die wegen Elternzeit Elterngeld beansprucht haben, gegenüber dem Jahr 2004 deutlich erhöht. Danach betrug

565 Auth (2006), S. 346
566 Auth (2006), S. 353
567 Deutscher Bundestag (2004), S. 2

der Anteil der Männer, die Elternzeit in Anspruch genommen haben, im Jahr 2009 bereits 23%[568].

Da insofern das Verhältnis von Männern und Frauen bei der Inanspruchnahme der Freistellungsmöglichkeiten bei Eltern- und Pflegezeit vergleichbar ist, soll nachfolgend auf die bereits vorliegenden Untersuchungen bezüglich der kurz- und längerfristigen Folgen der Elternzeit eingegangen werden. Aus Sicht des Verfassers lassen sich wegen der skizzierten groben rechtlichen und tatsächlichen Parallelen zwar Rückschlüsse auf die Folgen der Pflegezeit ableiten. Allerdings gibt es signifikante Unterschiede zwischen Elternzeit und Pflegezeit, die in dem unterschiedlichen Alter der Betreuungspersonen, des Entgeltersatzes während der Freistellung und der unterschiedlichen Berechenbarkeit der Betreuungsnotwendigkeit begründet sind.

4.1.4. Humankapitaltheorie

Die empirischen Befunde der kurz- und längerfristigen Folgen des Erziehungsurlaubs/Elternzeit auf den Karriereverlauf von Frauen zeigen, dass sich mit zunehmender Dauer der Elternzeit die Karrierechancen von Frauen verringern[569]. Auf kurze Sicht, also bei relativ kurzer Inanspruchnahme von Erziehungsurlaub/Elternzeit, müssen Frauen bei Rückkehr aus der Elternzeit keinen unmittelbaren Einkommensverlust in Kauf nehmen[570]. Frauen, die nach der Elternzeit tatsächlich bei ihrem Arbeitgeber beschäftigt bleiben, weisen nach der Untersuchung von Ziefle aus dem Jahr 2004 in diesen Fällen sogar eine vergleichsweise positive Lohnentwicklung auf[571]. Allerdings reicht dies bei langen Unterbrechungsphasen nicht aus, um die Humankapitalentwertung und die fehlende berufliche Weiterbildung auszugleichen.

568 Statistisches Bundesamt (2010), S. 1
569 Ziefle (2004), S. 213
570 Ziefle (2004), S. 228
571 Ziefle (2004), S. 228

Ziefle kommt daher zu dem Ergebnis, dass sich zwar beim Wiedereinstieg von Frauen nach der Elternzeit keine deutlichen Karrierenachteile ergeben, diese sich aber im weiteren Erwerbsverlauf darstellen. Die Gründe für einen derartigen Befund bleiben allerdings im Unklaren. Nach Ziefle sind zwei Erklärungen denkbar: Zum einen besteht die Möglichkeit, dass sich durch eine Erwerbsunterbrechung die Erwerbsorientierung der Frauen tatsächlich geändert hat. Zum anderen könnte der Arbeitgeber die Entscheidung, Elternzeit zu beanspruchen, als Signal einer geringeren Erwerbsorientierung der betroffenen Frauen auffassen und deshalb vergleichsweise weniger in die berufliche Förderung und innerbetriebliche Weiterbildung investieren[572].

Diese empirischen Befunde bei der Elternzeit belegen die allgemeinen Arbeitsmarkttheorien, wonach Erwerbsunterbrechungen einen negativen Effekt auf den weiteren Karriereverlauf haben[573]. Nach der Humankapitaltheorie gilt, dass die geschlechtsspezifischen Lohnunterschiede und die geringeren Karriereperspektiven von Frauen u.a. darauf zurückzuführen sind, dass Frauen häufiger und länger ihre Erwerbstätigkeit unterbrechen als Männer. Nach dem humankapitaltheoretischen Ansatz lässt sich so ein Zusammenhang zwischen der Dauer der Arbeitsunterbrechung und unterschiedlichen Einkommens- und Aufstiegschancen von Frauen und Männern ableiten. Humankapital beschreibt dabei alle Fähigkeiten, welche die Produktivität eines Individuums bestimmen. Durch die Arbeitsunterbrechung tritt – bedingt durch die zwischenzeitlich eintretenden Veränderungen der Berufsbilder, Arbeitstechniken und Einsatzbereiche – eine Humankapitalentwertung ein[574]. Zudem kann berufsspezifisches Wissen nicht weiter akkumuliert werden und vorhandene Kenntnisse verlieren an Wert, weil Fähigkeiten veralten. Die dadurch bedingte Produktivitätsabsen-

[572] Ziefle (2004), S. 228
[573] s. Radke/Störmann (1998), S. 100
[574] Mürner (2004), S. 4; Labeit (2007), S. 59

kung führt bereits mittelfristig zu geringerer Lohnhöhe und zu Karriereeinbrüchen.

Befragungen von Unternehmen belegen, dass die Dauer der Arbeitsfreistellung einen signifikanten Einfluss auf die weiteren Einkommens- und Karriereperspektiven hat. Danach betrachten 80% der befragten klein- und mittelständischen Unternehmen eine Unterbrechung von drei bis fünf Jahren als schädlich[575]. Bei einer maximal zwei Jahre dauernden Erwerbsunterbrechung von Frauen sahen die befragten Unternehmen das Problem der Humankapitalentwertung als nicht gravierend an[576]. Insgesamt ist somit festzuhalten, dass es durch Erwerbsunterbrechungen wegen der Kindererziehung zu Einkommensverlusten und Karrierebrüchen von Frauen kommt. Generell kann – insbesondere vor dem Hintergrund der hier zu untersuchenden Problematik einer Erwerbsunterbrechung wegen Pflege – festgestellt werden, dass Nichterwerbstätigkeitsphasen unabhängig von der Art der Unterbrechung einen negativen Effekt auf die Einkommensentwicklung haben, wobei mit steigender Dauer der Unterbrechung dieser Effekt zunimmt[577].

Dieser Befund spricht wegen der damit verbundenen überproportionalen Nachteile für weibliche Pflegende gegen die Verlängerung der Pflegezeit auf zwei bis drei Jahre. Vielmehr noch: Nach der Humankapitaltheorie und den bei der Elternzeit zu attestierenden negativen Folgen längerfristiger Freistellungen ist es zur Vermeidung von Einkommensverlusten oder Karriereeinbrüchen insbesondere von Frauen geboten, die Dauer der Pflegezeit möglichst kurz zu bemessen.

---

575 Pfarr (1994), S. 311
576 Labeit (2007), S. 123 m.w.N.
577 so Labeit (2007), S. 160 m.w.N.

4.1.5. Unterschiede Elternzeit und Pflegezeit

Dennoch bestehen zwischen Elternzeit und Pflegezeit signifikante Unterschiede, die es fraglich erscheinen lassen, ob sich die bei der Elternzeit festgestellten negativen Auswirkungen auf Einkommen und Karriereperspektiven tatsächlich auf die Pflegezeit übertragen lassen. Entscheidend dürften dabei die Unterschiede beim Alter der betroffenen Frauen sein. So lag das durchschnittliche Alter von Frauen bei der Geburt ihres ersten Kindes im Jahr 2000 bei 28,9 Jahren[578]. Dagegen werden pflegebedürftige Angehörige weit überwiegend von weiblichen Angehörigen gepflegt, die sich in einem Alter zwischen 50 und 70 Jahren befinden. Einkommensnachteile auf der mittelfristigen Zeitschiene und Nachteile in der weiteren Karriere sind aber für diesen Personenkreis, der sich im Rentenalter bzw. in den letzten Erwerbsjahren befindet, von nicht mehr so entscheidender Bedeutung, wie bei den Frauen im Alter von 20 bis 50 Jahren.

So hat Labeit in Bezug auf die Erwerbsunterbrechung wegen der Geburt eines Kindes festgestellt, dass für ältere Frauen die negativen Effekte der Erwerbsunterbrechung wegen der Inanspruchnahme von Elternzeit geringer ausfallen, da sich ihre künftige mögliche Erwerbsdauer über einen kürzeren Zeitraum als für jüngere Frauen erstreckt[579]. Basierend hierauf folgert Winker, dass durch die Übernahme der Pflege auch nur in Grenzen die Erwerbsquote eingeschränkt wird[580]. Ein höheres Alter bei der Erwerbsunterbrechung kann insofern nach der bereits erörterten Signaltheorie als Zeichen für eine höhere Erwerbsorientierung gedeutet werden, da die betroffenen Frauen gegenüber ihrem Arbeitgeber die Absicht der Fortsetzung ihrer Erwerbstätigkeit deutlich gemacht haben. Andere Untersuchungen kommen dagegen zum gegenteiligen Ergebnis. Danach haben frühere Unterbrechungen der Erwerbstätigkeit geringere Auswirkungen, da mit

578 Bundesministerium für Familie, Senioren, Frauen und Jugend (2010), S. 22

579 Labeit (2007), S. 93

580 Winker (2008), S. 54

steigendem Lebensalter und zunehmender Berufserfahrung die Einkommensverluste höher sind[581].

4.1.6. Zwischenfazit

Im ersten Gleichstellungsbericht der Bundesregierung wird ausgeführt, dass im Rahmen einer aktiven Gleichstellungspolitik neben den Zielen der Gleichstellung gleichzeitig auch weitere Zukunftsforderungen, die sich für die Gesellschaft insgesamt und somit für beide Geschlechter stellen, zu identifizieren und angemessene Antworten zu entwickeln seien[582]. Dabei gilt es, die Vereinbarkeit der Erwerbsarbeit mit anderen gesellschaftlich gewünschten Tätigkeiten zu verknüpfen und gleichzeitig zu verhindern, dass sich dadurch bedingte Unterbrechungen der Erwerbsarbeit nachteilig auf Einkommen und Karriere auswirken.

Die individuell bedeutsame Ausgestaltung einer bedarfsgerechten Pflege allein an formalen Zielen der Gleichstellung von Frau und Mann auszurichten, würde den Bedarfen und Wünschen der pflegebedürftigen Menschen und deren nahen Angehörigen nur unzureichend gerecht werden. In Anschluss an Amartya Sen stellt die Bundesregierung bei ihrer Gleichstellungspolitik deshalb in den Vordergrund, dass die Individuen vor allem mit den Fähigkeiten ausgestattet werden sollen, die es ihnen erlauben, ihre Ziele zu erreichen[583]. Konkret geht es um Verwirklichungschancen als „die Möglichkeiten oder umfassende Fähigkeiten von Menschen, ein Leben führen zu können, für das sie sich aus guten Gründen entscheiden (…)[584]. Aus Sicht des Verfassers gebührt der freien Entscheidung und dem Wunsch der betroffenen Pflegenden bei dem eingangs beschriebenen Zielkonflikt in der Abwägung aller vorgenannten Argumente der Vorrang. Die damit verbundenen Nachteile hinsichtlich Einkommen und Karriereperspektive gerade für

---

[581] Deutscher Bundestag (2011), S. 124 m.w.N.
[582] Deutscher Bundestag (2011); S. 46
[583] Deutscher Bundestag (2011), S. 46
[584] Deutscher Bundestag (2011); S. 46 f.

Frauen könnten durch entsprechende flankierende Maßnahmen zumindest abgeschwächt werden, wie später noch erörtert wird.

Die Entscheidung, einen nahen Angehörigen selbst zu pflegen und dafür seine Arbeit temporär aufzugeben bzw. einzuschränken, sollte nicht durch allgemein politische Wertungen oder frauenpolitische Zielvorstellungen überlagert werden. Durch die Pluralisierung von Lebensentwürfen entwickeln sich auch die Arbeitszeitwünsche der Beschäftigten auseinander. Je nach Lebenslage und Lebensphase variieren die Arbeitszeitwünsche, so dass in der Konsequenz ein möglichst breiter zeitlicher Spielraum einzuräumen sein dürfte, um den unterschiedlichen Anforderungen der Beschäftigten an eine Vereinbarkeit von Erwerbstätigkeit und Pflegeübernahme zu gewährleisten und um eine Stabilisierung des Pflegepotentials zu erreichen.

Wichtig erscheint in diesem Zusammenhang auch die im GKV-Pflegereport 2009 getroffene Feststellung, wonach der Zeitpunkt der Beginn der Pflege entscheidend für das weitere Pflegearrangement ist[585]. Bei in der Regel ungewisser Dauer der Pflege dürfte die Bereitschaft zur Pflegeübernahme deutlich geringer ausfallen, wenn bereits bei Pflegeübernahme feststeht, dass nach sechs Monaten – oder sogar wie teils gefordert nach drei Monaten – ein anderes Pflegearrangement gewählt werden muss, weil der Freistellungsanspruch gegenüber dem Arbeitgeber nach diesem Zeitraum endet.

Eine verlängerte maximale Dauer der Pflegezeit über sechs Monate hinaus würde auch der Argumentation von Allmendinger, Dressel und Ebener Rechnung tragen[586]. Diese haben zur Vermeidung von Doppelbelastungen, die sich gerade für Frauen aus der gleichzeitigen Erwerbsarbeit und Pflegetätigkeit ergeben, eine Trennung der beiden Bereiche vorgeschlagen. Ziel ist dabei eine

---

585 Rothgang/Kulik/Müller/Unger (2009), S. 174

586 Allmendinger/Dressel/Ebner (2006), S. 170; zustimmend: Helfferich (2008), S. 44

zeitliche Entzerrung von Lebensverläufen, verbunden mit der Möglichkeit, Tätigkeiten, die bisher zeitlich parallel durchgeführt wurden, sequentiell auszuüben[587].

Insofern wäre es unter Abwägung aller Argumente aus Sicht des Verfassers durchaus sinnvoll, die derzeitige sechsmonatige Höchstdauer der Pflegezeit auszudehnen. Die Verlängerung der maximalen Anspruchsdauer der Pflegezeit führt zu einer Erhöhung des eigenen Nutzens durch eine längere Möglichkeit der Betreuung des pflegebedürftigen Angehörigen. Dabei kommt entsprechend der durchschnittlichen tatsächlichen Pflegedauer und aus den Ergebnissen von Unternehmensbefragungen ein Zeitraum von zwei bis drei Jahren in Betracht, wobei der Dreijahreszeitraum den Vorteil einer Parallelität mit der Zeitdauer im Rahmen der Elternzeit aufweist.

Eine Begrenzung der Pflegezeit auf zwei Jahre wird in der Literatur mit dem Argument für adäquat erachtet, dass die typischen Pflegeverläufe kürzer sind[588]. Eine darüber hinausgehende Ausdehnung der Pflegezeit erscheint dagegen wenig sinnvoll. Denn selbst wenn die Pflegezeit auf fünf Jahre ausgedehnt würde, würde dies für rd. ein Viertel der Pflegebedürftigen immer noch nicht ausreichend sein, um die permanente Betreuung des Pflegebedürftigen sicherzustellen[589].

4.1.7. Gleichstellungsaspekte

Im Folgenden soll unter der Prämisse einer auf zwei bis drei Jahre zu verlängernden Pflegezeit der Frage nachgegangen werden, ob durch staatliche Anreizsysteme oder andere Maßnahmen, die mit der vorgeschlagenen Verlängerung der Pflegezeit befürchtete Erwerbs- und Karrierebenachteiligung von Frauen kompensiert werden kann. Der sich hinter dieser Fragestellung verbergende

587 Allmendinger/Dressel/Ebner (2006), S. 170
588 Rothgang/Iwansky/Müller/Sauer/Unger (2010), S. 8 f.
589 Rothgang/Iwansky/Müller/Sauer/Unger (2010), S. 8 f.

Sachverhalt besteht in der zwar zunehmenden Geschlechteregalität in der Verteilung der Erwerbsarbeit auf der einen Seite sowie auf der stark dahinter zurückbleibenden Geschlechteregalität bei der Familienarbeit insbesondere im Bereich der Pflege von Angehörigen. Diese Fragestellung wird mit der zunehmenden Auflösung der ausschließlichen Orientierung an der traditionellen Frauenrolle an Bedeutung zunehmen.

Eine bloße Verlängerung der Pflegezeit über die geltende Dauer von sechs Monate hinaus würde – wie bereits ausgeführt – eher zu einer Perpetuierung dieses Zustands führen. Dieser Befund resultiert – wie Helfferich es beschrieben hat – aus einem kaum zu lösenden Spannungsverhältnis. Einerseits werden Maßnahmen zur besseren Vereinbarkeit von Familie und Beruf geschaffen, die zu einer Angleichung der Erwerbsverläufe von Frauen und Männern führen sollen. Andererseits können diese Vereinbarkeitsregelungen dazu führen, dass es zu einer Verstetigung der traditionellen Arbeitsteilung zwischen Frauen und Männern einhergehend mit einer Arbeitszeitreduzierung der Frauen kommt[590]. Zu überlegen ist deshalb, ob und welche Maßnahmen geeignet sind, die mit der bloßen Verlängerung der maximalen Dauer der Pflegezeit befürchteten überwiegenden Inanspruchnahme der Pflegezeit von Frauen in Richtung einer stärkeren geschlechteregalitären Verteilung der Pflegeübernahme zu verändern.

In der Literatur finden sich insbesondere zur Frage der Vereinbarkeit von Erwerbsarbeit und Kindererziehung Lösungsansätze, mit Hilfe derer die negativen Folgen der überwiegend von Frauen geleistete Familienarbeit im Hinblick auf die Höhe des Arbeitsentgelts und die Karrierechancen abgemildert werden können. Abstrakt gesehen geht es dabei um die Frage, wie die geschlechtliche Verteilung von Arbeit im weitesten Sinne durch sozialpolitische Regulierungen oder Anreizsysteme gefördert werden kann.

590 Helfferich (2008), S. 39

Die grundsätzliche Wirksamkeit derartiger (staatlicher) Lenkungsmaßnahmen zur verbesserten Geschlechterverteilung dürfte mittlerweile unbestritten sein[591]. Die Praxisbeispiele aus Schweden und Deutschland belegen diese Wirksamkeit eindrucksvoll. In Schweden haben seit dem Jahr 1974 auch Väter das Recht, Elternzeit zu beanspruchen. In der Folge stieg der Anteil der Elternzeittage, die pro Jahr von den Vätern übernommen wurden, von 0,5% im Jahr 1974, über rd. 7% im Jahr 1987 auf 10,9% im Jahr 1994[592]. Im Jahr 1995 wurde der 30 Tage umfassende „Papa-Monat" durch bezahlten Elternurlaub eingeführt und im Jahr 2002 auf 60 Tage ausgedehnt. Der Anteil der Väter in Elternzeit stieg daraufhin bis zum Jahr 2004 auf 18,7% an[593]. Diese Entwicklung zeigt nach Beckmann, dass die Entwicklung der Familienarbeit von Männern in Zusammenhang mit sozialpolitischen Aspekten steht und dadurch gefördert wurde, indem Rahmenbedingungen geschaffen wurden, die eine partnerschaftliche Arbeitsteilung für Paare mit Kindern ermöglichen[594].

In Deutschland ist zum 1.1.2007 das Elterngeld eingeführt worden. Damit sollte die gesellschaftliche Realität der Erwerbstätigkeit der Eltern anerkannt werden. Für einen maximalen Zeitraum von 14 Monaten wird dem Elternteil, der wegen der Kindererziehung seine Erwerbstätigkeit aufgibt, eine Lohnersatzleistung in Höhe von 67% des letzten Einkommens gewährt. Elterngeld für zwei der 14 Monate wird nur dann gezahlt, wenn auch der andere Elternteil die Kinderbetreuung übernimmt (sog. „Vätermonate"). Beckmann kritisiert, dass es zwar einen geschlechterkulturellen Wandel hinsichtlich der Verteilung von Arbeit zwischen Männern und Frauen gegeben hat, der auf der sozialpolitischen Ebene jedoch bis auf das Elterngeld nicht nachvollzogen wurde[595].

---

591 Beckmann (2007), S. 379; Beckmann (2008), S. 6
592 Beckmann (2007), S. 378 m.w.N.
593 Beckmann (2007), S. 378
594 Beckmann (2008), S. 6
595 Beckmann (2007), S. 382

Eine sinngemäße Übertragbarkeit der Regeln für die sog. Vätermonate nach dem BEEG auf das PflegeZG wäre aber keine angemessene Lösung. Zwar würde dadurch die Verstetigung unterbrochener Erwerbsverläufe von Frauen durch die Pflegeübernahme in Richtung geschlechteregalitärer Pflegeverantwortung zumindest teilweise befördert. Im Gegensatz zur Gleichheit des Verwandtschaftsverhältnisses der Mutter und des Vater zum zu betreuenden Kind nach dem BEEG liegen in aller Regel unterschiedliche Verwandtschaftsverhältnisse zum zumeist älteren Pflegebedürftigen vor. Diese unterschiedlichen Verwandtschaftsverhältnisse – und damit zumeist bedingt auch unterschiedliche Vertrauens- und Näheverhältnisse – rechtfertigen es nicht, analog zum BEEG eine Verlängerung der Pflegezeit vorzunehmen, wenn beide Ehepartner die Angehörigenpflege übernehmen.

Eine weitere Möglichkeit, den durch die Pflegeübernahme für Frauen eintretenden Einkommens- und Karriereverlust abzumildern, wäre die Einführung verpflichtender Qualifizierungen während der Pflegezeit. Um den beschriebenen Verlust von Humankapital während einer Erwerbsunterbrechung zu vermeiden bzw. zu verringern, ist es nach der Untersuchung von Radke und Störmann im Hinblick auf die gleichstellungspolitische Zielsetzung sinnvoll, eine Kombination von Lohngarantie und Qualifizierungszwang zu etablieren[596]. Ein solcher Qualifizierungszwang ist bislang weder im BEEG noch im PflegeZG festgelegt. Radke und Störmann schlagen in dem von Ihnen als Lohnregime II bezeichneten Szenario eine gesetzlich verpflichtende Qualifizierung während des Erziehungsurlaubs/Elternzeit vor, um damit die während der Elternzeit resultierende Entwertung des Humankapitals zu kompensieren[597]. Ausschließlich garantierte Lohnsätze beim Wie-

[596] Radke/Störmann (1998), S. 111

[597] Radke/Störmann (1998), S. 110, Lohnregime II geht davon aus, dass es aufgrund institutioneller Beschränkungen, z.B. Rechtsvorschriften über die Lohnhöhe beim Wiedereinstieg, den Unternehmen nicht möglich ist, den Produktivitätsverlust infolge der Unterbrechung an die Beschäftigten weiterzugeben.

dereinstieg konterkarieren nach Radke und Störmann das gleichstellungspolitische Ziel. Durch die Verpflichtung zur Qualifizierung während des Erziehungsurlaubs reduziert sich der Unterschied der durchschnittlichen Produktivität von Frauen und Männern, so der dahinterstehende Gedanke.

Der von Radke und Störmann verfolgte Ansatz wird jedoch in der Literatur mit beachtlichen Argumenten abgelehnt. So verweist Labeit darauf, dass für die Mehrzahl der Frauen keine Möglichkeit existiert, den Humankapitalverlust während der Erziehungsfreistellung durch Weiterbildungsmaßnahmen zu kompensieren[598]. Gleiches dürfte für die Freistellung wegen der Pflegeübernahme nach dem Pflegezeitgesetz gelten. Labeit begründet dies damit, dass die Betriebszugehörigkeitsdauer die Rendite von betrieblicher Weiterbildung stärker als formale Bildungsqualifikationen beeinflusst. Zudem führt Labeit den signaltheoretischen Begründungsansatz an. Nach der Signaltheorie liegt aus Sicht der Arbeitgeber in der Inanspruchnahme und der Dauer von Elternzeit (und auch Pflegezeit) ein Signal für eine geringere Erwerbsorientierung und höhere Familienorientierung. Schließlich stellt sich bei Qualifizierungsmaßnahmen während der Eltern- und Pflegezeit auch die Frage der Finanzierung. Eine Verpflichtung zur Übernahme der Qualifizierungskosten durch die Arbeitgeber dürfte deren Bereitschaft und deren Akzeptanz zur Freistellung wegen einer Pflegeübernahme schmälern. Eine Übernahme der Maßnahmekosten durch die Arbeitnehmer würde deren Pflegebereitschaft deutlich mindern. Dies gilt insbesondere für Arbeitnehmer im unteren Einkommenssegment, die bislang überproportional die häusliche Pflege übernommen haben. Schließlich ist zu berücksichtigen, dass die Pflegezeit vom Pflegenden deshalb in Anspruch genommen wurde, um einen zeitlichen Freiraum zur Pflege zu erhalten. Obligatorische Bildungsmaßnahmen während der Pflegezeit schränken diesen zeitlichen Freiraum wieder ein und führen zu einer Doppelbelastung beim Pflegenden, die eigentlich durch die

[598] Labeit (2007), S. 61

Inanspruchnahme der Pflegezeit vermieden werden sollte. Verpflichtende Weiterbildungskomponenten während der Freistellungsstellungszeit wegen Pflegeübernahme dürften insofern kaum Wirksamkeit versprechen.

4.2. Interessen der Wirtschaft

Seitens der Wirtschaft wird eine Verlängerung der Pflegezeit mit der Begründung abgelehnt, dass damit die personalpolitische Dispositionsfreiheit eingeschränkt werde. Unter rechtlichen Aspekten führt eine Ausdehnung der Pflegezeit auf zwei bis drei Jahre nicht zu einer unverhältnismäßigen Belastung der Arbeitgeber. Eine derartige Verlängerung der Arbeitszeit wäre verfassungskonform[599]. Dies gilt nach Becker und Lauerer selbst dann, wenn die Pflegezeit nicht nur für jeden Pflegefall neu entsteht, sondern auch mehrere Pflegepersonen einen pflegebedürftigen Menschen nacheinander pflegen[600].

Zu attestieren ist aber, dass durch eine verlängerte Pflegezeit auf unternehmerischer Seite Vorhalte- und Dispositionskosten entstehen. Untersuchungen über die genauen unternehmerischen Kosten, die mit der geltenden Pflegezeit in diesem Sinne verbunden sind, sind rar. Insofern sind die unternehmerischen Kosten einer verlängerten Pflegezeit schwer abbildbar.

Neben diesen unternehmerischen Kosten auf der einen Seite müssen aber auch die Vorteile einer verlängerten Pflegezeit für die Unternehmen durch die nur temporäre Freistellung auf der anderen Seite betrachtet werden. Den Unternehmen entstehen nämlich durch die mangelnde Vereinbarkeit von Erwerbstätigkeit und Pflege nicht unerhebliche Kosten. So werden die Unternehmen durch die pflegebedingte Doppelbelastung ihrer Beschäftigten mit zusätzlichen Kosten belastet. Neben Kosten durch Entgelt-

---

599 Becker/Lauerer (2010), S. 25 mit Hinweis auch die vergleichbare Regelung bei der Elternzeit (s. Buchner/Becker (2008), vor §§ 15-21 BEEG Rdnr. 15).

600 Becker/Lauerer (2010), S. 25

fortzahlung im Krankheitsfall entstehen insbesondere Kosten durch die eingeschränkte Leistungsfähigkeit der Mitarbeiter. Es wird geschätzt, dass den Unternehmen aufgrund mangelnder Vereinbarkeit von Beruf und Pflege mehrere Tausend Euro vermeidbare Mehrkosten pro Jahr entstehen. Durch Regelungen zur Verbesserung der Vereinbarkeit von Beruf und Pflege kann diese Arbeitgeberbelastung reduziert werden. Zugleich kann durch familienfreundliche Maßnahmen eine höhere Zufriedenheit der Mitarbeiter hergestellt, Personalfluktuationen vermieden und insgesamt die unternehmerische Wettbewerbsfähigkeit verbessert werden[601].

In welcher Höhe die Wirtschaft durch die eben beschriebenen Effekte tatsächlich finanziell belastet wird, ist noch nicht abschließend untersucht. Eine relativ neue Studie gibt für Deutschland zumindest Näherungswerte darüber, welche ökonomischen Folgewirkungen sich aus der mangelnden Vereinbarkeit von Erwerbstätigkeit und Pflege ergeben[602]. Danach belaufen sich die betrieblichen Folgekosten wegen der mangelnder Vereinbarkeit von Beruf und Pflege auf insgesamt 18,94 Mrd. Euro pro Jahr[603]. Davon entfallen 8,06 Mrd. Euro auf Beschäftigte mit pflegebedürftigen Angehörigen. Die durchschnittliche Höhe betrieblicher Folgekosten beträgt pro Beschäftigten mit Pflege- respektive Hilfeaufgaben rd. 14.000 Euro jährlich[604]. Bei der prognostizierten steigenden Zahl pflegender Beschäftigter dürften sich die Kosten mangelnder Vereinbarkeit von Pflege und Beruf in den nächsten Jahren insofern deutlich erhöhen.

Die berechneten Folgekosten beruhen im Wesentlichen auf drei unterschiedlichen Bereichen, und zwar auf:

---

601 Kümmerling/Bäcker (2012), S. 27 m.w.N.

602 s. Schneider/Heinze/Hering (2011), die Ergebnisse dieser Studie basieren auf einer in Deutschland durchgeführten Expertenbefragung. Die Autoren attestieren aber, dass die berechneten Folgekosten der mangelnden Vereinbarkeit von Erwerbstätigkeit und Pflege nur Schätzwerte sind, S. 43

603 Schneider/Heinze/Hering (2011), Zusammenfassung, S. 1

604 Schneider/Heinze/Hering (2011), Zusammenfassung, S. 1

1. Folgewirkungen während der Tätigkeit von Pflegepersonen,
2. Folgewirkungen durch Veränderungen des Berufsstatus von Pflegepersonen und
3. Folgewirkungen durch zusätzlichen Personalaufwand bei Führungskräften.

Bei den unter Ziffer 1 fallenden Folgekosten ist an erster Stelle das Fernbleiben vom Arbeitsplatz infolge der Wahrnehmung der Pflegeaufgaben zu verstehen. Einzelne Fehlstunden resultieren dabei vorrangig durch ein verspätetes Eintreffen der Pflegeperson am Arbeitsplatz bzw. frühzeitiges Verlassen des Arbeitsplatzes[605]. Nach internationalen Studien versäumen durchschnittlich 10% der Pflegepersonen mindestens sechs Arbeitstage pro Jahr aufgrund ungelöster Vereinbarkeitsprobleme[606]. Neben der Abwesenheit von Arbeitsplatz wegen der Pflegeübernahme ist die verminderte Leistungsfähigkeit der Pflegeperson ein Kostenfaktor. Dabei spielt es insbesondere eine Rolle, dass Pflegepersonen wegen der betreuungsintensiven Pflegesituation auch während des Urlaubs oder sonstiger freier Tage nur über eine eingeschränkte Möglichkeit der Regeneration verfügen.

Zu den unter Ziffer 2 erwähnten Folgewirkungen des Problems der Vereinbarkeit von Erwerbstätigkeit und Beruf zählen insbesondere die Berufseinschränkung oder gar Berufsaufgabe der Pflegeperson. Wie bereits an anderer Stelle erörtert, schränken rd. 11% der Pflegepersonen ihre Erwerbstätigkeit ein und 10% geben sie sogar auf, um sich wirklich bedarfsgerecht der Pflege eines nahen Angehörigen zu widmen. Schließlich entstehen bei den unter Ziffer 3 genannten Folgewirkungen Kosten wegen der Koordination unkalkulierbarer Ausfälle von Mitarbeitern.

Durch eine familiengerechtere Personalpolitik lassen nach aktuellen Studien die zuvor beschriebenen betrieblichen Kostenfolgen

605 Schneider/Heinze/Hering (2011), S. 20
606 Schneider/Heinze/Hering (2011), S. 21

minimieren. Nach Befragungen aus dem Jahr 2013 lässt sich belegen, dass je höher das Ausmaß betrieblichen Familienbewusstseins eines Unternehmens ist, desto niedriger die Krankheitsquote, die Fehlzeitenquote, die Stellenbesetzungsdauer, die Fluktuationsrate sowie die Anzahl der Bewerbungen je ausgeschriebener Stelle[607].

Wegen des sinkenden Arbeitskräfteangebots[608] und des prognostizierten Fachkräftebedarfs[609] wird die deutsche Wirtschaft künftig stärker auch gut ausgebildete, ältere Arbeitnehmer in den Betrieben halten müssen. Nach der Studie des Hamburgischen Welt-WirtschaftsInstituts (HWWI) zu den Möglichkeiten von Vollbeschäftigung in Deutschland ist zur Zielerreichung entscheidend, ob die Erwerbsquoten der älteren Beschäftigten weiter erhöht werden können[610]. Diese sind zwar in den letzten zehn Jahren deutlich angestiegen. Allerdings liegt die Erwerbsquote der Frauen zwischen 55 und 64 Jahren je nach Altersgruppe zwischen 10 und 18% unter der Erwerbsquote der gleichaltrigen Männer[611]. Demgegenüber liegen die Erwerbsquoten von älteren Männern und Frauen in anderen europäischen Ländern deutlich näher zusammen. Als Grund für die relativ große Differenz zwischen der Beschäftigungsquote älterer Männer und Frauen nennt das HWWI die „in Deutschland noch immer relativ schlecht gelöste Vereinbarkeit von Familie und Beruf[612]".

Die bessere Vereinbarkeit von Familie und Beruf liegt damit auch im eigenen Interesse der deutschen Wirtschaft. Arbeitskräfterück-

---

607 Gerlach/Schneider/Schneider/Quednau (2013), S. 50

608 Nach Berechnungen der Bundesagentur für Arbeit wird sich das Arbeitskräftepotential in Deutschland bis zum Jahr 2025 um rd. 6,5 Mio. Personen verringern, Bundesagentur für Arbeit (2011), S. 7

609 Nach Berechnungen verschiedener Institute wird mit einem Fachkräftemangel von zwei Millionen Personen bis zum Jahr 2020 (so McKinsey) bzw. 5,2 Millionen Personen bis zum Jahr 2030 (so das Prognos-Institut) gerechnet, s. Bundesagentur für Arbeit (2011), S. 8

610 Straubhaar (2011), S. 18

611 Straubhaar (2011), S. 18

612 Straubhaar (2011), S. 18

gang und Fachkräftemangel können – glaubt man den Arbeitsmarktforschern – durch eine stärkere Integration von Frauen in die Erwerbstätigkeit zumindest teilweise kompensiert werden. Nach Berechnungen der Bundesagentur für Arbeit soll es sogar möglich sein, bis zum Jahr 2025 bis zu drei Millionen Vollzeitarbeitsplätze durch eine bessere Integration von Frauen in die Erwerbstätigkeit zu gewinnen[613].

Maßnahmen zur Verbesserung der Vereinbarkeit von Erwerbsarbeit und Pflegearbeit stärken die Mitarbeiterbindung, erhöhen die Zufriedenheit der Beschäftigten und bewirken geringere Fehlzeiten der Beschäftigten[614]. Schneider, Heinze und Hering resümieren deshalb, dass eine familienbewusste Personalpolitik einen wichtigen betriebswirtschaftlichen Entscheidungsparameter für den Unternehmenserfolg darstellt[615]. In Anbetracht der dargestellten erheblichen Kosten, die durch die mangelnde Vereinbarkeit von Erwerbstätigkeit und Pflege entstehen, vermögen die von der Wirtschaft gegen die Freistellungsmöglichkeiten nach dem Pflegezeitgesetz vorgebrachten Argumenten nicht zu überzeugen. Im Gegenteil: Vereinbarkeitsregelungen oder –maßnahmen können die unternehmerischen Kosten reduzieren. Die von Schneider, Heinze und Hering ermittelten Kosten sind nämlich keine statische Größe, sondern stehen in Abhängigkeit zu Maßnahmen, die die Vereinbarkeit von Erwerbstätigkeit und Pflege verbessern[616].

III. Begrenzung der Pflegezeit auf Teilzeit

Im Folgenden soll untersucht werden, ob durch eine stärkere Fixierung der Pflegezeit auf eine Teilfreistellung von der Arbeit der

---

613 Bundesagentur für Arbeit (2011), S. 7

614 Schneider/Heinze/Hering (2011), S. 7

615 Schneider/Heinze/Hering (2011), S. 7; ebenso Kümmerling/Bäcker (2012), S. 27

616 Schneider/Heinze/Hering (2011), S. 55, die AutorInnen sprechen selbst davon, dass „die hohen Folgekosten eine potenziell hohe Rendite betrieblicher Bemühungen um eine bessere Vereinbarkeit von Beruf und Pflege signalisieren."

zuvor angesprochenen Perpetuierung des klassischen Rollenbildes und der Verringerung von Karrierechancen von Frauen entgegenwirkt werden kann. Hintergrund dieser Prüfung ist der aus vielen Arbeitsmarktuntersuchungen bekannte Befund, dass Teilzeitarbeit im Vergleich zur vollständigen Erwerbsunterbrechung eine weniger negative Wirkung auf den weiteren Einkommens- und Karriereverlauf von Frauen hat[617].

Im ersten Gleichstellungsbericht der Bundesregierung aus dem Jahr 2011 ist der aktuelle Forschungsstand hierzu dargestellt. Danach kommen die vorliegenden ökonometrischen Studien zu keinem eindeutigen Ergebnis hinsichtlich der Frage, wie sich Teilzeitarbeit – im Unterschied zu Erwerbsunterbrechungen – auf die Einkommensbiografien von Frauen auswirken[618]. Teilweise wurde ein negativer Einfluss von Teilzeitphasen auf das Einkommen aktuell vollzeitbeschäftigter Frauen festgestellt. Andere Untersuchungen gelangen zum Ergebnis, dass sozialversicherungspflichtige Teilzeitphasen nicht zu einem zusätzlichen Einkommensrückgang führen. Insgesamt – so die Kommission zur Erstellung des Gleichstellungsberichts der Bundesregierung – sprechen die vorliegenden Untersuchungen dafür, dass die Auswirkungen von Teilzeitphasen eher gering sein dürften, wenn später wieder länger in Vollzeit gearbeitet wird[619].

Schneider, Drobnic und Blossfeld halten es daher für vorstellbar, dass – in Analogie zu der Entwicklung der Elternzeit bei der Kleinkindererziehung – die gesetzlichen Regeln bei der Pflege so gestaltet werden, dass die Kombination von Teilzeitbeschäftigung und gleichzeitiger Pflege eine attraktive und realisierbare Alternative wird[620]. Eine in der Konsequenz vergleichbare Lösung sieht

---

617 s. Schneider/Drobnic/Blossfeld (2001), S. 379 m.w.N.

618 Deutscher Bundestag (2011), S. 125

619 Deutscher Bundestag (2011), S. 125 m.w.N.

620 Schneider/Drobnic/Blossfeld (2001), S. 379; ebenso: Barkholdt (2005), S. 10, die auf die mangelnde Planbarkeit der Dauer von Freistellungserfordernissen bei der Pflege und Angehörigen hinweist. Nach Barkholdt kann die Angehöri-

Beckmann in einer allgemeinen Arbeitszeitverkürzung, um familiäre Tätigkeiten neben der Arbeit zu ermöglichen[621]. Ein weiterer von Beckmann leider nur in Ansätzen skizzierter Weg ist eine Arbeitszeitflexibilisierung, um Phasen mit hohem Betreuungs- und Pflegeaufwand gestalten zu können[622].

1. Die neue Familienpflegezeit

Diesen Ansatz einer Reduzierung der Arbeitszeit zur Sicherstellung der familiären Pflege hat Bundesfamilienministerin a.D. Dr. Kristina Schröder erstmals im März 2010 in einem Interview in der Frankfurter Allgemeinen Zeitung zur Weiterentwicklung des Pflegezeitgesetzes ebenfalls unterstützt[623]. Die Ministerin hat auf die Frage, was sie tun kann, damit Pflege und Beruf besser miteinander vereinbart werden können, zunächst darauf hingewiesen, dass die meisten älteren Menschen sich wünschen, zu Hause gepflegt zu werden. Nach Aussage von Ministerin Dr. Schröder lebt nur ein Drittel der Pflegebedürftigen in einem Heim. Aber immer mehr pflegende Angehörige seien berufstätig, innerhalb von zwölf Jahren sei ihr Anteil von 40% auf 54% angestiegen. Viele Arbeitnehmer, so die Familienministerin, befürchten bei der Inanspruchnahme der sechsmonatigen Pflegezeit gravierende Nachteile. Deshalb schlage sie einen Rechtsanspruch auf eine Familienpflegezeit von zwei Jahren vor. In dieser Zeit würde der pflegende Angehörige mindestens 50% arbeiten, bekäme aber 75% des Arbeitseinkommens weiter gewährt. Nach Beendigung des zweijährigen Zeitraums müsste der Arbeitnehmer dann wieder voll arbeiten, bekäme aber weiterhin so lange 75% des Gehalts, wie er zuvor in Teilzeit gearbeitet habe[624]. Der geplante Rechtsanspruch auf die Familienpflegezeit ist im Rahmen der Gespräche mit der

---

genpflege durch eine Teilfreistellung über einen langen Zeitraum evtl. besser bewältigt werden als durch eine kurzzeitige Vollfreistellung.

621 Beckmann (2008), S. 22

622 Beckmann (2008), S. 22

623 FAZ, Ausgabe vom Mittwoch, den 3.3.2010, S. 4

624 FAZ, Ausgabe vom Mittwoch, den 3.3.2010, S. 4

FDP wieder entfallen. Die als Gesetzentwurf letztlich auf den parlamentarischen Weg gebrachte Familienpflegezeit sieht eine freiwillige Lösung vor. Danach können Arbeitnehmer und Arbeitgeber die skizzierte Familienpflegezeit im Rahmen der Vertragsfreiheit vereinbaren. Eine diesbezügliche Verpflichtung der Arbeitgeber besteht aber ebenso wenig wie ein Rechtsanspruch auf Familienpflegezeit für die Beschäftigten.

Mit der in Aussicht genommenen Initiative der Bundesfamilienministerin werden die Unternehmen finanziell in die Pflicht genommen, da diese zunächst den 25%igen Gehaltsaufschlag vorfinanzieren müssten. Das Konzept sieht zur Begrenzung dieses Vorfinanzierungsrisikos vor, dass über die Kreditanstalt für Wiederaufbau den betroffenen Unternehmen die Möglichkeit eingeräumt wird, zinslose Darlehen in Anspruch zu nehmen[625]. Um darüber hinaus auch eventuelle Ausfallrisiken wegen Berufs- und Erwerbsunfähigkeit des pflegenden Mitarbeiters abzusichern, ist ergänzend ein Versicherungsmodell geschaffen worden. Danach sind Arbeitnehmer, die Familienpflegezeit in Anspruch nehmen, verpflichtet, eine entsprechende Ausfallversicherung abzuschließen[626].

Dieser Vorschlag – der zum 1.1.2012 durch das neue Familienpflegezeitgesetz umgesetzt wurde – würde nach Aussage der Familienministerin für den Steuerzahler fast keine Belastungen zur Folge haben. Es gingen lediglich in geringem Umfang Steuereinnahmen verloren, wenn während der Pflegephase und der Nachpflegephase nur Gehalt in Höhe von 75% des bisherigen Gehalts gezahlt würde. Der Pflegeversicherung dagegen käme eine Familienpflegezeit zugute, denn Pflege zu Hause kostet weniger als die stationäre Heimunterbringung[627].

---

625 Schröder (2010), S. 5
626 Schröder (2010), S. 5
627 FAZ, Ausgabe vom 3.3.2010, S. 4

Mit dieser Initiative will die Bundesfamilienministerin verschiedene Ziele erreichen:

1. Verbesserung der Vereinbarkeit von häuslicher Pflege und Beruf.
2. Für Arbeitgeber weitgehend kostenneutrale Verbesserung der finanziellen Situation pflegender Angehöriger und damit Ermöglichung von häuslicher Pflege insbesondere für Menschen in niedrigen Einkommensgruppen.
3. Dadurch Entlastung der umlagefinanzierten Pflegeversicherung durch Vermeidung von stationärer Unterbringung von Pflegebedürftigen und Stärkung des Postulats „ambulant vor stationär".
4. Pflege in der Häuslichkeit ist nicht nur kostengünstiger, sondern entspricht auch den Bedürfnissen der weit überwiegenden Zahl der Pflegebedürftigen. Wird durch die Möglichkeit einer „Familien-Pflegezeit" der Anteil der häuslichen Pflege erhöht, so ist dies ein Beitrag zur Humanisierung der Pflege.
5. Pflegende Angehörige bleiben im Erwerbsleben integriert, können ihre Fähigkeiten weiter im Erwerbsleben einbringen und haben trotzdem die Möglichkeit, Verantwortung für pflegebedürftige Angehörige zu übernehmen[628].

2. Bewertung der neuen Familienpflegezeit

Dieser Ansatz, also durch die Ausweitung der Möglichkeiten von Teilzeitarbeit einen Ausweg aus dem zeitlichen Dilemma zwischen Erwerbstätigkeit einerseits und der Pflegetätigkeit anderseits herbeizuführen, wurde bereits vor dem konkreten Vorschlag von Bundesministerin Dr. Schröder aus beachtlichen Gründen für ungeeignet erachtet. Klenner und Pfahl sehen in der Ausweitung der Teilzeitarbeit nur dann eine Lösung, wenn tatsächlich Frauen und Männer Teilzeit arbeiten würden, wenn Teilzeit auf allen Hierarchieebenen möglich wäre und wenn auch ein Teilzeitarbeitsverhältnis Existenz sichernd wäre[629]. Vielmehr belegen die empirischen Daten, dass höhere Vollzeitquoten und längere Arbeitszeiten von Frauen in Ostdeutschland mit besseren Gleichstellungsergebnissen einhergehen[630]. Diese Voraussetzungen sind aber derzeit nicht gegeben: der Frauenanteil bei Teilzeitarbeit ist wesentlich höher als bei Männern und der unbereinigte Gender-Pay-Gap seit Jahren mit rd. 23% unverändert.

2.1. Anwendungsbereich der neuen Familienpflegezeit

Das grundsätzliche Problem des von der Bundesfamilienministerin vorgeschlagenen Modells liegt aber darin, dass dieses nur für einen begrenzten Teil der Pflegepersonen sinnvoll ist, nämlich für diejenigen, die bislang bereits einer Vollzeittätigkeit nachgehen und Schwierigkeiten haben, Erwerbstätigkeit und Pflege miteinander zu verbinden[631]. Für aktuell Teilzeitbeschäftigte ist dieses Modell aber keine geeignete Lösung. Die eigenen Berechnungen des Bundesministeriums für Familie, Senioren, Frauen und Jugend zeigen, dass nur rd. jeder achte Pflegebedürftige theoretisch im Rahmen der Familienpflegezeit betreut werden könnte. Das BMFSFJ geht in seinem Referentenentwurf eines Gesetzes zur Vereinbarkeit von Pflege und Beruf von rd. 1,6 Mio. Menschen aus, die zu Hause durch Angehörige und ambulante Dienste versorgt werden[632]. Das Nachfragepotential für eine Familienpflegezeit wird vom Ministerium auf 118.000 Vollzeitbeschäftigte und 102.000 Teilzeitbeschäftigte berechnet[633]. Berücksichtigt man darüber hinaus noch die Tatsache, dass nach dem Kenntnisstand der Bundesregierung rd. 40% der Unternehmen überhaupt nur

628 Bundesministerium für Familie, Senioren, Frauen und Jugend (2010a), Anlage, S. 1

629 Klenner/Pfahl (2008), S. 32

630 Klenner/Pfahl (2008), S. 33 mit Hinweis auf entsprechende Befunde in Schweden und Dänemark.

631 ebenso: Rothgang/Iwansky/Müller/Sauer/Unger (2010), S. 8 f.

632 Bundesministerium für Familie, Senioren, Frauen und Jugend (2011), S. 1

633 Bundesministerium für Familie, Senioren, Frauen und Jugend (2011), S. 33

Familienpflegezeit einführen würden[634], ergeben sich noch geringere Inanspruchnahmezahlen. Danach dürften die Unternehmen nur für rd. 90.000 der interessierten 220.000 Beschäftigten die Familienpflegezeit anbieten, dies beträfe gerade rd. 6% aller im Privathaushalt durch Familienangehörige gepflegten Menschen.

Das Bundesministerium für Familie, Senioren, Frauen und Jugend geht davon aus, dass im ersten Jahr nur 5% der potentiell in Betracht kommenden Beschäftigten die Familienzeit annehmen würden und in den Folgejahren eine Steigerung um weitere 5 Prozentpunkte eintreten wird[635]. Danach dürften im ersten Jahr des Inkrafttretens der Familienpflegezeit nur 11.000 und im zweiten Jahr 22.000 Beschäftigte Vereinbarungen über die Pflegezeit abschließen. Dies beträfe nur 0,7 bzw. 1,4% aller im eigenen Haushalt betreuten pflegebedürftigen Menschen. Bei diesen Berechnungen bleibt zudem unklar, ob die Teilzeitbeschäftigten tatsächlich in dem unterstellten Umfang von der Familienpflegezeit Gebrauch machen oder ob nicht vielmehr – wegen der bereits ausgeübten Teilzeittätigkeit und der damit korrespondierenden geringeren Entlohnung während der Zeit der Familienpflege – eine gegenüber Vollzeitbeschäftigten deutlich geringere Inanspruchnahmequote unterstellt werden müsste. Deshalb darf zu Recht bezweifelt werden, ob das neue Familienpflegezeitgesetz eine praktische Relevanz haben wird[636].

Gerade der bereits hohe Anteil von Frauen, die Teilzeitarbeit ausüben, schränkt die Inanspruchnahme der Familienpflegezeit deutlich ein. Dieser Personenkreis hat aufgrund des für die Angehörigenpflege zur Verfügung stehenden Zeitvolumens kaum ein Inte-

---

634 Bundesministerium für Familie, Senioren, Frauen und Jugend (2011), S. 33

635 Bundesministerium für Familie, Senioren, Frauen und Jugend (2011), S. 33

636 ebenso kritisch Sasse (2011), S. 2660; Deutscher Juristinnenbund (2011), S. 1

resse und einen finanziellen Anreiz, die Erwerbstätigkeit zeitlich weiter zu verringern[637].

Der Anwendungsbereich des Familienpflegezeitgesetzes dürfte auch durch die Freiwilligkeit der Familienpflegezeit eingeschränkt sein. Das Fehlen eines Rechtsanspruchs auf Arbeitnehmerseite senkt die Inanspruchnahme der Familienpflegezeit[638]. Bereits vor Inkrafttreten des Familienpflegezeitgesetzes wurde darauf hingewiesen, dass wegen des Widerstands der Arbeitgeber dieses neue Instrument nur geringe praktische Verbreitung finden würde[639]. Ende Dezember 2012, also rund ein Jahr nach Inkrafttreten des Familienpflegezeitgesetzes, berichteten einige Zeitungen über die nur sehr geringe Inanspruchnahme der Familienpflegezeit. Danach wurden beim zuständigen Bundesamt für Familie und zivilgesellschaftliche Aufgaben vom 1.1.2012 bis zum 28.1.2013 nur 147 Anträge auf Familienpflegezeit gestellt[640]. Das Familienpflegezeitgesetz wird in seiner derzeitigen Ausgestaltung demnach von der Praxis nicht angenommen. Die Gründe hierfür sind unbekannt. Eine umfassende Evaluation des Anwendungsbereichs und der Wirkungen liegt nicht vor und ist auch noch nicht in Auftrag gegeben.

2.2. Reversibilität der Reduktion der Arbeitszeit

Von Bedeutung für die Bewertung des Familienpflegezeitgesetzes sind auch die empirischen Erkenntnisse über die Effekte der informellen Pflege auf Erwerbstätigkeit und Einkommen der Pflegepersonen. Studien aus den USA und Österreich zeigen im Ver-

---

637 ebenso Kümmerling/Bäcker (2012), S. 84; Deutscher Juristinnenbund (2011), S. 2

638 Deutscher Juristinnenbund (2011), S. 1; Rothgang/Staber (2012), S. 52; Rürup (2011), S. 7; Rothgang/Iwansky/Müller/Sauer/Unger (2011), S. 31; die Fraktion der SPD hat deshalb gefordert, einen Rechtsanspruch auf ein flexibles Zeitbudget einzuführen, Deutscher Bundestag (2012b), S. 9

639 Rothgang/Iwansky/Müller/Sauer/Unger (2011), S. 31

640 Deutscher Bundestag (2013), S. 2, davon sind 2/3 der Anträge von Frauen und ein Drittel von Männern gestellt worden.

gleich erwerbstätiger Frauen mit und ohne Pflegeverpflichtung, dass mit dem Beginn der Pflegetätigkeit die Wahrscheinlichkeit zunimmt, die Erwerbsarbeit aufzugeben. Gegenüber Kolleginnen, die keine Pflegetätigkeit übernommen hatten, wechselten Beschäftigte mit einer Pflegeverantwortung schneller in den Ruhestand. Nach der Studie von Pavalko und Artis gaben rd. 23% der weiblichen Angestellten mit Beginn der Pflegetätigkeit ihre Erwerbstätigkeit auf[641]. Nach der Untersuchung von Spieß und Schneider auf Basis des Europäischen Haushaltspanels 1994 und 1996 wirkte sich die Übernahme häuslicher Pflegeverpflichtungen negativ auf die wöchentlichen Arbeitszeiten aus[642]. Bemerkenswert ist, dass es nach der Aufgabe der Pflegetätigkeit größtenteils zu keiner Veränderung der Arbeitszeit gekommen ist. Nach Schneider ist dies ein Indiz für die Irreversibilität der Anpassung der Arbeitszeiten nach der Pflegezeit[643].

2.3. Vereinbarkeit von Teilzeitarbeit und Pflege

Ein weiterer Aspekt bei der Analyse und Bewertung des Familienpflegezeitgesetzes dürfte sein, ob mit der Teilzeitregelung tatsächlich eine bessere Vereinbarkeit von Erwerbsarbeit und Pflegetätigkeit gelingen kann. Nach den vorliegenden Untersuchungsergebnissen scheint dies der Fall zu sein, auch wenn Zweifel angebracht sind.

Die Ergebnisse der Infratest-Studien zeigen, dass 11% der Befragten ihre Erwerbstätigkeit eingeschränkt haben, um einen Angehörigen zu pflegen. Internationale Studien untermauern dieses Ergebnis und kommen noch zu weitaus höheren Anteilen von

---

641 Pavalko, Eliza/Artis, Julie E (1997), Women's Caregiving and Paid Work: Causal Relationships in Late Midlife, Journal of Gerontology Social Sciences 52 B, S. 170-179, zitiert nach Schneider (2006), S. 506

641 Schneider (2006), S. 505

642 Schneider, Ulrike/Wolf, Douglas A. (2006), The Forgone-Earnings Cost of Informal Caregiving in Germany, Wirtschaftsuniversität Wien, Institut für Sozialpolitik, Working Paper, zitiert nach Schneider (2006), S. 506

643 Schneider (2006), S. 506

Beschäftigten (bis zu 37%), die wegen der Pflegeübernahme ihre Arbeitszeit reduziert haben[644]. Diese Ergebnisse belegen, dass eine Verringerung der Arbeitszeit bzw. der Übergang von Vollzeit- in Teilzeitarbeit ein wichtiges Element eines stabilen Arrangements zur Vereinbarkeit von Erwerbstätigkeit und Pflege sein kann[645]. Allerdings ist auch festzustellen, dass sich der Anteil der Pflegenden, die trotz Vollzeittätigkeit die Pflege eines Angehörigen übernommen haben, seit 1998 fast verdoppelt hat. Die in der Literatur überwiegend vertretene Argumentation, dass die Möglichkeiten der Erwerbsbeteiligung und simultane Pflegeaufgaben für vollzeitbeschäftigte pflegende Angehörige sehr viel stärker begrenzt sind, lassen sich anhand der aktuelle Daten nicht bestätigen. Vielmehr ist seit Ende der 90er Jahre bis zum Jahr 2010 der überwiegende Teil des seit dem gestiegenen Anteils erwerbstätiger Pflegepersonen in Vollzeit beschäftigt[646]. Konkrete Schlussfolgerungen lassen sich aus diesem Befund aber kaum ableiten, da die jetzt höhere Vollzeiterwerbstätigkeit pflegender Angehöriger zu einem nicht unwesentlichen Teil auf den steigenden Anteil männlicher Hauptpflegepersonen zurück zu führen ist[647].

Die eingangs angedeuteten Zweifel an der Wirkung der Reduktion der Arbeitszeit über das Familienpflegezeitgesetz resultieren aus der von Schneider auf Basis des sozioökonomischen Panels vorgenommenen Untersuchung der Auswirkungen von pflegebedürftigen Personen im Haushalt auf das Erwerbsleben verheirateter

---

644 Schneider/Heinze/Hering (2011), S. 24 mit Hinweis auf Stone/Cafferata/Sangl (1987), Carevigers of the frail elderly: A national profile, in: The Gerontologist, Vol 27, S. 616-626, nach denen 27% der Beschäftigten nach Pflegeübernahme ihre Arbeitszeit reduziert haben sowie National Alliance for Caregiving ans America Association of Retiered Persons (2004), unter: www.caregiving.org.data/04finalreport.pdf, wonach sogar 37% ihre Arbeitszeit reduziert haben; ebenso Rothgang/Iwansky/Müller/Sauer/Unger (2011), S. 30, die davon ausgehen, dass rd. 40% der Pflegepersonen, die zu Beginn der Pflege berufstätig sind, ihre Berufstätigkeit wegen der Aufnahme einer Pflegetätigkeit einschränken.

645 Schneider/Heinze/Hering (2011), S. 24 f.

646 Bundesministerium für Gesundheit (2011), S. 32; Meyer (2006), S. 23

647 So Bundesministerium für Gesundheit (2011), S. 30

Frauen im Alter von 40 bis 65 Jahren[648]. Danach können diese Frauen die Pflegetätigkeit auch mit einer Teilzeitarbeit kaum vereinbaren. Basierend auf dieser Untersuchung schlussfolgern Barkholdt und Lasch, dass die nicht abschätzbare Dauer der Pflegetätigkeit eine Planbarkeit von Teilzeitlösungen erschwert[649].

Diese Bedenken werden untermauert durch den Blick auf die oben dargestellte durchschnittliche Dauer der häuslichen Pflege. Wenn die durchschnittliche wöchentliche Stundenzahl je nach Schweregrad der Pflegebedürftigkeit zwischen 50 und mehr als 100 Stunden schwankt, ist eine daneben auszuübende Teilerwerbstätigkeit nur mit erheblichen Belastungen für die Pflegenden abzuleisten. Zu berücksichtigen ist nämlich, dass neben der verringerten Arbeitszeit von rd. 20 Wochenstunden und der Pflegetätigkeit von 50 bis 100 Stunden auch noch die (täglichen) Hin- und Rückfahrten zur und von der Arbeit zu addieren sind. Letztlich würde dies zu einer Gesamttätigkeit in der Summe aus Erwerbstätigkeit und Pflegetätigkeit von 80-130 Wochenstunden führen.

2.4. Teilzeitentgelt

Weitere Bedenken gegen das Konzept der Familienpflegezeit beruhen auf der Absenkung des Erwerbseinkommens während der Pflegezeit auf 75% des bisherigen Erwerbseinkommens. Nach Rumpf bestätigen Untersuchungen aus Großbritannien und den Niederlanden, dass vor allem Frauen mit einer weniger qualifizierten Ausbildung Pflegetätigkeiten übernehmen[650]. Bei diesem Personenkreis spricht die Vermutung für ein auch entsprechend niedriges unterdurchschnittliches Erwerbseinkommen. Es dürfte wegen der begrenzten finanziellen Ressourcen insofern fraglich sein, ob gerade dieser Personenkreis zu einer Reduktion des ohnehin geringen Erwerbseinkommens, das zumeist auch nur in Teilzeitarbeit erwirtschaftet wird, bereit ist. Letztlich dürfte das mit finanzi-

648 Schneider/Drobnic/Blossfeld (2001), S. 371
649 Barkholdt/Lasch (2004), S. 67
650 Rumpf (2007), S. 134 m.w.N.

ellen Anreizen verbundene Konzept der Familienpflegezeit in erster Linie für mittlere und obere Einkommensbezieher von Bedeutung sein[651]. Dieser Personenkreis muss durch die Arbeitsfreistellung im Rahmen der bisherigen Regelungen des Pflegezeitgesetzes finanzielle Einbußen hinnehmen, da die Freistellung grundsätzlich ohne Entgeltfortzahlung gewährt wird. Eine Teilkompensation der Einkommenseinbußen durch die Gewährung von 75% Arbeitsentgelt für 50% der bisherigen Arbeitszeit könnte für die Bezieher mittlerer und höherer Erwerbseinkommen im Gegensatz zum bisherigen Recht einen verstärkten Anreiz zur Pflegeübernahme bieten. Rürup sieht in der Konstruktion des Familienpflegezeitgesetzes zudem einen Beitrag, dass erwerbstätige Männer stärker als bisher in die Pflege von Angehörigen einbezogen werden[652].

2.5. Versicherungslösung

Das Familienpflegezeitgesetz schafft nun die Möglichkeit für die Beschäftigten, für die Dauer von bis zu zwei Jahren ihre Arbeitszeit zu verringern und in dieser Zeit ihre pflegebedürftigen Angehörigen zu betreuen. Diese Möglichkeit bestand auch schon vor Inkrafttreten des Familienpflegezeitgesetzes. Neu ist, dass der Beschäftigte während der Familienpflegezeit vom Arbeitgeber nicht nur das wegen der Verringerung der Arbeitszeit entsprechend reduziertem Arbeitsentgelt, sondern darüber hinaus eine Aufstockung seines Arbeitsentgelts erhält. Durch diese arbeitgeberseitige Aufstockung soll – so die Absicht des Gesetzgebers – die Existenzsicherung des Pflegenden auch während der Familienpflegezeit gewährleistet werden. Nach der Familienpflegezeit muss der Beschäftigte wieder mit gleicher Arbeitszeit wie vor der teilweisen Freistellung arbeiten, erhält aber nur das auch während der Familienpflegezeit gewährte Arbeitsentgelt. Die Familienpflegezeit beruht insoweit auf einer Vorleistungsverpflichtung des

---

651 Deutscher Juristinnenbund (2011), S. 2

652 Rürup (2011), S. 5 f.

Arbeitgebers während der Familienpflegezeit. Diese Vorleistungsverpflichtung erklärt auch die im Gesetz enthaltenen Regelungen über die Familienpflegezeitversicherung, mit der die arbeitgeberseitigen Risiken für den Fall abgedeckt werden sollen, dass der Beschäftigte in der sog. Nachpflegephase seine arbeitsvertraglichen Verpflichtungen nicht zu erbringen vermag.

Gerade diese versicherungsrechtlichen Implikationen machen die bereits schon auf einem Dreieck zwischen Arbeitnehmer, Arbeitgeber und Bundesamt beruhende Konstruktion der Familienpflegezeit sehr umständlich und in der verfahrensmäßigen Abwicklung kompliziert.

2.6. Zwischenfazit

Backes sieht in dem veränderten Rollenverständnis von Frauen und der damit einhergehenden Ablösung vom biografischen Zwang zur Ehefrauen- und Mutterrolle nur eine vermeintliche Wahlfreiheit zwischen konträren Lebensformen, nämlich der Familien- und der Erwerbsorientierung[653]. Nach Backes besteht ein nicht aufzulösendes Entscheidungsdilemma und ein Leben in Widersprüchen[654]. Die Frauen müssen entweder auf die Erwerbsarbeit oder auf die Familienarbeit, also insbesondere die Pflegetätigkeit verzichten.

Die vorstehenden Ausführungen dürften dieses von Backes skizzierte Dilemma hinreichend deutlich gemacht haben. Auf der einen Seite kann die persönliche Situation des Beschäftigten und der von ihm zu pflegenden Person den Bedarf für eine längerfristige Freistellung rechtfertigen. Damit verbunden ist aber eine Entwertung des Humankapitals, die nicht nur aus Sicht des betroffenen Beschäftigten wegen etwaiger Einkommens- und Karriereeinbußen, sondern auch für die Betriebe problematisch ist. Eine längere Aufgabe der Berufstätigkeit bedeutet für sie, dass Humanka-

---

653 Backes (2007), S. 159
654 Backes (2007), S. 159

pitalinvestitionen verloren gehen und entsprechender personeller Ersatz gefunden werden muss[655]. Auf der anderen Seite können durch Teilzeitregelungen diese beschriebenen Negativfolgen vermieden werden, gleichzeitig sind aber auch Teilzeitlösungen wegen der für die betroffenen Beschäftigten eintretenden Doppelbelastungen von Erwerbsarbeit und Pflegetätigkeit nicht konfliktfrei, aufgrund sich verändernder Pflegebedarfe nur für bestimmte Pflegesituationen geeignet, und die Regelungen zur geplanten Familienpflegezeit dürften im Wesentlichen für Bezieher mittlerer und höherer Einkommen einen Anreiz zur Pflegeübernahme darstellen.

Trotz dieser Bedenken gegen den Vorschlag der Bundesfamilienministerin findet ihr Konzept einer Familien-Pflegezeit in der Bevölkerung mehrheitlich Zustimmung. Nach einer repräsentativen Untersuchung des Instituts für Demoskopie Allensbach begrüßen 58% der Bevölkerung den mit dem Familienpflegezeitgesetz verwirklichten Ansatz einer Reduzierung der Arbeitszeit mit erhöhter Entgeltfortzahlung. Besonders groß ist die Zustimmung mit 64% unter derjenigen, die bereits heute Angehörige pflegen und deshalb die Probleme der Vereinbarkeit von Pflege und Berufstätigkeit aus eigener Erfahrung kennen[656]. Allerdings befürchten 57% der Gesamtbevölkerung und 67% der selbst Pflegenden, dass durch die Inanspruchnahme einer derartigen Familien-Pflegezeit berufliche Nachteile entstehen können[657].

Die ursprünglich als Rechtsanspruch für die Beschäftigten konzipierte Familienpflegezeit ist im Rahmen der Verhandlungen in der Koalition insbesondere auf Drängen der FDP nicht realisiert worden und statt dessen eine Vereinbarungslösung zwischen Arbeitnehmer und Arbeitgeber gesetzliche Realität geworden. Bemerkenswert ist, dass individuelle Absprachen zwischen Arbeitgeber und Arbeitnehmer zumindest nicht den Zielvorstellungen der mit-

---

655 Bäcker (2003), S. 134
656 Institut für Demoskopie Allensbach (2010), S. 44
657 Institut für Demoskopie Allensbach (2010), S. 45

telständischen Wirtschaft entsprechen. Die überwiegende Mehrheit der mittelständischen Unternehmen spricht sich vielmehr für gesetzliche Regelungen zur Vereinbarkeit von Beruf und Pflege aus[658]. Nur Unternehmen mit mehr als 1.000 Beschäftigten sehen in einer gesetzlichen oder einer vertraglichen Vereinbarung gleich gute Rahmenbedingungen für die Vereinbarkeit von Erwerbstätigkeit und Pflege[659].

Im Vergleich zum Pflegezeitgesetz scheint das Familienpflegezeitgesetz aber eine größere Akzeptanz auf Arbeitgeberseite zu finden. Die Kritikpunkte der Unternehmen am geltenden Pflegezeitgesetz, also insbesondere die Schwierigkeit Ersatzkräfte für die Pflegezeit zu finden, haben für das Familienpflegezeitgesetz nicht mehr dieselbe Priorität. Stattdessen stehen für Unternehmen dort eher finanzielle Aspekte, wie die Kompensation der Vorausleistung der Arbeitgeber und der zusätzliche Verwaltungsaufwand im Vordergrund[660]. Nach den bisherigen Befragungsergebnissen scheint das Familienpflegezeitgesetz gegenüber dem Pflegezeitgesetz auf Arbeitgeberseite trotz des relativ hohen bürokratischen Aufwands größere Akzeptanz zu erhalten, ohne dass sich dies in den entsprechenden Fallzahlen vereinbarter Familienpflegezeiten widerspiegelt.

Aus Sicht des Verfassers überwiegen – trotz der ausgeführten Kritik – die Vorteile des Familienpflegezeitgesetzes allein deshalb, weil es eine weitere Option neben dem bestehenden System der maximalen sechsmonatigen vollständigen Freistellung gewährt. Durch eine zusätzliche Freistellungsvariante mit Lohnersatz werden für weitere Pflegearrangements verbesserte Rahmenbedingungen geschaffen, die bisher nicht vom Pflegezeitgesetz umfasst werden[661]. Dies erweitert die Handlungsspielräume für Pflegebe-

658 Zentrum für Qualität in der Pflege (2011), S. 10

659 Zentrum für Qualität in der Pflege (2011), S. 10

660 Zentrum für Qualität in der Pflege (2011), S. 15

661 Insofern ist es auch nachvollziehbar, dass die Zahl derjenigen, die von der Familienzeit Gebrauch machen würden, im Vergleich zur geltenden Pflegezeit deutlich ansteigen würde.

dürftige und Pflegende das von ihnen für sachgerecht erachtete Pflegearrangement auch tatsächlich umzusetzen. Mit dem Familienpflegezeitgesetz wird auch das – mit dem Pflegezeitgesetz verbundene – Risiko verringert, aufgrund einer relativ kurzen Freistellungsphase die Erwerbstätigkeit aufgeben und entsprechende Einkommensverluste hinnehmen oder die familiäre Pflege trotz weiter bestehender Pflegebedürftigkeit des nahen Angehörigen abbrechen zu müssen[662]. Zudem vermindert sich zum Vorteil von Arbeitnehmer und Arbeitgeber durch die andauernde, wenn auch verringerte Erwerbstätigkeit des Pflegenden die Gefahr einer Entwertung des betriebsspezifischen Humankapitals[663]. Eine bloße Substitution der bisherigen unentgeltlichen maximalen Pflegezeit – wie teilweise in Vorbereitung des Gesetzentwurfs zur Familienpflege befürchtet – durch die in Aussicht genommene Familienpflegezeit und die damit verbundene Beschränkung auf Teilfreistellungen, ist wegen der beschriebenen Nachteile dieses Modells dagegen nicht zu empfehlen.

Die von den Arbeitgeberverbänden gegen den Gesetzentwurf zur Familienpflege vorgebrachten Argumente vermögen nicht zu überzeugen. Die Arbeitgeberverbände haben den Vorschlag von Bundesministerin Dr. Schröder mit der Begründung abgelehnt, dass sie mit der entgeltlichen Vorleistungspflicht über Gebühr belastet seien[664]. Die Tragfähigkeit dieser Argumentation ist aus zweierlei Aspekten fragwürdig. Zum einen ist nach dem Konzept der Bundesfamilienministerin eine Versicherungslösung enthalten, mit Hilfe derer die finanziellen Risiken einer nicht erfolgten Nachholung der Arbeitszeit abgesichert werden können. Zum anderen dürfen die bereits erörterten, aus der Nichtvereinbarkeit von Pflege und Erwerbstätigkeit resultierenden Nachteile für die Arbeitge-

---

Nach einer Befragung von Februar/März 2011 würden 23% der befragten Pflegenden Familienpflegezeit (dagegen nur 10% Pflegezeit) in Anspruch nehmen. s. Compass-Private Pflegeberatung (2011), S. 3

662 Rürup (2011), S. 5

663 Rürup (2011), S. 5

664 Bundesvereinigung Deutscher Arbeitgeberverbände (2010); S. 2

ber nicht außer Betracht bleiben und müssen mit in die Be- und Entlastungsberechnung der Arbeitgeber einzogen werden. Die hier entstehenden Kosten beruhen im Wesentlichen auf Ausgaben wegen krankheitsbedingter Fehlzeiten, verminderter Produktivität sowie personeller Fluktuation. Zwar liegt bislang noch keine Aufschlüsselung der für die Arbeitgeber aus der Unvereinbarkeit von Pflege und Erwerbstätigkeit entstehenden Effekte und dadurch verursachten Kosten vor[665]. Diese Effekte dürften in Anbetracht des prognostizierten Rückgangs des Arbeitskräftepotentials und des Fachkräftemangels aber nicht unbeachtlich sein[666].

Die weiteren von den Arbeitgeberverbänden gegen das Familienpflegezeitgesetz vorgetragenen Kritikpunkte betreffen die damit verbundenen Umstellungen der Betriebsorganisation, die Kosten für die Einarbeitung von Vertretungen bzw. für Überstundenzuschläge. Zutreffend weist Rürup aber darauf hin, dass diese Kosten auch dann anfallen würden, wenn der Beschäftigte Anspruch nach dem Pflegezeitgesetz geltend machen und in eine unbezahlte Freistellung wechseln würde oder wegen der Notwendigkeit der Pflegeübernahme ganz aus dem Betrieb ausschieden würde[667]. Er resümiert sogar, dass die Unternehmen wegen der sich bietenden Vorteile, insbesondere wegen des Erhalts des betriebsspezifischen Humankapitals der Mitarbeiter ein betriebswirtschaftliches Interesse an der Familienpflegezeit haben[668].

Vor diesem Hintergrund und den aus Sicht des Verfassers skizzierten positiven Effekten der Familienpflegezeit erscheint es zur stärkeren Inanspruchnahme sinnvoll, einen Rechtsanspruch auf Familienpflegezeit zu gewähren, wie es auch die aktuelle Koalitionsvereinbarung als politische Zielsetzung umschreibt[669]. Die bislang nur im Rahmen einer Vereinbarung zwischen Arbeitgeber

665 so Schneider (2006), S. 508
666 s. Bundesagentur für Arbeit (2011), S. 2ff; Straubhaar (2011), S. 4
667 Rürup (2011), S. 6 f.
668 Rürup (2011), S. 7
669 Ebenso: Ehm/Rinderspacher (2013), S. 5

und Beschäftigten realisierbare Familienpflegezeit senkt die Inanspruchnahme der Familienpflegezeit und grenzt eine nicht unerhebliche Gruppe potentiell interessierter Beschäftigter an der Familienpflegezeit aus[670].

IV. Vergütung

Arbeitsrechtliche Freistellungsansprüche haben im Grundsatz zwei wesentliche Stellschrauben: Zum einen die Tatbestandsvoraussetzungen, die eng oder weit gefasst werden können, zum anderen die Frage des „Ob" einer Entgeltfortzahlung während der Freistellungsphase. Der Gesetzgeber ist bei den Freistellungsansprüchen in den verschiedenen arbeitsrechtlichen Gesetzen unterschiedliche Wege gegangen, die zum Teil historisch bzw. durch europarechtliche Vorgaben begründet sind.

- Nach dem Bundesurlaubsgesetz hat der Arbeitnehmer Anspruch auf bezahlte Freistellung von der Arbeit zu Erholungszwecken bis zur Dauer von 24 Werktagen im Kalenderjahr.
- Demgegenüber ist nach dem BEEG die Freistellung in Form einer unentgeltlichen Elternzeit bis zur Dauer von drei Jahren möglich. Allerdings wird dort bis zu 14 Monate Elterngeld gewährt.
- Beim Pflegezeitgesetz hat sich der Gesetzgeber für eine unentgeltliche Freistellung während der Pflegezeit entschieden.

Im Folgenden soll der Frage nachgegangen werden, ob die grundsätzliche Unentgeltlichkeit während der kurzfristigen Arbeitsverhinderung und während der Pflegezeit sachgerecht ist. Hintergrund der nachfolgenden Überlegungen sind Forderungen aus dem politischen Raum und der Wissenschaft, während der Freistellung wegen der Pflegeübernahme finanzielle Leistungen zu

670 Deutscher Juristinnenbund (2011), S. 1; Rürup (2011), S. 7; Ehm/Rinders-

gewähren. Untersuchungen belegen, dass ein erheblicher Anteil Pflegender, die Arbeitszeit wegen der Pflegeübernahme nur deswegen nicht reduziert, weil dies aus finanziellen Erwägungen heraus nicht zu verkraften wäre.[671]. Mit der Gewährung von finanziellen Leistungen während der Pflegeübernahme wird die Erwartung verbunden, den Kreis potentieller Pflegepersonen zu erweitern und insbesondere für Nachbarn und sonstige ehrenamtliche Pflegepersonen attraktiver zu gestalten sowie insgesamt die Rahmenbedingungen für die Vereinbarkeit von Erwerbstätigkeit und Pflege zu verbessern[672].

1. Grundsätzliche Unentgeltlichkeit der Pflegezeit

Liegen die gesetzlichen Voraussetzungen für die kurzfristige Arbeitsverhinderung nach § 2 PflegeZG vor, hat der Arbeitnehmer einen Anspruch auf Fernbleiben von der Arbeit. Der Anspruch auf Arbeitsbefreiung ist nicht von einer Zustimmung des Arbeitgebers abhängig[673]. Der Beschäftigte hat nach dem Wortlaut von § 2 PflegeZG das Recht, von der Arbeit fernzubleiben. Es handelt sich dabei um ein einseitiges Leistungsverweigerungsrecht des Beschäftigten[674].

Die Frage der Entgeltfortzahlungspflicht des Arbeitgebers während der kurzfristigen Arbeitsverhinderung war im Vorfeld des Gesetzgebungsverfahrens zum Pflegezeitgesetz intensiv diskutiert worden. In einer gemeinsamen Erklärung verschiedener Sozialverbände und Gewerkschaften haben diese gefordert, während der kurzfristigen Arbeitsverhinderung eine Bezahlung zu gewährleisten[675]. Die Fraktion von BÜNDNIS90/DIE GRÜNEN hat in ei-

pacher (2013), S. 5

671 Franke/Reichert (2011), S. 62 m.w.N.

672 Becker/Lauerer (2010), S. 23; Blinkert/Gräf (2009), S. 26

673 Preis/Nehring (2008), S. 729; Rossbruch (2008), S. 467

674 Preis/Nehring (2008), S. 729

675 Gemeinsame Erklärung des Deutschen Gewerkschaftsbundes Bundesvorstand, Deutscher Frauenrat e.V., Sozialverband VdK Deutschland e.V. und Bundesverband Evangelischer Arbeitnehmerorganisationen e.V. v. 21.01.2008

nem Antrag im Deutschen Bundestag gefordert, anstelle der unbezahlten Pflegezeit eine dreimonatige Freistellung zur Organisation der Pflege oder einer Sterbebegleitung einzuführen, die mit einer steuerfinanzierten Lohnersatzleistung verbunden ist[676].

Im Referentenentwurf zum Pflegezeitgesetz war noch ein Pflegeunterstützungsgeld enthalten. Danach sollten Beschäftigte für Freistellungen von der Arbeitsleistung nach § 2 PflegeZG Anspruch auf einen Ausgleich für entgangenes Arbeitsentgelt für insgesamt bis zu zehn Arbeitstage je Pflegebedürftigen haben. Nach dem geplanten § 44a Abs. 3 SGB XI sollte sich das Pflegeunterstützungsgeld auf 70% des regelmäßig erzielten Arbeitsentgelts belaufen[677]. Dieses einkommensbezogene Pflegeunterstützungsgeld ist aber im endgültigen Gesetzentwurf der Bundesregierung nicht mehr aufgegriffen worden.

Nach dem endgültigen Gesetzesbeschluss ist der Arbeitgeber grundsätzlich nicht zur Entgeltfortzahlung während der Freistellung verpflichtet. Nach § 2 Abs. 3 PflegeZG ist der Arbeitgeber aber zur Fortzahlung der Vergütung verpflichtet, soweit sich eine solche Verpflichtung aus anderen gesetzlichen Vorschriften oder auf Grund einer Vereinbarung ergibt. Ansprüche auf Entgeltfortzahlung während der Freistellung können sich aus § 616 BGB, § 19 BBiG sowie tarifvertraglichen oder einzelvertraglichen Regelungen ergeben.

§ 616 BGB ist kein zwingendes Recht, sondern durch individual- oder kollektivrechtliche Vereinbarungen abdingbar. Unklar ist, ob bei Vorliegen der Voraussetzungen nach § 2 Abs. 1 PflegeZG ein Ausschluss von § 616 BGB wirksam vereinbart werden kann, weil § 8 PflegeZG vorschreibt, dass eine Vereinbarung zu Ungunsten des Beschäftigten unzulässig ist. Die überwiegende Auffassung in der Literatur vertritt die Meinung, dass § 8 PflegeZG einem ver-

---

676 Deutscher Bundestag (2008a), S. 2

677 s. Bundesministerium für Gesundheit (2007), S. 28

traglichen Ausschluss von § 616 BGB nicht entgegensteht[678]. Begründet wird dies damit, dass bei einem vertraglichen Ausschluss von § 616 BGB nicht von einer Vorschrift des Pflegezeitgesetzes abgewichen wird, sondern nur zulässigerweise von § 616 BGB.

Der Anspruch auf Fortzahlung der Vergütung nach § 616 BGB gilt nach der bisherigen Rechtsprechung auch bei der Erkrankung von nahen Angehörigen. Freihube und Sasse verweisen zu Recht darauf, dass der von der Rechtsprechung entwickelte Angehörigenbegriff bei § 616 BGB enger ist als der Angehörigenbegriff nach § 7 PflegeZG[679]. Nach § 616 BGB werden nach bisheriger Rechtsprechung nur die Ehegatten, Eltern, Geschwister, Kinder und Lebenspartner nach dem Lebenspartnerschaftsgesetz als Angehörige angesehen[680]. Offen ist, ob die Rechtsprechung den Vergütungsfortzahlungsanspruch nach § 616 BGB auf weitere in § 7 PflegeZG aufgeführte Angehörige erweitert.

Die zu § 616 Satz 1 BGB gemachten Ausführungen gelten grundsätzlich auch für § 19 Abs. 1 Nr. 2b BBiG. Danach haben Auszubildende für einen Zeitraum von bis zu sechs Wochen Anspruch auf Fortzahlung der Vergütung, wenn sie aus einem sonstigen, in ihrer Person liegendem Grund unverschuldet verhindert sind, ihren Pflichten aus dem Berufsausbildungsverhältnis nachzugehen. Im Gegensatz zu § 616 BGB ist § 19 Abs. 1 Nr. 2b BBiG jedoch nicht abdingbar und auch nicht auf eine verhältnismäßig erhebliche Zeit begrenzt. Dem Auszubildenden ist daher in der Regel die kurzfristige Freistellung nach § 2 PflegeZG zu vergüten[681].

Bei der Freistellung wegen der Pflegezeit nach § 3 PflegeZG besteht kein gesetzlicher Anspruch auf Fortzahlung der Vergütung oder auf eine einkommensunabhängige Leistung Dritter. Arbeitge-

---

678 Freihube/Sasse (2008), S. 1320

679 Freihube/Sasse (2008), S. 1320

680 BAG v. 20.7.1977, AP Nr. 47 zu § 616 BGB; BAG v. 20.6.1979, AP Nr. 50 zu § 616 BGB

681 Freihube/Sasse (2008), S. 1320

berseitige Zahlungen während des Freistellungszeitraums können sich aber auf Basis einzelvertraglicher Regelungen zwischen Arbeitgeber und Beschäftigtem ergeben.

In der Regel wird deshalb die Pflegezeit unentgeltlich in Anspruch genommen. Dieser Einkommensverlust während der Übernahme der Pflege wird nicht durch Zahlung des Pflegegeldes kompensiert. Zudem ergeben sich durch die eingeschränkte Anrechnung von Pflegezeiten für die gesetzliche Rentenversicherung und das Ausbleiben des Aufbaus von Anwartschaften aus Erwerbstätigkeit Lücken in der individuellen Rentenbiografie.

2. Entgeltfortzahlung de lege ferenda?

Nach dem bisherigen Konzept des Pflegezeitgesetzes ist also – bis auf wenige Ausnahmen – sowohl für die Freistellung für die kurzfristige Arbeitsverhinderung als auch für die eigentliche Pflegezeit nach § 3 PflegeZG kein Lohnersatz während der Zeit der Organisation bzw. der Übernahme der Pflege vorgesehen. Diese – im Vergleich zum Elterngeld – mangelnde finanzielle Flankierung der Pflegezeit wird zum Teil als Ursache für die relativ geringe Zahl von Freistellungen nach dem Pflegezeitgesetz betrachtet[682]. Mit Hinweis auf die gesamtgesellschaftlich wichtige Versorgung pflegebedürftiger Menschen und der Abnahme der moralischen Verpflichtung zur Betreuung naher Angehöriger wird deshalb gefordert, zusätzlich zu dem, was die Pflegeversicherung leistet, eine dem Elterngeld vergleichbare Lohnersatzleistung für Pflegende einzuführen[683]. Wille hat die grundsätzliche Berechti-

---

682 in diesem Sinne wohl auch Rürup (2010), S. 2; Deutscher Bundestag (2014), S. 504, s. auch Bundestag (2014), S. 504, wonach der Sachverständigenrat zur Begutachtung der Entwicklung im Gesundheitswesen aus den Lohnersatzleistungen bei der Kindererziehung die Forderung erhebt, für die familiäre Pflege ebenfalls ein lohnersatzleistung einzuführen.

683 Werrelmann (2010), S. 1; ebenso: Jüttner, Vorsitzender des Paritätischen Wohlfahrtsverbandes, zitiert nach Siems (2010), S. 1; Auth/Leiber/Leitner (2011), S. 9; Deutscher Bundestag (2014), S. 504; Reuyß/Pfahl/Rinderspacher/Menke (2014), S. 21 ff.

gung dieser Forderung in seinem Statement zu den Vorschlägen von Bundesministerin Dr. Schröder zur Einführung einer bezahlten Familienpflegezeit wie folgt beschrieben:

> „Für einen bisher Erwerbstätigen, der grundsätzlich die Bereitschaft besitzt, einen Angehörigen oder eine ihm nahestehende Person über mehrere Monate oder gar über ein Jahr hinaus zu pflegen, fallen – möglicherweise entscheidungsrelevante – Opportunitätskosten an. Diese bestehen nicht nur in entgangenem Arbeitseinkommen und damit verbunden geringeren Rentenansprüchen, sondern auch in einem höheren Arbeitslosenrisiko sowie bei längerer Abwesenheit vom Arbeitsplatz in der Gefahr der Entwertung seines Humankapitals[684].

Anknüpfend an dieser Bewertung hat der Sachverständigenrat zur Begutachtung der Entwicklung im Gesundheitswesen in seinem Gutachten 2014 gefordert, perspektivisch eine Anerkennung der Gleichwertigkeit der Versorgung in alternden Familien und der familiären Pflege gegenüber der Kinderbetreuung durch die Gewährung entsprechender Lohnersatzleistungen vorzunehmen[685]. Im Folgenden wird untersucht, bei welchen Personenkreisen Lohnersatzleistung für Zeiten der familiären Pflege positive Anreize zur Pflegeübernahme setzen können, welche Art der Lohnersatzleistung und welche der unterschiedlichen Finanzierungsmöglichkeiten zu bevorzugen ist.

2.1. Milieubedingte Unterschiede

Die von Wille angesprochenen Opportunitätskosten variieren in ihren Konsequenzen je nach finanzieller Leistungsfähigkeit der Pflegehaushalte. Im Folgenden soll der Frage nachgegangen werden, wie sich milieuspezifische Faktoren auf die Bereitschaft zur häuslichen Pflege auswirken und welche Rückschlüsse auf die geforderte Vergütung während der Pflegezeit zu ziehen sind. Unter sozialen Milieus werden im Folgenden die gesellschaftlichen Großgruppen verstanden, die sich einerseits durch ihren sozialen Status – ihre strukturellen Ressourcen – unterscheiden und ande-

684 Wille (2010), S. 3
685 Deutscher Bundestag (2014), S. 504

rerseits durch ihren Lebensentwurf[686]. Im Unterschied zu Auswirkungen einzelner Variablen wie Einkommen, Erwerbstätigkeit, Familienstand oder Qualifikation haben Heusinger und Klünder eine Untersuchung der Milieuzugehörigkeit bei der häuslichen Pflege vorgenommen[687]. Sie haben dabei folgende acht Milieus – nach alten und neuen Bundesländern unterschieden – aufgeteilt[688]:

Alte Bundesländer	Neue Bundesländer
Konservativ-gehobenes Milieu	Rationalistisch-technisches Milieu
Kleinbürgerliches Milieu	Kleinbürgerliches-Materialistisches Milieu
Traditionelles Arbeitermilieu	Traditionsverwurzeltes Arbeitermilieu
Traditionsloses Arbeitermilieu	Traditionsloses Arbeitermilieu

Die Ergebnisse der Milieuuntersuchung von Heusinger und Klünder basieren auf einer Befragung der Pflegebedürftigen und der Pflegepersonen jeweils in ländlich-kleinstädtischen Regionen. Die Untersuchung gibt wegen der relativ geringen Anzahl der Befragten aber nur Anhaltspunkte für eine spezifische Milieuzuordnung der unterschiedlichen Pflegearrangements. Die Ergebnisse im Überblick:

- Das konservativ-gehobene Milieu und das rationalistisch-technische Milieu verfügen über eine gute Kapitalausstattung, setzen auf Qualität in der Pflege und kaufen sich ggf. ergänzende Pflegeleistungen ein. In diesem Milieu ist es unüblich, soziale außerfamiliäre Netzwerke bei der Pflegorganisation einzusetzen.
- Beim kleinbürgerlichen und dem kleinbürgerlich-materialistischen Milieu ist die erweiterte Kernfamilie die wichtigste Versorgung im Pflegefall. Andere soziale Netz-

686 Definition nach Blinkert (2009), S. 6 m.w.N.
687 s. Heusinger/Klünder (2005), S. 4 ff.; Heusinger (2008), S. 302
688 Heusinger (2008), S. 302

werke werden dagegen nur selten in Anspruch genommen.

- Im traditionellen und traditionsverwurzelten Arbeitermilieu wird die Pflege zumeist mit Hilfe des sozialen Kapitals, d.h. über ein familiäres und außerfamiliäres Netzwerk abgedeckt. Wegen geringer Finanzmittel werden Ausgaben für die professionelle Pflege meist vermieden.
- Dagegen sind Menschen aus dem traditionslosen Arbeitermilieu bei der Pflegeorganisation fast vollständig auf die Angebote der öffentlichen Fürsorge angewiesen.

Die Ergebnisse zeigen, dass die Bereitschaft zur häuslichen Pflege zwischen den einzelnen Milieus sehr unterschiedlich ausgeprägt ist. Die Untersuchung von Heusinger und Klünder bestätigt die Ergebnisse der Untersuchung von Blinkert und Klie, wonach die häusliche Pflegebereitschaft in den traditionellen Unterschichtenmilieus am stärksten ausgeprägt ist[689]. Personen mit geringem strukturellem Kapital (berufliche Position, Einkommen, Bildung) weisen dabei die größte Bereitschaft zur häuslichen Pflege auf[690]. Hingegen befürworten Personen mit höherem oder hohem strukturellen Kapital in stärkerem Maße die stationäre Heimunterbringung ihrer nahen Angehörigen. Insgesamt ist festzustellen, dass die in die häusliche Versorgung investierte Zeit von Angehörigen mit steigendem Sozialstatus sinkt[691].

Nach den Untersuchungen sind bei der Entscheidung zwischen Heimpflege und familiärer häuslicher Betreuung Kostenargumente vielfach wichtiger als moralisch verpflichtende Gründe[692]. Gerade

---

689 Blinkert/Klie (2003), S. 45; Blinkert (2009), S. 7 ff.

690 Blinkert (2009), S. 8

691 Blinkert (2009), S. 8; anders dagegen Franke/Reichert (2011), S. 33), die aufgrund ihrer Literaturstudie feststellen, dass es „eher die höher qualifizierten Beschäftigten sind, die Erwerbstätigkeit und Pflege für ältere Menschen vereinbaren." Allerdings beruht diese Feststellung im Wesentlichen auf einer Auswertung von Studien, die sich nicht speziell mit der deutschen Situation befassen.

692 Auth (2006), S. 348

die Pflegenden aus den genannten „unteren“ Milieus sind insoweit einer Doppelbelastung bzw. Dreifachbelastung ausgesetzt. Sie versuchen durch eine Erwerbstätigkeit zum Familieneinkommen beizutragen und leisten neben der Pflegetätigkeit in vielen Fällen noch die Erziehungsarbeit. Im Vergleich zum kleinbürgerlichen oder dem konservativ-gehobenen Milieu haben sie nur begrenzte Möglichkeiten die Betreuungs- und Pflegearbeit an bezahlte Dritte zu übertragen. Es besteht die Möglichkeit, dass es durch die Ausweitung des Niedriglohnsektors und die –bedingt durch die prognostizierte stärkere Eigenversorgung in der Sozialversicherung – zukünftig höheren Individualkosten der sozialen Absicherung zu einer Tendenz der (Re-)Familiarisierung der Pflegetätigkeit kommen wird[693]. Die Milieu-Untersuchungen belegen aber auch die Begrenztheit des Konzepts des Wohlfahrtmixes in der Pflege. Häusliche Pflege, ambulante Versorgung und stationäre Unterbringung stehen zwar im Grundsatz alternativ den betroffenen Familien zur Verfügung. Der individuelle Spielraum bei der Auswahl der einzelnen Betreuungsvarianten steht jedoch zumeist unter dem Vorbehalt eines entsprechenden eigenen finanziellen Budgets. Die Wahlmöglichkeiten sind also entsprechend der jeweiligen sozialen Position begrenzt.

Nachfragern an Pflegeleistungen aus den unteren Milieus steht wegen der eingeschränkten finanziellen Leistungsfähigkeit daher oft nur die Wahl der häuslichen familiären Pflege offen[694]. Die jüngsten Untersuchungen der Arbeitsstelle Rehabilitation- und Präventionsforschung der Universität Hamburg stützen diese These. Nach deren Befragungsergebnissen wird der Aspekt der Wirtschaftlichkeit bei der Pflegeübernahme desto häufiger als wichtig angesehen, je geringer das Einkommen ist[695]. Insofern ist es auch nicht überraschend, dass in der Gruppe der Geldleistungsbezieher die unteren Schichten überrepräsentiert sind[696]. Geordnet nach

---

693 so Winker (2009), S. 57

694 Egger de Campo (2009), S. 17

695 Runde/Giese/Kaphengst/Hess (2009a), S. 8 f.

696 Blinkert/Klie (2000), S. 240; Egger de Campo (2009), S. 17

Berufsgruppenmilieus ergibt sich anhand von Befragungsergebnissen für das Jahr 2009 folgendes Bild der Pflegeübernahme in der häuslichen Umgebung[697]:

Berufsgruppenmilieus	**Angaben in Prozent**
Arbeiterhaushalt	43,1%
Facharbeiter-/Einfacher Angestellten-/ Einfacher Beamtenhaushalt	35,3%
Landwirtschaftlicher-/ Handwerker-/ Kleingewerbehaushalt	10,8%
Höherer Angestellten-/ Höherer Beamtenhaushalt	6,6%
Selbstständiger Akademiker-/ Unternehmerhaushalt	4,2%

Aus diesem Befund lassen sich verschiedene im Rahmen dieser Arbeit relevante Schlussfolgerungen ziehen. Zum einen könnte aus den Milieuuntersuchungen die Forderung abgeleitet werden, die Wahlmöglichkeit der unteren Milieus durch höhere Leistungen der Pflegeversicherung für die stationäre Unterbringung zu verbessern. Ein solcher Paradigmenwechsel hin zu einer quasi kostendeckenden Pflegeversicherung wird den Realitäten einer Pflegeversicherung, die bereits ohne Leistungsausweitungen mittelfristig nicht ohne Beitragserhöhungen auskommen wird, aber kaum gerecht. Wenn dieser Weg der Leistungsausweitung in Anbetracht der finanziellen Rahmenbedingungen in der sozialen Pflegeversicherung aber wenig realistisch ist, bleibt als Ergebnis des Befundes der Milieuuntersuchung auf der anderen Seite der Weg eine Effektuierung der häuslichen familiären Pflege. Diese verursacht – wenn der Weg einer finanziellen Leistung während der Pflegezeit beschritten wird – Mehrbelastungen, denen aber Einsparungen wegen der Vermeidung der stationären Versorgung des Pflegebedürftigen entgegenstehen.

697 Runde/Giese/Kaphengst/Hess (2009), S. 58

Die Milieuuntersuchungen zeigen aber auch, dass der Anteil der häuslichen Pflege bei höheren Beamten bzw. Angestellten, bei Selbstständigen und Handwerkern gegenüber den Arbeiterhaushalten relativ gering ist; hier also noch Potential für eine Aktivierung der häuslichen Pflege besteht. Eine Vergütung während der Pflegezeit könnte gerade für diesen Personenkreis einen zusätzlichen Anreiz für die Pflegeübernahme bieten. Insbesondere für Doppelverdienerpaare ist das geltende Pflegezeitgesetz nach Auth, Leiber und Leitner wenig attraktiv[698]. Auf der einen Seite wollen oder können gut verdienende Frauen und Männer ihre Erwerbstätigkeit aus Karriereaspekten nicht unterbrechen. Auf der anderen Seite können es sich Paare mit geringem Erwerbseinkommen vielfach nicht leisten, auf das Erwerbseinkommen eines der Partner zu verzichten[699]. Das zuletzt genannte Argument ist aber nur bedingt nachvollziehbar, weil es den oben beschriebenen Milieuuntersuchungen widerspricht, wonach Bezieher geringer Einkommen überproportional an der häuslichen Pflege beteiligt sind. Auth, Leiber und Leitner fordern als Konsequenz ihrer Analyse die Einführung einer relativ kurzen Pflegezeit, die mittels einer Lohnfortzahlung oder einer Lohnersatzleistung flankiert werden sollte.

2.2. Motive zur Pflegeübernahme

Das Für und Wider des Lohnersatzes hängt zum einen entscheidend davon ab, ob es mit einer finanziellen Flankierung der Pflegezeit gelingen kann, das Pflegepotential zu aktivieren. Zum anderen sind die mit einem finanziellen Anreiz zur Pflegeübernahme eintretenden weiteren Wirkungen zu berücksichtigen. Im Folgenden sollen daher die Gründe herausgefiltert werden, die Angehörige dazu bewegen, ihre pflegebedürftigen Verwandten zu pflegen.

Die Entscheidung zur Pflegeübernahme ist eine persönliche Entscheidung, die von einer Reihe von Faktoren abhängig ist. Mitent-

[698] Auth/Leiber/Leitner (2011), S. 9

scheidende Determinanten dürften aber „Zeit“ und „Geld“ sein. Nach der von Peichelt-Jordan zu den Anreizwirkungen der Pflegeversicherung entwickelten Modellannahme erfolgt die Pflegeübernahme in dem Maße, in dem ein „Nutzen“ aus dieser Übernahme erfolgt bzw. der Nutzen die mit der Pflegeübernahme verbundenen „Kosten“ übersteigt[700]. Nach dem ökonomischen Modell altruistischen Verhaltens zieht auch ein uneigennütziger Geber Nutzen aus dem Empfänger der Leistung. Durch altruistisches Verhalten fließt dem Individuum dann Nutzen in Form psychischen Einkommens zu[701]. Ein anderes Begründungsmuster liefert das Modell mit strategischem Austauschmotiv. Hier wird die erwartete oder bereits empfangene Gegenleistung als Motiv für die Betreuung pflegebedürftiger Menschen herangezogen[702].

Die Begründung der Pflegeübernahme mit altruistischen oder egoistischen Motiven ist nicht nur von theoretischem Interesse, sondern hat Auswirkungen auf die staatlichen Anreizmechanismen. Schneider hat dies anschaulich wie folgt beschrieben:

> „Wäre die unbezahlte Pflege rein egoistisch motiviert, würde dies die Effektivität staatlicher Unterstützung an Pflegebedürftige in Frage stellen. Staatliche Unterstützung an Pflegebedürftige könnte unbezahlte Hilfeleistungen verdrängen, da die potentiellen privaten Helferinnen und Helfer aufgrund der staatlichen Unterstützung des Pflegebedürftigen weniger (oder keinen) Anlass (mehr) zur Hilfe sehen (Crowding-Out-Problem)“[703].

Die Betreuungsleistungen von Angehörigen bei Krankheit und Pflegebedürftigkeit resultieren – wie bereits erörtert – zum Teil aus moralischen Grundvorstellungen. Auch vor diesem Hintergrund kann die Angehörigenpflege nicht ausschließlich als volkswirtschaftliche Ressource unter Kosten-Nutzen-Aspekten gesehen werden. Allerdings ist zu bedenken, dass für die Herstellung eines

---

699 so Auth/Leiber/Leitner (2011), S. 9

700 zitiert nach Jentzsch (2004), S. 211; ebenso Schneider (2006), S. 496

701 Schneider (2006), S. 496

702 Schneider (2006), S. 497, die als Beispiel hierfür finanzielle Transfers der Eltern an die Haushalte der Kinder nennt, die als Anreiz dazu dienen, ihren Eltern Aufmerksamkeit und Pflege zukommen zu lassen.

703 Schneider (2006), S. 496; s. dazu auch Künemund/Vogel (2006), S. 271 ff.

größeren Problembewusstseins und stärkerer Akzeptanz von Lösungsansätzen auf Arbeitgeberseite die Kostenseite nicht unberücksichtigt bleiben kann.

Resümierend kann festgestellt werden, dass nach den dargestellten Untersuchungsergebnissen Wirtschaftlichkeitsüberlegungen zumindest mitentscheidend bei der Wahl eines häuslichen Pflegearrangements sind.

2.3. Politische Forderungen

Alle in der 17. Legislaturperiode im Deutschen Bundestag vertretenen Oppositionsparteien haben sich in ihren Programmen mit der Pflegezeit befasst und mehr oder minder konkrete Vorschläge für eine bezahlte Pflegezeit unterbreitet.

- Im Wahlprogramm der SPD für die Bundestagswahl 2009 heißt es: „Für nahe Angehörige wollen wir einen Anspruch auf bezahlte Freistellung von der Arbeit von bis zu 10 Tagen einführen, damit sie bei akut auftretender Pflegebedürftigkeit die nötige Zeit zur Organisation der Pflege zur Verfügung haben“[704].
- Im Wahlprogramm von BÜNDNIS90/DIE GRÜNEN zur Bundestagswahl 2009 heißt es: „Dabei müssen wir auch mehr für pflegende Angehörige tun. Familie, Pflege und Beruf müssen vereinbar sein. Deshalb wollen wir eine dreimonatige Pflegezeit mit einer Lohnersatzleistung einführen. Die Pflegezeit soll nicht nur engen Verwandten offen stehen, sondern allen, die die Pflege von Angehörigen oder Freundinnen und Freunden organisieren oder sie beim Sterben begleiten“.
- In ähnlicher Weise will die Bundestagsfraktion DIE LINKE das Pflegezeitgesetz reformieren. Danach soll eine sechswöchige bezahlte Pflegezeit für Erwerbstätige eingeführt werden, die der Organisation der Pflege und der ers-

704 Sozialdemokratische Partei Deutschlands (2009), S. 52

ten pflegerischen Versorgung von Angehörigen oder nahestehenden Personen dient[705]. Während dieser Pflegezeit sollen abhängig Beschäftigte eine beitragsfinanzierte Leistung erhalten, die den Lohn in Höhe des Arbeitslosengeldes I ersetzt[706].
- In der Koalitionsvereinbarung von CDU, CSU und SPD für die 18. Legislaturperiode ist erklärt, dass die zehntägige Auszeit für Angehörige, die kurzfristig Zeit für die Organisation einer neuen Pflegesituation benötigen, mit einer Lohnersatzleistung analog dem Kinderkrankengeld gekoppelt wird[707].

Die Frage der Sicherung des Lebensunterhalts während der Übernahme der häuslichen Pflege ist ebenfalls von Bundesfamilienministerin a.D. Dr. Schröder in ihrem Vorschlag für eine "Familien-Pflegezeit" angesprochen worden. Aus der Perspektive der Ministerin erweist sich die unbezahlte Freistellung vor allem für Menschen mit niedrigem Einkommen als großes Hindernis, Verantwortung in der Pflege zu übernehmen[708].

Auch das Europäische Parlament hat sich mit der Frage der bezahlten Freistellung während der pflegebedingten Erwerbsunterbrechung befasst. In seiner Entschließung vom 07.09.2010 fordert es die Mitgliedstaaten auf, „ (...) neue Urlaubsformen einzuführen, die es ermöglichen, einen bezahlten Urlaub, der kein Elternurlaub ist, für Pflegeaufgaben in Anspruch zu nehmen (...)“[709].

2.4. Zwischenfazit

Backes stellt richtigerweise fest, dass durch Freistellungsregelungen der Gewinn an persönlicher Freiheit als Kehrseite den Verlust

705 Deutscher Bundestag (2010d), S. 2
706 Deutscher Bundestag (2010d), S. 2
707 CDU, CSU, SPD (2013), S. 84
708 Bundesministerium für Familie, Senioren, Frauen und Jugend (2010a), Anlage, S. 4
709 Europäisches Parlament (2010), S. 2 unter Ziffer 13

an sozialer Sicherheit hat[710]. Sie fordert deshalb einen finanziellen Ausgleich über die sozialen Sicherungssysteme, der bislang unterblieben ist[711]. Sicherlich wäre eine Lohnersatzleistung während der Zeit der Übernahme der Pflege naher Angehöriger für viele – insbesondere die zuvor erwerbstätigen – Pflegenden eine wertvolle Hilfe und ein zusätzlicher Anreiz zur Pflege. Dettbarn-Reggentin und Reggentin haben dazu konkret die Erprobung von steuerfinanzierten Guthabenkonten vorgeschlagen[712]. Danach würde für die Pflegetätigkeit ein bestimmter Zeitanteil auf dem Arbeitszeitkonto gutgeschrieben. Dieser „Kombilohn" wäre durch Bundes- und Landesmittel zu fördern. Dettbarn-Reggentin und Reggentin erhoffen sich dadurch eine stärkere Ansprache von unteren Einkommensbeziehern, die durch den (teilweisen) Arbeitsverzicht stärker benachteiligt sind, da das Teilzeiteinkommen in der Regel kaum ausreichend für den Lebensunterhalt ist[713].

Im Zwischenbericht der Enquete-Kommission „Ethik und Recht in der modernen Medizin" wird im Hinblick auf die Vergütung auf die schwedischen Erfahrungen abgestellt. Dort wird während der bis zu achtwöchigen Pflegezeit eine Vergütung an die Pflegenden gezahlt, die dem entspricht, was die Pflegenden bei eigener Krankheit erhalten würden. Diese Vergütung – so der Zwischenbericht – mag einer der Gründe sein, dass häusliche Pflege von Angehörigen und Nahestehenden in Schweden nicht ungewöhnlich ist[714].

3. Lohnfortzahlung oder Lohnersatz?

Nachfolgend sollen die unterschiedlichen Wege einer finanziellen Flankierung der Pflegefreistellung beleuchtet werden. Dabei geht

---

710 Backes (2007), S. 159

711 Backes (2007), S. 159; ebenso: Kommission zur Erstellung des ersten Gleichstellungsberichts s. Deutscher Bundestag (2011), S. 216

712 Dettbarn-Reggentin/Reggentin (2004), S. 58

713 Dettbarn-Reggentin/Reggentin (2004), S. 58

714 Enquete-Kommission „Ethik und Recht in der modernen Medizin" (2005), S. 69

es zum einen um die Frage, wer die Finanzierungsverantwortung für etwaige finanzielle Leistungen tragen sollte und zum anderen um die Frage, ob die finanzielle Leistung als Lohnersatz an das vor der Pflegefreistellung erzielte Arbeitseinkommen anknüpfen oder unabhängig hiervon eine Pauschalleistung an den Pflegenden gewährt werden sollte.

3.1. Finanzierung durch Arbeitgeber

Anders als beim Bundesurlaubsgesetz, bei dem mit dem Urlaub die Wiederherstellung der vollen Arbeitsleistung des Arbeitnehmers bezweckt ist, fehlt bei der Freistellung zur Pflege eines nahen Angehörigen eine gleichwertige, wenigstens zum Teil unmittelbar zum Vorteil des Arbeitgebers gerichtete Zwecksetzung. Ebenso wie die Freistellung zum Zwecke der Kinderbetreuung nach dem BEEG wird die Freistellung nicht zum direkten Vorteil des Arbeitgebers, sondern zum Wohle der Familie bzw. der Gesellschaft gewährt. Die bedarfsgerechte Pflege bzw. deren Finanzierung als private oder/und gesamtgesellschaftliche Aufgabe darf insofern nicht einseitig zu Lasten der einen Vertragspartei des Arbeitsverhältnisses ausgestaltet sein, dem Arbeitgeber also nicht die alleinige Finanzierungsverantwortung aufgebürdet werden.

Soweit bekannt, sind aus der Wissenschaft nur wenige Stimmen ersichtlich, die die Forderung nach Entgeltfortzahlung während der Pflegezeit durch die Arbeitgeber erheben. Vereinzelt wird die Forderung erhoben, eine Lohnfortzahlung in der Pflegezeit für maximal sechs Monate einzuführen[715]. In der Wissenschaft wird aber überwiegend eine Finanzierung der Freistellungszeiten durch die Arbeitgeber für sachwidrig erachtet, weil die Unterstützung von Pflegepersonen im Allgemeininteresse liegt und – anders als die Freistellung als solche – keine Angelegenheit der Arbeitsvertragsparteien ist[716]. Auch aus Sicht des Verfassers ist eine alleinige

[715] Gumpert (2009), S. 31
[716] so Becker/Lauerer (2010), S. 26

Finanzierung der Pflegezeit über die Arbeitgeber aus den geschilderten Gründen der falsche Weg[717].

Zu bedenken ist aber, dass die mangelnde Vereinbarkeit von Pflege und Erwerbstätigkeit ein Kostenfaktor für die Arbeitgeber sind. Eine Reduktion dieser Kosten schafft auf Arbeitgeberseite finanzielle Spielräume, die bei den Finanzierungsalternativen während der Freistellung nicht außer Betracht bleiben dürfen. Reuyß/Pfahl/Rinderspacher/Menke schlagen vor, die Arbeitgeber bei Lohnersatzleistungen für pflegende Beschäftigte mit in die Finanzierung einzubeziehen[718]. Nach Auffassung des Autorenteams soll dies dergestalt erfolgen, dass die Arbeitgeber neben den Sozialkassen und dem Steueraufkommen an der Finanzierung von Freistellungszeiten beteiligt werden. Konkret wird vorgeschlagen, dass bei künftigen Tarifverhandlungen ein Teil des Verteilungsspielraums nicht für Entgeltsteigerungen, sondern zur finanziellen Entlastung pflegender Beschäftigter genutzt wird, die ansonsten Lohneinbußen hinzunehmen hätten[719]. Als Beispiel hierfür wird der im Jahr 2011 in der Chemieindustrie vereinbarte Tarifvertrag „Lebensphasengerechte Arbeitszeitgestaltung" genannt. Dieser sieht zur Finanzierung von Entlastungszeiten die Bildung eines Fonds vor, in den 2,5 Prozent der Summe der tariflichen Entgelte gezahlt werden. Für die Jahre 2013 bis 2015 wird dieser Fonds um jeweils 200 Euro je Anspruchsberechtigten aufgestockt. In den Betrieben werden zurzeit die Verwendungszwecke zwischen Arbeitgeber und Betriebsrat vereinbart. Am häufigsten werden Regelungen für belastete Arbeitnehmergruppen getroffen, so zur Betreuung kranker Kinder über den gesetzlichen Freistellungsanspruch hinaus oder zur Pflege von Familienangehörigen. Diese können die Arbeitszeit auf 50 Prozent oder 80 Prozent der tariflichen Wochenarbeitszeit mit Entgeltausgleich reduzieren.

---

717 s. Presseerklärung des VdAK vom 31.08.2007 „Pflegezeit als gesamtgesellschaftliche Aufgabe finanzieren"

718 Reuyß/Pfahl/Rinderspacher/Menke (2014), S. 21

Aus vorgenannten Gründen ist auch eine alleinige Finanzierung über die Sozialversicherungssysteme – sei es über die gesetzliche Krankenversicherung oder die soziale Pflegeversicherung – nicht opportun. Zwar wirkt eine Freistellungsregelung zwischen den beitragspflichtigen Arbeitsvertragsparteien. Letztlich ist aber die Frage der bedarfsgerechten Pflege eine gesamtgesellschaftliche Aufgabe, die auch gesamtgesellschaftlich über das Steueraufkommen und nicht über die Beitragszahler finanziert werden sollte.

3.2. Finanzierung über das Steueraufkommen

Letztlich stellt sich die Frage, ob eine – bedingt durch die Pflege – eingeschränkte Möglichkeit sich über Erwerbstätigkeit zu finanzieren, als gesellschaftlich wichtige Tätigkeit über das Steueraufkommen unterstützt werden sollte. Allein die Formulierung dieser Frage indiziert bereits die positive Antwort hierauf. In Anbetracht der Rekordverschuldung des Bundes dürften steuerfinanzierte Lohnersatzleistungen während der Zeiten der Pflegeübernahmen vergleichbar denen des Elterngeldes mittelfristig schwer zu realisieren sein. Unabhängig von dieser finanziellen Realisierbarkeit stellt sich aber grundsätzlich die Frage, ob derartige Lohnersatzleistungen während der Zeit der Pflegeübernahme tatsächlich Ziel führend wären und welche Wirkungen dadurch eintreten würden. In der Literatur wird die Gefahr gesehen, dass ähnlich wie die diskutierte „Herdprämie" für die häusliche Kinderbetreuung von solchen finanziellen Anreizen besonders Frauen Gebrauch machen und insoweit animiert werden, aus dem Beruf auszusteigen[720]. Bei der Ausgestaltung der finanziellen Leistungen sollen deshalb auch Genderaspekte einbezogen werden

Zur konkreten Ausgestaltung einer steuerfinanzierten Leistung während der Pflegezeit stehen im Prinzip zwei unterschiedliche Systeme zur Verfügung. Zum einen könnte sich die steuerfinan-

719 Reuyß/Pfahl/Rinderspacher/Menke (2014), S. 21

zierte Leistung am bisherigen Erwerbseinkommen der Pflegeperson orientieren. Vorbild für eine derartige Regelung ist das Elterngeld. Zum anderen könnte die Geldleistung während der Pflegezeit pauschal, also unabhängig vom vorherigen Erwerbseinkommen, gewährt werden. Vorbild einer solchen Ausgestaltung ist das frühere Erziehungsgeld, das allerdings nur gewährt wurde, wenn bestimmte Einkommensgrenzen nicht überschritten wurden.

Um die möglichen Folgewirkung der Gewährung einer an das bisherige Erwerbseinkommen anknüpfenden Leistung abschätzen zu können, sollen nachfolgend die Wirkungen des Elterngeldes auf die Bereitschaft zur Übernahme von familiärer Sorgearbeit skizziert werden.

3.2.1. Einkommensabhängige Leistung

Das Elterngeld wird einkommensabhängig für die Dauer von 12 bzw. 14 Monate gewährt. Es beträgt mindestens 300 und maximal 1.800 Euro pro Monat. Nach den Ergebnissen der vom Bundesministerium für Familie, Senioren, Frauen und Jugend in Auftrag gegebenen Evaluation des zum 1.1.2007 eingeführten Elterngeldes ist das Haushaltseinkommen für Familien mit Kindern um 400 Euro im Monat angestiegen. Besonders hoch sind die Zuwächse von Familien, in denen die Mutter ein hohes Bildungsniveau hat[721]. Das Elterngeld hat – so das Ergebnis der Analyse – die Anreize erhöht, die Erwerbstätigkeit im ersten Jahr nach der Geburt zu unterbrechen. Im zweiten Jahr nach der Geburt haben sich wegen des Wegfalls des Elterngeldes die Anreize zur Aufnahme der Erwerbstätigkeit jedoch erhöht, und zwar insbesondere für Mütter mit niedrigem Einkommen[722].

Würden ähnliche Effekte bei einem analog dem Elterngeld ausgestaltetem Pflegegeld während der Pflegezeit eintreten, würden die

720 Financial Times Deutschland, Ausgabe vom 4.3.2010, S. 25

721 Wrohlich/Berger/Geyer/Haan/Sengül/Spieß/Thiemann (2012), S. 1

722 Wrohlich/Berger/Geyer/Haan/Sengül/Spieß/Thiemann (2012), S. 2

Anreize zur Übernahme der häuslichen Pflege bestärkt. Mit einer einkommensabhängigen Leistung würden die insbesondere von gut verdienenden Erwerbstätigen befürchteten Einkommensverluste reduziert und ein stärkerer Anreiz zur Übernahme der Pflege geschaffen[723]. Die Chance bestände darin, gerade das heute noch Brach liegende Potential der gut verdienenden Angehörigen verstärkt zu aktivieren. Dieser Personenkreis ist gegenwärtig bei der häuslichen Pflege – wie oben dargestellt – deutlich unterrepräsentiert. Damit könnte insgesamt die häusliche Pflege gestärkt, dem Wunsch der Betroffenen nach häuslicher Pflege nachgekommen und dem Heimsog entgegen gewirkt werden. Eine steuerfinanzierte Lohnersatzleistung könnte auch helfen, die Pflegebereitschaft der Männer zu erhöhen, da die Einkommensverluste durch die Übernahme der Pflege in vielen Fällen verkraftbar wären.

Mit einer steuerfinanzierten Leistung während der Pflegeübernahme könnte somit auch ein Betrag zur besseren Geschlechterverteilung in der Pflege geleistet werden. Schließlich scheint ein einkommensabhängiges Pflegegeld auch einen wichtigen Beitrag zur Reintegration in den Arbeitsmarkt sein. Nach den bisherigen Untersuchungsergebnissen ist festzustellen, dass viele Pflegende, die ihre Arbeitszeit wegen der Pflegeübernahme reduziert haben, nach Beendigung der häuslichen Pflege nicht wieder zum vorherigen Arbeitsvolumen zurückgekehrt sind. Die Evaluation des Elterngeldes zeigt, dass nach Beendigung des Elterngeldbezugs ein hoher Anreiz besteht, die Erwerbstätigkeit wieder voll aufzunehmen. Übertragen auf die Pflege bietet ein steuerfinanziertes Pflegegeld demnach durchaus die Perspektive auf eine stärkere Reintegration der Pflegenden in das Erwerbsleben[724].

Offen ist, in welcher Größenordnung der Bundeshaushalt durch eine steuerfinanzierte Lohnersatzleistung während der Pflegeübernahme belastet würde. Bei den Kostengesichtspunkten sind aber nicht nur die eigentlichen Kosten für die Leistungsgewäh-

---

723 Rothgang/Unger (2013), S. 37
724 ebenso: Rothgang/Unger (2013), S. 37

rung, sondern auch die höheren Kosten einer stationären Versorgung und die unternehmerischen Kosten, die aus der mangelnden Vereinbarkeit von Erwerbsarbeit und Pflege entstehen, zu berücksichtigen.

3.2.2. Einkommensunabhängige Leistung

Ein weiterer Ansatz einer steuerfinanzierten Leistung während der Pflegeübernahme besteht darin, für die Dauer der Pflegezeit eine Leistung unabhängig von der Aufgabe bzw. Reduktion der Erwerbstätigkeit und ohne Anknüpfung an das zuvor erzielte Erwerbseinkommen zu gewähren. Der Personenkreis, der für eine solche Leistung anspruchsberechtigt wäre, ist – weil auf nichterwerbstätige Personen umfassend – deutlich größer als der Personenkreis der zuvor erörterten Entgeltvariante. Insofern könnten – bei begrenzten finanziellen Mitteln – zwar ein größerer Personkreis von der einkommensunabhängigen Leistung profitieren, die Anreize zur Aufnahme der Pflegetätigkeit wären wegen der geringeren Leistungshöhe aber insbesondere für erwerbstätige Pflegepersonen deutlich geringer[725]. Eine allein an die Pflege anknüpfende, einkommensunabhängig gewährte steuerfinanzierte Leistung während der Freistellung zur Pflege würde in der Tat gerade für solche Personen einen Anreiz zur Pflegeübernahme setzen, die nur ein geringeres oder überhaupt kein Arbeitseinkommen erzielen. Hiervon wären in erster Linie Frauen betroffen. Eine einkommensunabhängige Leistung würde insofern durch bessere finanzielle Rahmenbedingungen während der Pflegeübernahme einen Beitrag zur Stabilisierung der häuslichen Pflege leisten. Gleichwohl bestünde ein Konflikt zum Ziel der Herstellung möglichst geschlechteregalitärer Pflegeübernahme.

---

725 ebenso: Becker/Lauerer (2010), S. 28

3.2.3. Zwischenfazit

Vor dem Hintergrund dieses Befundes ist aus Sicht des Verfassers eine einkommensabhängige steuerfinanzierte Leistung während der Pflege der bessere Weg. Durch eine Anknüpfung an das vor der Pflegeübernahme erzielte Einkommen – ähnlich wie beim Elterngeld – bestünde insbesondere für die Bezieher mittlerer und höherer Einkommen ein verstärkter Anreiz zur Pflegeübernahme. Gerade dieser Personenkreis nimmt nach den oben dargestellten Milieuuntersuchungen nur unterproportional häusliche Pflegeaufgaben wahr. Durch die Anknüpfung der Entgeltersatzleistung an das vorangegangene Erwerbseinkommen könnte die Bereitschaft der Männer zur Pflegeübernahme gestärkt werden, wie die Erfahrungen mit der Einführung eines einkommensabhängigen Elterngeldes belegen[726].

Becker und Lauerer haben eine differenzierte steuerfinanzierte Entgeltfortzahlung während der Zeit der Pflegeübernahme in die Diskussion eingebracht. Danach könnte der während der Zeit der Pflege zu zahlende Entgeltfortzahlungsbetrag sich zum einem am vorangegangenen Arbeitsentgelt und zum anderen nach dem mit der Pflege verbundenen, nach Pflegestufen typisierten zeitlichen Aufwand bemessen[727]. Hinter diesem Vorschlag steht die Überlegung, dass ein Entgeltersatz gerade in den Fällen sinnvoll ist, bei denen die Pflege mit einem so großen Aufwand verbunden ist, der auch eine nur teilweise Weiterführung der Erwerbstätigkeit neben der Pflege nicht erlaubt.

Die Grundüberlegungen dieses Vorschlags sind also durchaus nachvollziehbar, die praktischen Konsequenzen einer nach der Schwere der Pflegebedürftigkeit gestaffelten Entgeltfortzahlung aber problematisch. Becker und Lauerer haben selbst darauf hingewiesen, dass bei einer derartigen Regelung die Pflegetätigkeit für manche Pflegende möglicherweise deshalb nicht in Frage

726 s. Spieß (2010), S. 4
727 Becker/Lauerer (2010), S. 28

kommt, weil der Erwerbseinkommensausfall nicht ausreichend finanziell abgedeckt wäre[728]. Insofern bietet der Vorschlag einer nach Pflegestufen differenzierte Lohnersatzleistung nur für einen Teil der Pflegepersonen tatsächlich einen Anreiz für Übernahme der häuslichen Pflege.

V. Wartezeit

1. Pflegezeit ohne Wartezeit

Der Anspruch auf Pflegezeit ist nicht von einer bestimmten Dauer der Betriebszugehörigkeit abhängig, es besteht also keine Wartezeit[729]. Praktisch können damit Beschäftigte bereits kurz nach Beginn des Arbeitsverhältnisses ihren Anspruch auf Pflegezeit gegenüber ihrem Arbeitgeber geltend machen und nach Ablauf der zehntägigen Ankündigungsfrist wegen der Pflegeübernahme von der Arbeit fernbleiben.

Im Gegensatz zu den Regelungen bei der Elternzeit nach § 15 Abs. 7 Satz 1 Nr. 2 BEEG setzt § 3 Abs. 1 PflegeZG insbesondere nicht voraus, dass das Arbeitsverhältnis mit dem Arbeitgeber ohne Unterbrechung länger als sechs Monate besteht. Der Beschäftigte kann also gleich zu Beginn seiner Tätigkeit den Anspruch auf Pflegezeit geltend machen[730]. Eine analoge Anwendung von § 15 Abs. 7 Satz 1 Nr. 2 BEEG kommt nicht in Betracht, da keine unbewusste Regelungslücke vorliegt. Der Gesetzgeber hat vielmehr den Beschluss des Bundesrates[731], in dem vorgeschlagen wurde, in § 3 Abs. 1 Satz 1 PflegeZG eine sechsmonatige Wartezeit für die Inanspruchnahme der Pflegezeit aufzunehmen, nicht aufgegriffen. Insofern ist davon auszugehen, dass nach dem gesetzgeberischen Willen die Pflegezeit – im Gegensatz zur Elternzeit –

728 Becker/Lauerer (2010), S. 28
729 Joussen (2009), S. 72
730 Waldenmaier/Langenhan-Komus (2008), S. 313
731 s. BR-Drucks. 718/1/07

ohne eine Mindestbetriebszugehörigkeit des Beschäftigten in Anspruch genommen werden kann.

2. Systematische Einordnung

Die Gründe für diese unterschiedliche Ausgestaltung der Anspruchsvoraussetzung bei Eltern- und Pflegezeit bei auch nach der Gesetzesbegründung unklar, da bei der Elternzeit eine Konfliktsituation für den Beschäftigten zwischen den arbeitsrechtlichen und familiären Verpflichtungen besteht, die der Konfliktsituation bei der Pflegezeit vergleichbar ist (Vereinbarkeit von Familie und Beruf). Schließlich überzeugt die vom Gesetzgeber vorgenommene Differenzierung hinsichtlich der Wartezeit bei BEEG und PflegeZG auch deshalb nicht, weil der betreuungsrelevante Personenkreis beim PflegeZG deutlich größer ist (s. § 7 Abs. 3 PflegeZG) als der beim BEEG, dem ausschließlich Kinder angehören. Eine Begründung, warum die Elternzeit vom Arbeitnehmer erst nach sechsmonatigem Bestand des Arbeitsverhältnisses in Anspruch genommen werden kann, bei der Pflegezeit aber vom Gesetzgeber auf diese Wartezeit verzichtet wurde, erschließt sich nicht aus der Gesetzessystematik. Auch in der Gesetzesbegründung finden sich keine Hinweise auf die Intention des Gesetzgebers für diese Differenzierung.

Möglicherweise hat der Gesetzgeber von einer Wartezeit bei der Inanspruchnahme von Pflegezeit Abstand genommen, weil der Zeitpunkt des Pflegebedarfs eines nahen Angehörigen nicht vorhersehbar ist und deshalb eine Wartezeit die erforderliche Pflegeübernahme konterkariert. Diese Erwägungen werden untermauert durch die Tatsache, dass die Ankündigungsfrist für die Inanspruchnahme von Elternzeit sieben Wochen beträgt. Will der Beschäftigte Elternzeit beanspruchen, muss er also spätestens sieben Wochen vor Beginn der geplanten Freistellung zur Kinderbetreuung dies schriftlich vom Arbeitgeber verlangen. Demgegenüber beträgt die Ankündigungsfrist für die Pflegezeit nur zehn Tage. Die gesetzgeberische Intention für den Verzicht einer Wartezeit für die Inanspruchnahme liegt demnach wohl in der Tatsache begründet, dem Beschäftigten im Falle eines auftretenden Pflegebedarfs relativ schnell die Möglichkeit der Übernahme der Pflege zu ermöglichen.

3. Bewertung

Aus Sicht des Verfassers erscheint aus systematischen Erwägungen die Einführung einer sechsmonatigen Wartezeit auch bei der Pflegezeit als der sachgerechte Weg. Eine entsprechende Wartezeit wurde auch vom Bundesrat vorgeschlagen[732]. Gerade im Hinblick auf den Vergleich zum BEEG überzeugt der Verzicht auf eine Wartezeit beim PflegeZG deshalb wenig, weil beim BEEG ausschließlich Kinder zum betreuungsbedürftigen Personenkreis zählen, beim Pflegezeitgesetz hingegen fast bei allen nahen pflegebedürftigen Verwandten die Freistellung möglich ist. Hinzu kommt, dass der Sonderkündigungsschutz nach dem PflegeZG wesentlich weiter gefasst wurde als nach dem BEEG. Dort beginnt der Sonderkündigungsschutz für Arbeitnehmer, die Elternzeit beanspruchen wollen, frühestens acht Wochen vor dem tatsächlichen Beginn der Elternzeit, § 18 Abs. 1 Satz 1 BEEG. Demgegenüber beginnt der Sonderkündigungsschutz nach dem Pflegezeitgesetz bereits mit der Ankündigung, Pflegezeit in Anspruch zu nehmen. Dies gilt auch dann, wenn die Ankündigung mehr als acht Wochen vor dem geplanten Beginn der Pflegezeit ausgesprochen wurde. Deshalb sprechen gewichtige Argumente dafür, die Regelungen des Pflegezeitgesetzes an die des Bundeselterngeld- und Elternzeitgesetzes (§ 15 Abs. 7 Satz 1 Nr. 2 BEEG) anzupassen und eine Wartezeit von sechs Monaten für den Anspruch auf Verringerung der Arbeitszeit wegen Pflege vorzuschreiben.

Über diese eher systematischen Erwägungen müssen aber auch die faktischen Unterschiede zwischen Elternzeit und Pflegezeit

---

[732] s. BR-Drucks. 718/1/07

betrachtet werden. Insbesondere Frauen haben neben der Kinderbetreuung die Pflege mit der Erwerbstätigkeit in Einklang zu bringen. Die Pflegeübernahme ist in vielen Fällen mit einer räumlichen Entfernung von Pflegendem und Pflegebedürftigen verbunden, die bei der Kinderbetreuung in aller Regel nicht auftritt[733]. Im Gegensatz zum häufig akut auftretenden pflegerischen Bedarf ist die Kinderbetreuung in aller Regel mit einem wesentlich längeren zeitlichen Vorlauf planbar. Insoweit fällt die stärkere Unplanbarkeit der Notwendigkeit der Pflege eines nahen Angehörigen gegenüber den Arbeitgeberinteressen stärker ins Gewicht als dies bei der Kinderbetreuung im Rahmen der Elternzeit der Fall wäre. Bei einer Gesamtwürdigung aller vorgenannten Argumente dürften letztlich die praktischen Erwägungen entscheidend sein. Die Einführung einer Wartezeit von sechs Monaten würde bei gut sechs Millionen Arbeitsplatzwechslern in Deutschland pro Jahr[734] die Zahl der Beschäftigten, die Anspruch auf Pflegezeit haben, deutlich reduzieren. Damit würde aber ein nicht unerheblicher Teil des vorhandenen Pflegepotentials von den Freistellungsmöglichkeiten nach dem Pflegezeitgesetz ausgeschlossen. Insofern sprechen – trotz systematischer Bedenken – die überwiegenden Gründe gegen die Einführung einer Wartezeit.

VI. Ankündigungsfrist und Pflegezeit

1. Mindestankündigungsfrist/Höchstankündigungsfrist

Der Gesetzgeber hat bei der konkreten Fassung des Pflegezeitgesetzes sowohl die Interessen von Arbeitgebern als auch die der Beschäftigten berücksichtigt. Auf der einen Seite ist der Gesetzgeber der Forderung der Arbeitgeber nachgekommen und hat die Pflegezeit unentgeltlich ausgestaltet, d.h. während der Inan-

[733] Deutscher Bundestag (2011), S. 123
[734] Institut für Arbeitsmarkt- und Berufsforschung (2009), S. 5

spruchnahme der Pflegezeit ist der Arbeitgeber nicht verpflichtet, dem Arbeitnehmer dessen Arbeitsentgelt weiter zu gewähren. Auf der anderen Seite hat der Gesetzgeber den Arbeitnehmern durch die Gewährung eines Sonderkündigungsschutzes einen relativ weitgehenden Bestandsschutz für die Dauer der Pflegezeit zugebilligt. Diese Weichenstellungen sind bei den nachfolgenden Ausführungen, die sich mit der Ankündigungsfrist befassen, von besonderer Relevanz.

Der Gesetzgeber hat zwar eine Mindestfrist von zehn Tagen bei der Ankündigung der Inanspruchnahme der Pflegezeit vorgeschrieben. Der Anspruch auf Pflegezeit besteht also erst, nachdem zehn Arbeitstage seit der Ankündigung des Beschäftigten, er wolle Pflegezeit in Anspruch nehmen, verstrichen sind. Innerhalb des Pflegezeitgesetzes ist aber nur eine Mindestankündigungsfrist festgeschrieben. Dagegen hat der Gesetzgeber auf die Festlegung einer Höchstankündigungsfrist – im Gegensatz zum BEEG – verzichtet. Durch diesen Verzicht erhält der Beschäftigte einen Sonderkündigungsschutz auch dann, wenn die beabsichtigte Pflegezeit erst Monate nach der Ankündigung beginnt. Der Beginn des Sonderkündigungsschutzes ist insofern von einer einseitigen Willenserklärung des Arbeitnehmers – nämlich der Ankündigung der Pflegezeit – abhängig.

In der Literatur ist umstritten, ob im Zeitpunkt der Ankündigung bereits alle Voraussetzungen für die Inanspruchnahme der Pflegezeit vorliegen müssen, also insbesondere ob der Angehörige bereits im Zeitpunkt der Ankündigung pflegebedürftig sein muss. Einerseits wird die Auffassung vertreten, dass bereits zum Zeitpunkt der Ankündigung die Pflegebedürftigkeit vorliegen muss[735]. Anderseits lassen es andere Autoren für den Sonderkündigungsschutz ausreichen, wenn die Pflegebedürftigkeit erst bei Beginn der gewünschten Freistellung vorliegt[736]. Letztlich kann dieser Streit dahinstehen. Dennoch ist es erstaunlich, dass der Gesetz-

[735] Böggemann (2008), S. 357; Linck (2008), S. 2741; Weinbrenner (2011), S. 69
[736] Erfko-Gallner, § 3 PflegeZG Rn. 1 m.w.N.

geber gerade mit Blick auf den Verzicht auf eine Höchstankündigungsfrist nicht explizit normiert hat, ob die tatbestandlichen Voraussetzungen der Pflegezeit bereits im Zeitpunkt der Ankündigung vorliegen müssen. Dies ist eine bemerkenswerte Ausnahme im deutschen Arbeitsrecht, da ansonsten das Bestehen eines besonderen Kündigungsschutzes allein durch das Vorliegen objektiver Tatsachen bedingt ist. Bei § 9 MuSchG ist die Schwangerschaft Anknüpfungspunkt des besonderen Kündigungsschutzes und bei §§ 84 ff. SGB IX ist es das Vorliegen der Schwerbehinderteneigenschaft. Bei § 5 PflegeZG genügt dagegen das Vorhandensein eines nahen Angehörigen und die Ankündigung des Beschäftigten, er wolle Pflegezeit in Anspruch nehmen.

2. Bewertung

Parallelen weist der mit der Ankündigung der Pflegezeit entstehende besondere Kündigungsschutz zu § 18 Abs. 1 Satz 1 BEEG auf. Danach beginnt der Sonderkündigungsschutz für Beschäftigte, die Elternzeit in Anspruch nehmen wollen, mit der Ankündigung der Elterzeit. Allerdings besteht eine maximale Ankündigungsfrist von acht Wochen. Eine vor dieser Frist erfolgte Ankündigung des Beschäftigten, dass er Elternzeit in Anspruch nehmen wolle, löst den besonderen Kündigungsschutz nicht aus. Die Ankündigungsfrist von maximal acht Wochen nach § 18 Abs. 1 Satz 1 BEEG ist im Interesse der Arbeitgeber geschaffen worden. Durch die vom Arbeitnehmer vorzunehmende Ankündigung der alsbaldigen Elternzeit soll es dem Arbeitgeber ermöglichen, sich hierauf einzustellen und ausreichend Zeit zu haben, um die entsprechende personalpolitischen Konsequenzen aus der Elternzeit des Beschäftigten zu ziehen, also z.B. befristete Einstellungen oder betriebliche Umstrukturierungen vorzunehmen. Der mit der Ankündigung verbundene Sonderkündigungsschutz liegt aber primär im Interesse der Arbeitnehmer. Ihnen soll mit der Vorlagerung des Kündigungsschutzes die Sorge genommen werden, dass der Arbeitgeber das Arbeitsverhältnis wegen der durch die Elternzeit entstehenden Belastungen aufkündigt.

Ebenso wie bei der Elternzeit ist diese arbeitgeberseitige Interessenlage auch bei der alsbaldigen Inanspruchnahme von Pflegezeit durch einen Beschäftigten gegeben. Auch bei der Pflegezeit muss der Arbeitgeber die personellen Konsequenzen ziehen, um den durch die Inanspruchnahme der Pflegezeit bedingten Ausfall eines Arbeitnehmers durch geeignete Maßnahmen zu kompensieren. Eine sachliche – aus der Besonderheit der Pflege gegenüber der Elternzeit begründete – Rechtfertigung für den Verzicht einer maximalen Ankündigungsfrist ist aber nicht erkennbar. Die Festlegung einer Höchstankündigungsfrist würde auch die Rechtsposition der Beschäftigung kaum schmälern. Der Beschäftigte, der Pflegezeit beanspruchen möchte, könnte zunächst abwarten bis er sich innerhalb des Höchstankündigungszeitraums befindet und dann die Pflegezeit ankündigen. Darüber hinaus ist der Beschäftigte wegen des Maßregelungsverbots nach § 612a und § 138 Abs. 1 BGB vor Kündigungen geschützt[737]. Aus Sicht des Verfassers sollte daher entsprechend eine maximale Ankündigungsfrist bestimmt bzw. geregelt werden, dass der Sonderkündigungsschutz nach dem Vorbild von § 18 Abs. 1 Satz 1 BEEG erst acht Wochen vor Beginn der Pflegezeit greift.

VI. Kleinbetriebsklausel

Nach § 3 Abs. 1 Satz 2 PflegeZG besteht der Anspruch auf Pflegezeit nicht gegenüber Arbeitgebern mit in der Regel 15 oder weniger Beschäftigten. In der Ausgrenzung dieser Betriebe aus dem Anwendungsbereich der Pflegezeit wird in der Literatur ein Grund für die geringe Inanspruchnahme der Pflegezeit gesehen[738]. Denn in diesen Kleinbetrieben müssen Arbeitnehmer, die Freistellung wegen der Übernahme der Pflege eines nahen Angehörigen mit

---

737 Weinbrenner (2011), S. 88

738 Rürup (2011), S. 3

ihrem Arbeitgeber vereinbaren, ohne aber einen Anspruch auf Pflegezeit zu haben. Zur besseren Ausschöpfung des in Kleinbetrieben vorhandenen Pflegepotentials fordert deshalb Rürup, die Möglichkeit der Inanspruchnahme von Pflegezeit unabhängig von der Betriebsgröße auszugestalten[739].

Der Vorschlag von Rürup ist zur Aktivierung des in Kleinbetrieben vorhandenen Pflegepotentials durchaus nachvollziehbar. Bedenken gegen diesen Vorschlag ergeben sich aber im Hinblick auf mögliche negative Folgen für den Bestand des Arbeitsverhältnisses und damit letztlich auch auf das wirkliche aktivierbare Pflegepotential in Kleinbetrieben. Würde der Anspruch auf Pflegezeit auch für Kleinbetriebe gelten, wäre das Arbeitsverhältnis des die Pflegezeit beanspruchenden Beschäftigten bis zur Beendigung der Pflegezeit durch den besonderen Kündigungsschutz nach § 5 PflegeZG geschützt. Nach Beendigung der Pflegezeit gelten dann nur noch die allgemeinen Kündigungsschutzregelungen, die in vielen Fällen wegen der Nichterreichung der erforderlichen Mindestarbeitnehmerzahl nach § 23 KSchG nicht zur Anwendung kämen. Der Beschäftigte wäre also – bis auf die Fälle, in denen der Arbeitgeber ausdrücklich wegen der zuvor beanspruchten Pflegezeit kündigt[740] – nicht gegen eine arbeitgeberseitige Kündigung geschützt. Es bestünde insoweit die Gefahr, dass der Arbeitnehmer wegen der Inanspruchnahme der Pflegezeit seinen Arbeitsplatz verliert. Dieses Risiko des Arbeitsplatzverlustes dürfte viele Arbeitnehmer von der Beanspruchung von Pflegezeit abhalten und die von Rürup durch eine Ausweitung des Anspruchs auf Pflegezeit unabhängig von der Betriebsgröße erwartete Aktivierung des dort vorhandenen Pflegepotentials wohl nicht gewährleisten.

---

739 Rürup (2011), S. 3

740 Hier gilt das Maßregelungsverbot nach § 612a BGB, wonach der Arbeitgeber einen Arbeitnehmer bei einer Vereinbarung oder einer Maßnahme nicht benachteiligen darf, weil der Arbeitnehmer in zulässiger Weise seine Rechte ausübt, s. Kossens (2009), § 5 PflegeZG Rdnr. 3.

VII. Sozialversicherungsrechtliche Aspekte

Zeitgleich mit dem Inkrafttreten des Pflegezeitgesetzes – das wie gesehen – nur die arbeitsrechtlichen Teile der Freistellung wegen der Übernahme der häuslichen Pflege regelt, ist eine sozialversicherungsrechtliche Flankierung in § 44a SGB XI vorgenommen worden. Danach erhalten Beschäftigte, die nach § 3 PflegeZG von der Arbeitsleistung vollständig freigestellt wurden oder deren Beschäftigung durch Reduzierung der Arbeitszeit zu einer geringfügigen Beschäftigung i.S.d. § 8 Abs. 1 Nr. 1 SGB IV wird, auf Antrag Zuschüsse zur Kranken- und Pflegeversicherung. Für die Dauer der Inanspruchnahme der Pflegezeit werden für pflegende Angehörige (Pflegeperson), die ihren Kranken- und Pflegeversicherungsschutz gegen eigene Beitragsleistung aufrechterhalten, als ergänzende Leistung Zuschüsse zu den Kranken- und Pflegeversicherungsbeiträgen erbracht. Die Zuschüsse werden auf Antrag der Pflegeperson von der Pflegeversicherung des Pflegebedürftigen geleistet, und zwar unabhängig davon, ob der pflegende Angehörige gesetzlich oder privat krankenversichert ist. Dementsprechend erbringen die Pflegekassen auch Zuschüsse für privat krankenversicherte Pflegepersonen und die private Pflegeversicherung erbringt auch Zuschüsse für in der gesetzlichen Krankenversicherung versicherte Pflegepersonen[741].

Die Höhe des Zuschusses richtet sich gem. § 44a Abs. 1 Satz 2 SGB XI nach der Höhe der Mindestbeiträge, die von freiwillig in der gesetzlichen Krankenversicherung versicherten Personen zur gesetzlichen Krankenversicherung (§ 240 Abs. 4 Satz 1 SGB V) und zur sozialen Pflegeversicherung (§ 57 Abs. 4 SGB XI) zu zahlen sind und dürfen die tatsächlichen Beiträge nicht übersteigen. Der Beitragszuschlag für Kinderlose in der Pflegeversicherung nach § 55 Abs. 3 Satz 1 SGB XI ist ebenfalls zuschussfähig, allerdings nicht in Form eines fiktiven Zuschlags zur privaten Pflegeversicherung.

---

[741] Einzelheiten zu den sozialversicherungsrechtlichen Konsequenzen der Pflegezeit s. Kossens (2009), § 3 PflegeZG Rdnr. 74 ff.

In der Literatur finden sich zu den sozialversicherungsrechtlichen Aspekten des Pflegezeitgesetzes verschiedene Vorschläge, mit Hilfe derer die Attraktivität der häuslichen Pflege gesteigert werden soll. Im Folgenden sollen diese meist rentenversicherungsrechtlichen Vorschläge kurz beleuchtet und hinterfragt werden.

1. Frühverrentung

Die Universität Hamburg hat vor dem Hintergrund, dass pflegende Angehörige vor allem ab einem Alter von 55 Jahren benötigt werden, eine stärkere Frühverrentung für diesen Personenkreis in die Diskussion eingebracht[742]. Gerade im Alter zwischen 55 und 65 Jahren stellt sich für viele erwerbstätige Angehörige die Frage der Übernahme der Pflege für ihre hochaltrigen Eltern. Zugleich, so Runde, Giese, Kaphengst und Hess, ist im hohen Erwerbsalter die Belastungsfähigkeit häufig nicht mehr gegeben, um Beruf und Pflege naher Angehöriger nebeneinander durchzuführen. Zudem dürfte auch die Bereitschaft gering sein, auf Rentenansprüche zu verzichten, so dass letztlich keine Pflegeübernahme erfolgt[743]. Diese These wird belegt durch den Anstieg der Erwerbstätigenquote der 55- bis 64-Jährigen in den Jahren 2001 bis 2006, der damit begründet wird, dass insbesondere Männer im genannten Zeitpunkt länger gearbeitet hätten, um Abschläge bei einem vorzeitigen Renteneintritt zu vermeiden[744]. Hieraus wird die Folgerung abgeleitet, dass Erwerbstätige die Option haben sollten, für die Übernahme einer Pflege eine Frühverrentungsregelung in Anspruch zu nehmen[745].

Dieser Vorschlag beruht augenscheinlich auf der Erwägung, Ausnahmeregelungen beim Zeitpunkt des Renteneintritts bzw. der Höhe von Abschlägen bei vorzeitigem Renteneintritt für die gesamtgesellschaftlich wichtige Aufgabe der Betreuung pflegebe-

742 Runde/Giese/Kaphengst/Hess (2009), S. 53
743 so Runde/Giese/Kaphengst/Hess (2009), S. 53
744 Jürgens (2009), S. 140
745 Runde/Giese/Kaphengst/Hess (2009), S. 53

dürftiger Menschen zu schaffen. Solche Regelungen dürften insbesondere für erwerbstätige Personen, die am Ende ihrer Erwerbstätigkeit stehen, einen gewissen Anreiz zur Pflegeübernahme bieten.

Derartige Frühverrentungsanreize sind aber aus vielerlei Gründen problematisch. Zum einen konterkarieren sie das national und auf europäischer Ebene verfolgte Ziel, die Erwerbstätigenquote der über 55jährigen zu steigern. Zweitens gibt es auch andere gesamtgesellschaftliche Aufgaben, wie z.B. ehrenamtliches Engagement oder Kinderbetreuung, die es vergleichbar der Pflegeübernahme rechtfertigen würden, vorzeitig ohne Abschläge in Rente zu gehen. Drittens würden Frühverrentungsmodelle die Ausgabensituation in der gesetzlichen Rentenversicherung verschlechtern und mittelfristig wohl Beitragsrelevanz haben. Und viertens dürften die praktischen Folgen einer Frühverrentungsregelung kaum sachgerecht zu lösen sein. Dies betrifft insbesondere die Fälle, bei denen wegen der Übernahme der Pflege das Arbeitsverhältnis beendet und der Renteneintritt bereits vollzogen ist, die häusliche Pflegetätigkeit z.B. wegen der Notwendigkeit einer stationären Unterbringung oder des Todes des Pflegebedürftigen aber nur wenige Monate umfasst. Eine Rückabwicklung der Beendigung des Arbeitsverhältnisses ist in der überwiegenden Zahl dieser Fälle nicht realistisch. Die Versichertengemeinschaft in der gesetzlichen Rentenversicherung bzw. der Bund über den steuerfinanzierten Bundeszuschuss zur Rentenversicherung hätten letztlich die Kosten zu tragen, ohne dass diesen Ausgaben ein entsprechendes Äquivalent in Form einer Pflege bis zum Zeitpunkt des regulären Renteneintritts gegenüberstehen würde.

2. Höherbewertung von Beitragszeiten

In Anbetracht der negativen Beurteilung von Frühverrentungsmodellen soll im Folgenden der Frage nachgegangen werden, ob über eine höhere Bewertung von Beitragszeiten ein sozialversicherungsrechtlicher Anreiz zur Pflegeübernahme gesetzt werden kann. Bereits nach geltendem Recht erwerben Pflegende unter bestimmten Voraussetzungen Anwartschaften in der gesetzlichen Rentenversicherung. Voraussetzung für einen Anwartschaftserwerb ist nach § 19 SGB XI ein Pflegeaufwand von mindestens 14 Wochenstunden. Zudem darf die Pflegeperson nicht mehr als 30 Stunden wöchentlich beschäftigt oder selbstständig tätig sein. Die Beiträge für die Rentenversicherung werden von der Pflegeversicherung übernommen.

In § 44 Abs. 1 Satz 1 und 2 SGB XI ist als Leistung zur Verbesserung der sozialen Absicherung der Pflegepersonen im Sinne von § 19 SGB XI vorgesehen, dass die Pflegekassen für diese Personen Beiträge zur Rentenversicherung entrichten. § 3 Satz 1 Nr. 1a SGB VI bestimmt dazu, dass Personen in der Zeit versicherungspflichtig sind, in der sie einen Pflegebedürftigen im Sinne des § 14 SGB XI nicht erwerbsmäßig wenigstens 14 Stunden wöchentlich in häuslicher Umgebung pflegen, wenn der Pflegebedürftige Anspruch auf Leistungen zur sozialen Pflegeversicherung hat. Bei der Feststellung des Mindestzeitaufwands von 14 Wochenstunden ist nur der Hilfebedarf zu berücksichtigen, der für die in § 14 Abs. 4 den gewöhnlichen und regelmäßig wiederkehrenden Verrichtungen im Bereich der Grundpflege und hauswirtschaftlichen Versorgung erforderlich ist. Die soziale Sicherung nach § 19 Abs. 1 SGB IX ist ausgeschlossen, wenn die Pflegeperson mehr als 30 Stunden wöchentlich erwerbstätig ist.

Die entsprechenden Beiträge zur Rentenversicherung werden für diese versicherungspflichtigen Pflegepersonen nach den beitragspflichtigen Einnahmen erhoben, § 161 Abs. 1 SGB VI. Die Höhe der beitragspflichtigen Einnahmen ist in § 166 Abs. 2 SGB VI geregelt und steht in Abhängigkeit zur wöchentlichen Pflegedauer. Danach gelten folgende beitragspflichtige Einnahmen:

1. Pflege eines Schwerstpflegebedürftigen (Pflegestufe III)
   a) 80% der Bezugsgröße, wenn er mindestens 28 Stunden in der Woche gepflegt wird,
   b) 60% der Bezugsgröße, wenn er mindestens 21 Stunden in der Woche gepflegt wird,

c) 40% der Bezugsgröße, wenn er mindestens 14 Stunden in der Woche gepflegt wird,

2. Pflege eines Schwerpflegebedürftigen (Pflegestufe II)
   a) 53,3333% der Bezugsgröße, wenn er mindestens 21 Stunden in der Woche gepflegt wird,
   b) 35,5555% der Bezugsgröße, wenn er mindestens 14 Stunden in der Woche gepflegt wird,
3. Pflege eines erheblich Pflegebedürftigen (Pflegestufe I): 26,6667% der Bezugsgröße.

Die rentenrechtliche Berücksichtigung bei Pflege ist damit deutlich geringer als bei vorheriger Erwerbstätigkeit oder auch bei Kindererziehung. Nach den bisherigen Untersuchungen haben pflegende Frauen auf ihrem Rentenkonto durchschnitt vier Entgeltpunkte weniger als nicht-pflegende Frauen[746].

Gerade im Hinblick auf die rentenrechtlichen Kindererziehungszeiten stellt sich die Frage, warum die rentenrechtliche Berücksichtigung von Pflegezeiten deutlich niedriger angesetzt ist, ohne dass sich aus der Art der Sorgearbeit eine sachliche Rechtfertigung für diese Differenzierung herleiten ließe[747]. In der Literatur wird deshalb eine Höherbewertung dieser Beitragszeiten diskutiert, um die rentenrechtlichen Nachteile auszugleichen und die Anreize zur Pflegeübernahme zu erhöhen[748]. Die Kommission zur Erstellung des Ersten Gleichstellungsberichts hat konkret gefordert die „rentenrechtliche Schieflage“ durch eine analoge Regelung zur Renten

---

746 Stegmann/Mika (2007), S. 780; Rothgang/Unger (2013), S. 32

747 ebenso: Deutscher Bundestag (2011), S. 79

748 Becker/Lauerer (2010), S. 30

steigernden Anrechnung von Kindererziehungszeiten zu beseitigen[749].

Dennoch ist fraglich, ob mit einer Erhöhung der rentenrechtlichen Beitragszeiten wegen Pflege neben der Verbesserung des Alterssicherungsniveaus auch eine stärkere Aktivierung für die häusliche Pflege verbunden wäre. Rothgang und Unger haben in ihrer aktuellen Untersuchung herausgearbeitet, auf welchen Effekten dieses geringere Alterssicherungsniveau pflegender Frauen beruht. Hierzu haben sie die drei folgenden Erklärungsmuster genauer analysiert[750].

- Die wegen der Pflege einhergehende geringere Erwerbstätig verbunden mit dem damit einhergehenden Verlust an Rentenanwartschaft kann nicht durch die rentenrechtliche Berücksichtigung der Pflegezeiten kompensiert werden (Kausaleffekt).
- Entscheidend für die Pflegeübernahme ist die Position der betreffenden Frauen auf dem Arbeitsmarkt. Diese Position entscheidet darüber, wer pflegt und wer nicht (Selektionseffekt).
- Die geringere Altersabsicherung resultiert aus der Reduzierung der Arbeitszeit. Auch nach Beendigung der Pflegephase kehren die zuvor pflegenden Frauen nicht mehr auf den Karrierepfad zurück, der sich ohne die Pflegeübernahme ergeben hätte.

Nach dem Ergebnis der Untersuchung der beiden Autoren überwiegt der Selektionseffekt mit 3,5 Entgeltpunkten bei weitem dem Kausaleffekt, der nur bei rd. 0,5 Entgeltpunkten liegt. Rothgang und Unger schlagen vor, diesen durch eine Höherbewertung der Beiträge für die Zeiten der Pflege zu kompensieren. Die Höherbewertung der Beitragszeit würde zugleich die Ungleichheit der Be-

---

749 Deutscher Bundestag (2011), S. 205

750 Rothgang/Unger (2013), S. 33 f.

wertung gegenüber den Kindererziehungszeiten glätten[751]. Ein solcher Anreiz kann insbesondere für die rentennahen Personen, die die Pflege übernehmen wollen, eintreten, denn nach der Analyse von Rothgang und Unger ist gerade bei pflegenden Frauen im Alter von 50-60 Jahren der Kausaleffekt am höchsten.

[751] Deutscher Bundestag (2011), S. 205; Gumpert(2009), S. 16

5. Kapitel – Zusammenfassung und Schlussbetrachtungen

Die eingangs formulierte These, dass das Pflegezeitgesetz im Hinblick auf seine Wirksamkeit zur Förderung der Vereinbarkeit von Pflege und Erwerbstätigkeit reformbedürftig ist, hat sich durch die vorstehenden Ausführungen bestätigt. Die skizzierten Veränderungen in der häuslichen Pflege haben deutlich gemacht dass eine alternsfreundliche, durch Solidarität zwischen den Generationen gekennzeichnete Gesellschaft ohne differenzierte Altersbilder nicht denkbar ist. Differenziert heißt hierbei u.a., dass die Altersbilder die Unterschiedlichkeit in den körperlichen und geistigen Fähigkeiten, die Unterschiede bei der Ausstattung mit sozialen, gesundheitlichen und materiellen Ressourcen sowie die Individualität von Lebensentwürfen, Anliegen und Interessen zu berücksichtigen hat[752].

Das Pflegezeitgesetz in seiner derzeitigen Fassung ist begrenzt auf einen relativ kleinen Ausschnitt der höchst unterschiedlichen Pflegearrangements. Im Grundsatz ermöglicht es nur die unentgeltliche kurzfristige Freistellung zur Organisation der Pflege und die unentgeltliche Angehörigenfreistellung bis zur Dauer von sechs Monaten. Andere Pflegearrangements, die z.B. auf eine längerfristig angelegte familiäre Betreuung ausgelegt sind oder Modelle mit finanzieller Flankierung während der Pflegezeit finden im Pflegezeitgesetz keine Entsprechung. Die Vielfalt der Pflegearrangements in der Praxis wird im Pflegezeitgesetz nicht abgebildet. Insofern überrascht es nicht, wenn die Nutzung der Freistellungsmöglichkeiten nach dem Pflegezeitgesetz im Vergleich zur Zahl der in häuslicher Umgebung gepflegten Menschen sehr gering ausfällt. Dieser Befund deckt sich auch mit dem Ergebnis von Befragungen pflegender Erwerbstätiger. Wegen der relativen Un-

752 Deutscher Bundestag (2010g), S. 22

planbarkeit des konkreten Betreuungsbedarfs erachten eine Reihe der Befragten gesetzliche Vorgaben für nicht Ziel führend.

Ähnlich kritisch muss das erst kürzlich beschlossene Familienpflegezeitgesetz betrachtet werden. Die von der Bundesregierung prognostizierten geringen Fallzahlen von Personen, die von den Freistellungsmöglichkeiten des Familienpflegezeitgesetzes Gebrauch machen werden und die extrem geringe tatsächlichen Inanspruchnahme belegen den nur beschränkten praktischen Anwendungsbereich dieser Neuregelung. Es überrascht, dass die Bundesregierung unabhängig einer von vielen Experten geforderten umfassenden Evaluation der bestehenden Freistellungsregelungen des Pflegezeitgesetzes die Konzeption des Familienpflegezeitgesetzes auf den Weg gebracht hat. Dies ist gerade deshalb bedenklich, weil das geplante Familienpflegezeitgesetz wohl nur für einen Teil der möglichen Pflegearrangements attraktive Rahmenbedingungen bereitstellt und den differenzierten und verschiedenenartigen Pflegearrangements nur bedingt gerecht wird.

Mit dem Familienpflegezeitgesetz wird aber ein rechtlicher Rahmen für weitere Pflegearrangements gesetzt, die vom geltenden Pflegezeitgesetz nicht umfasst sind. Insofern erfolgt damit eine stärkere Ausdifferenzierung und den unterschiedlichen Pflegebedarfen eher entsprechende Erweiterung von familiären Betreuungsmöglichkeiten. Die Aufhebung der Begrenzung der bisher nur als max. sechsmonatige Pflegezeit normierten Freistellungsmöglichkeit bildet besser als das geltende Recht die unterschiedlichen Lebensumstände im Alter ab[753].

Eine umfassende Evaluation des Pflegezeitgesetzes steht noch aus. Sie ist aus Sicht des Verfassers dringend geboten, um die Wirkungen des Pflegezeitgesetzes zu erkennen, Anreizdefizite aufzuzeigen und den sich dann abbildenden Reformbedarf ge-

753 s. Backes/Clement (2008), S. 135, wonach die Möglichkeiten individuelle Reaktionen auf objektive Lebensumstände (hier: Pflegebedürftigkeit) von einem vielfältigen Geflecht sozialer, biografischer und gesundheitlicher Bedingungen abhängt.

setzgeberisch nachzuvollziehen. Ohne eine derartige Evaluation bliebe und bleibt nur der Weg, den Reformbedarf anhand der vorliegenden empirischen Erkenntnisse nachzuzeichnen.

Dabei ist davon auszugehen, dass die Zahl der Pflegebedürftigen gegenüber dem gegenwärtigen Stand in den nächsten 30-40 Jahren um rd. 50% zunehmen wird. Demgegenüber wird die Zahl der nahen Angehörigen, die potentiell für die Pflege ihrer Verwandten zur Verfügung steht im gleichen Zeitraum um rd. 30% sinken. Allein diese beiden gegenläufigen Tendenzen machen deutlich, dass es zweifelhaft ist, ob der gegenwärtige Anteil der Betreuung pflegebedürftiger Menschen durch nahe Angehörige aufrechterhalten werden kann. Ohne entsprechend veränderte Rahmenbedingungen dürfte der Anteil der Betreuung von Pflegebedürftigen durch nahe Angehörige zukünftig zurückgehen. Mit diesem Rückgang verbunden ist eine finanzielle Belastung der Pflegeversicherung, da die Leistungen der stationären Unterbringung gegenüber dem Pflegegeld deutlich höher sind.

Dieser rein tatsächliche Befund der Entwicklung der häuslichen Pflege widerspricht dem Wunsch vieler Pflegebedürftiger und deren Angehörigen. Rd. 40-45% der Pflegebedürftigen wollen durch nahe Angehörige in der häuslichen Umgebung gepflegt werden. Ungefähr der gleiche Prozentsatz von nahen Angehörigen wollen ihre in Zukunft evtl. pflegebedürftigen nahen Angehörigen selber pflegen und die Versorgung nicht professionellen Diensten überlassen bzw. sie streben keine stationäre Unterbringung ihrer Verwandten an.

Das Pflegezeitgesetz hat die Rahmenbedingungen für die häusliche Pflege durch die darin normierten Freistellungsansprüche und den besonderen Kündigungsschutz für pflegende Angehörige verbessert. Es ermöglicht den Beschäftigten sowohl kurzzeitig die Möglichkeit die Pflege zu organisieren, als auch mittelfristig die Realisierung des Wunsches der Pflegebedürftigen, in der bisherigen häuslichen Umgebung pflegen zu können.

Neben diesen Freistellungsmöglichkeiten ist aber nach wie vor der damit verbundene Einkommensverlust während der Pflege ein entscheidendes Hindernis für die häusliche Pflege. Die grundsätzliche Unentgeltlichkeit der Arbeitsbefreiung wegen kurzfristiger Arbeitsverhinderung und bei Pflegezeit im Sinne einer arbeitsrechtlichen Austauschleistung ist aus Sicht des Verfassers aber dennoch sachgerecht. Die Sicherstellung der Pflege naher Angehöriger ist eine private, respektive gesamtgesellschaftliche Aufgabe. Eine Finanzierung dieser Pflegezeiten über eine arbeitgeberseitige Entgeltfortzahlungspflicht ist wegen des nur mittelbaren Arbeitsgebervorteils daher nicht angezeigt. Hier sollten andere Alternativen gesucht werden, um über steuerfinanzierte Leistungen oder Darlehen den Einkommensverlust während der Pflege zumindest teilweise zu kompensieren.

Aus Sicht des Verfassers kommt es wegen der unterschiedlichen Lebenswirklichkeiten deshalb darauf an, dass Pflegezeitgesetz so weiterzuentwickeln, dass möglichst viele unterschiedliche Pflegearrangements erfasst werden. Dabei liegt die Betonung auf der Schaffung von Wahlmöglichkeiten und der Nutzung unterschiedlicher Optionen zur Flankierung des bedarfsgerechten Pflegearrangements.

Beim Pflegezeitgesetz besteht im Hinblick auf die gesetzgeberische Zielsetzung, nämlich die Verbesserung der Vereinbarkeit von Pflege und Beruf sowie um die Finanzsituation der Pflegeversicherung durch die Vermeidung der (teueren) stationären Unterbringung zu stabilisieren, in folgenden Teilbereichen aus Sicht des Verfassers Änderungsbedarf:

- Der Angehörigenbegriff in § 7 Abs. 3 PflegeZG ist zu eng gefasst. Durch die geltende Fassung wird das Potential an Pflegepersonen für die häusliche Pflege nur unzureichend ausgeschöpft. Im Pflegezeitgesetz sollte deshalb auf die Beschränkung der Freistellungsmöglichkeiten auf nahe Angehörige verzichtet werden und stattdessen der Kreis der berechtigten Pflegepersonen auf alle Personen ausgedehnt werden, die den Pflegebedürftigen nicht gewerbsmäßig pflegen. Durch eine derartige Erweiterung des zur Freistellung berechtigten Personenkreises könnten auch z.B. Nichten/Neffen, Nachbarn oder langjährige Freunde für die Pflege Pflegezeit beanspruchen. Die Erweiterung des pflegezeitberechtigten Personenkreises stärkt die Wahlfreiheit potentieller informeller Pflegepersonen, aktiviert einen noch brachliegenden Teil desselben und fördert die Vielfalt möglicher Pflegearrangements.

- Die bisherige Dauer der Pflegezeit von maximal sechs Monaten ist angesichts der tatsächlichen Pflegedauer von rd. zwei Jahren zu kurz bemessen. Eine unbefristete Dauer der Pflegezeit widerspricht aber den Arbeitgeberinteressen nach einer überschaubaren Personalplanung. Eine zu lange Pflegezeit würde überdies die (Re-)Integration von Frauen, die überwiegend die familiäre Pflegearbeit übernehmen, erschweren. Unter Abwägung alle Aspekte wird daher vom Verfasser eine Ausweitung der Pflegezeit auf zwei bis drei Jahre mit maximal zweimaliger Verlängerungsmöglichkeit innerhalb dieses Zeitraums vorgeschlagen.
- Die unentgeltliche Freistellung während der Pflegezeit führt zu Einkommenseinbußen bei den Pflegenden. Um deren Einkommenssituation und damit die Bereitschaft zur Pflegeübernahme zu stärken, ist eine finanzielle Leistung während der Pflegezeit angebracht. Abgeleitet aus den Erfahrungen mit der Elternzeit, wird vorgeschlagen, die Pflegezeit durch eine einkommensabhängige, steuerfinanzierte Lohnersatzleistung für die Dauer von einem Jahr zu ergänzen.
- Eine Wartezeit von sechs Monate, bevor Pflegezeit in Anspruch genommen werden kann, schränkt die Zahl der anspruchsberechtigten Beschäftigten, deutlich ein. Damit wird ein nicht unerheblicher Teil des vorhandenen Pflegepotentials von den Freistellungsmöglichkeiten nach dem

Pflegezeitgesetzes ausgeschlossen. Die Wartezeit von sechs Monate – wie sie im BEEG für die Inanspruchnahme von Elternzeit vorgesehen ist -sollte daher nicht in das PflegeZG übernommen werden.

- Der Gesetzgeber hat zwar eine Mindestfrist von zehn Tagen bei der Ankündigung der Inanspruchnahme der Pflegezeit vorgeschrieben, auf die Festlegung einer Höchstankündigungsfrist im Gegensatz zum BEEG aber verzichtet. Durch diesen Verzicht erhält der Beschäftigte einen Sonderkündigungsschutz auch dann, wenn die beabsichtigte Pflege erst Monate nach der Ankündigung erfolgen soll. Eine sachliche – aus der Besonderheit der Pflege gegenüber der Elternzeit begründete – Rechtfertigung für den Verzicht einer maximalen Ankündigungsfrist ist nicht erkennbar. Aus Sicht des Verfassers sollte daher entsprechend dem BEEG eine maximale Ankündigungsfrist bestimmt bzw. geregelt werden, dass der Sonderkündigungsschutz nach dem Vorbild von § 18 Abs. 1 Satz 1 BEEG erst acht Wochen vor Beginn der Pflegezeit greift.
- Nach den bisherigen Erfahrungen mit der zum 1.1.2012 eingeführten Familienpflegezeit wird von den Beschäftigten nur in einem sehr begrenzten Umfang von diesem neuen Instrument Gebrauch gemacht. Dies liegt u.a. auch daran, dass die Familienpflegezeit nur im Vereinbarungswege zwischen Arbeitgeber und Beschäftigten zustande kommt. Um die Familienpflegezeit im stärkeren Maße als bisher in der betrieblichen Praxis zu verankern und um das Pflegepersonenpotential in größerem Umfang zu aktivieren, sollte die Familienpflegezeit als Rechtsanspruch für die Beschäftigten ausgestaltet sein.

Die vorgenannten Vorschläge sind hinsichtlich der avisierten Dauer der Pflegezeit von zwei bis drei Jahren und der Schaffung einer steuerfinanzierten Lohnersatzleistung während der Pflegezeit, die auf ein Jahr begrenzt werden sollte, nicht in Gänze kohärent.

Ausgehend von den positiven Erfahrungen der Elternzeit sollte daher zunächst die Pflegezeit auf ein Jahr erweitert und durch eine steuerfinanzierte Lohnersatzleistung ergänzt werden, auch wenn die Pflegezeit damit deutlich unterhalb der durchschnittlichen häuslichen Pflegedauer liegt. Durch die als Rechtsanspruch ausgestaltete Familienpflegezeit besteht aber für die Beschäftigten die Möglichkeit eine längerfristige Pflege über das Familienpflegzeitgesetz bedarfgerecht zu übernehmen. Schließlich kann über den Anspruch auf Teilzeitarbeit nach dem Teilzeit- und Befristungsgesetz auch darüber hinausgehende Zeiträume der Pflege von den Beschäftigten beansprucht werden. Unterstützenswert ist aus Sicht des Verfassers die einseitige Reversibilität einer Arbeitszeitverringerung nach § 8 TzBfG. Insgesamt würden den Beschäftigten damit unterschiedliche Freistellungsansprüche für die verschiedenen Pflegearrangements zur Verfügung. Damit entstünde eine breite Palette unterschiedlicher Freistellungsregelungen, die hinsichtlich ihrer zeitlichen und finanziellen Hinsicht eine große Vielfalt unterschiedlicher Betreuungsarrangements flankieren können.

Inwieweit diese vorgeschlagenen Änderungen tatsächlich zu einer signifikant stärkeren Inanspruchnahme der Pflegezeit bzw. der Familienpflegezeit führen werden, ist nur schwer abzusehen. Letztlich dürfte wohl nur eine umfassende Evaluation über die tatsächliche Inanspruchnahme der gegenwärtigen Freistellungsmöglichkeiten, die konkreten Wünsche der Erwerbstätigen und nicht zuletzt ein gesamtgesellschaftlicher Diskurs über die Zukunft der Pflege die Erkenntnisse zu Tage fördern, um eine praxisbezogene Reform des Pflegezeitgesetzes abzubilden. Zu berücksichtigen ist auch – wie zuletzt Franke und Reichert in einer Analyse der internationalen Forschungsanalyse bestätigt haben – dass die erfolgreiche Vereinbarkeit von Erwerbstätigkeit und Pflegeübernahme von einer Reihe von Faktoren abhängig ist. Neben der Möglichkeit der flexiblen Arbeitsgestaltung, wie sie in Absätzen nach dem Pflegezeit- und Familienpflegezeitgesetz enthalten ist, sind hierfür der Grad der Pflegebedürftigkeit des Angehörigen, das berufliche Qualifikationsniveau des Pflegenden, das Vorhandensein eigener Kinder des Pflegenden im selben Haushalt, die ökonomische Lage des Pflegenden sowie verfügbare Hilfen und Unterstützung durch Dritte entscheidend[754].

Diese Aufzählung der verschiedenen Faktoren macht deutlich, dass Modifikationen am geltenden Pflegezeitgesetz im Wesentlichen nur bei einem der verschiedenen Aspekte der Vereinbarkeit von Erwerbsarbeit und Pflegeübernahme, nämlich an der Frage der flexiblen Arbeitszeitgestaltung, ansetzt. Insofern ist unklar und mit Skepsis zu betrachten, ob die hier vorgeschlagenen Änderungen am Pflegezeitgesetz tatsächlich einen signifikanten Beitrag zur Verbesserung der Vereinbarkeit von Beruf und Pflege leisten. Diese Skepsis wird durch die Tatsache untermauert, dass bislang Untersuchungen zu den Wechselwirkungen derjenigen Faktoren, die die Übernahme der Pflege durch erwerbstätige Personen bedingen, fehlen[755].Letztlich dürften nur die an den konkreten Bedürfnissen der erwerbstätigen Pflege orientierten Freistellungsregelungen zu einer stärkeren Inanspruchnahme von Pflegezeiten und damit zur Aktivierung des Pflegepersonenpotentials führen.

---

754 Franke/Reichert (2011), S. 5

755 s. Franke/Reichert (2011), S. 5; bemerkenswert ist auch, dass in Studien mit Vorschlägen zur stärkeren Aktivierung der häuslichen Pflege das Pflegezeitgesetz als Instrument hierzu überhaupt keine Erwähnung findet, z.B. Rothgang/Müller/Unger (2012), S. 62ff.

Literaturübersicht

Allmendinger, Jutta/Dressel, Katrin/Ebner, Christian (2006), Zum Verhältnis von Demografie, Qualifikation und Frauenerwerbstätigkeit, in: Ministerium für Generationen, Familie, Frauen und Integration des Landes Nordrhein-Westfalen (Hrsg.): Demografischer Wandel: Die Stadt, die Frauen und die Zukunft, Düsseldorf 2006, 161-172

Alscher, Mareike/Dathe, Dietmar/Priller, Eckhard/Speth, Rudolf (2009), Bericht zur Lage und zu den Perspektiven des bürgerschaftlichen Engagements in Deutschland, Wissenschaftszentrum Berlin für Sozialforschung (WZB), Projektgruppe Zivilengagement

Attias-Donfut, Claudine (1993) Die Abhängigkeit alter Menschen: Verpflichtungen der Familie – Verpflichtungen des Staates, in: Lüscher, Kurt/Schultheiß, Franz (Hrsg.), Generationenbeziehungen in postmodernen Gesellschaften, Konstanz 1993, 355-371

Au, Cornelia/Sowarka, Doris (2007); Die Vereinbarkeit von Pflege und Erwerbstätigkeit, in: Informationsdienst Altersfragen 2007, 2-8

Auth, Diana (2006), Wohlfahrtsstaat, Geschlechterverhältnis und Pflegearbeit, in: Degener, Ursula/Rosenzweig, Beate (Hrsg.), Die Neuverhandlung sozialer Gerechtigkeit, Wiesbaden 2007, 341-358

Auth, Diana/Leiber, Simone/Leitner, Sigrid (2011), Sozialpolitik als Instrument der Geschlechtergerechtigkeit, in: Gruppendynamik und Organisationsberatung, Online, DOI 10.1007/s11612-011-0147-6, veröffentlicht am 3. Mai 2011

Backes, Gertrud M. (1997), Lebenslagen als sozialogisches Konzept zur Sozialstrukturanalyse, in: Zeitschrift für Sozialreform 43, 1997, 704-727

Backes, Gertrud M. (1998a), Zwischen Erwerbsarbeit und häuslicher Pflege – Perspektiven der Vereinbarkeit für Männer und

Frauen in Deutschland, in: Naegele, Gerhard/Reichert, Monika (Hrsg.), Vereinbarkeit von Erwerbstätigkeit und Pflege. Nationale und internationale Perspektive I, Hannover 1998, 107-124

Backes, Gertrud M. (2007), Geschlechter – Lebenslagen – Altern, in: Pasero, Ursula/Backes, Gertrud M./Schroeter, Klaus R. (Hrsg.), Altern in der Gesellschaft. Ageing – Diversity – Inclusion, Wiesbaden 2007, 151-181

Backes, Gertrud M. (2008), Potentiale des Alter(n)s – Perspektiven des homo vitae longae? in: Amann, Anton/Holland, Franz (Hrsg.), Das erzwungene Paradies des Alters?. Fragen an eine kritische Gerontologie, Wiesbaden 2008, 63-100

Backes, Gertrud M./ Clemens, Wolfgang (2008), Lebensphase Alter. Eine Einführung in die sozialwissenschaftliche Alternsforschung, 3. Aufl., Weinheim und München 2008

Backes, Gertrud M./Wolfinger, Martina/Amrhein, Ludwig (2008), Geschlechterungleichheit in der Pflege, in: Bauer, Ullrich/Büscher, Andreas (Hrsg.), Soziale Ungleichheit und Pflege, Wiesbaden 2008, 133-153

Backes, Gertrud M./Amrhein, Ludwig/Wolfinger, Martina (2008a), Gender in der Pflege – Herausforderungen für die Politik, Expertise im Auftrag der Friedrich-Ebert-Stiftung, Bonn 2008

Bäcker, Gerhard (2003), Berufstätigkeit und Verpflichtungen in der familiären Pflege – Anforderungen an die Gestaltung der Arbeitswelt, in: Badura, Bernhard/Schellschmidt, Henner/Vetter, Christian (Hrsg.), Fehlzeitenreport 2003, Heidelberg 2003, 131-145

Barkholdt, Corinna (2005), Ein Leben lang... Älter werdende Belegschaften und biographieorientierte Aspekte der Arbeitszeitgestaltung, unter: http://www. boeckler.de/pdf/v_2005_09_05_barkholdt_text.doc (abgerufen am 11.1. 2011)

Barkholdt, Corinna (2006), Wirkungsvolle Entlastung von Pflegenden – Was können wir aus anderen europäischen Ländern lernen? in: Pflege und Erwerbstätigkeit: Frauen entlasten

– Potentiale von Männern stärken, Fachgespräch der Bundestagsfraktion von Bündnis90/Die Grünen am 21.06.2006, 19-22, unter: http://www.gruene-bundestag.de/cms/archiv/dokbin/177/177434.reader_pflege_und_erwerbstaetigkeit.pdf (abgerufen am 17.10.2010)

Barkholdt, Corinna/Lasch, Vera (2004), Vereinbarkeit von Pflege und Erwerbsarbeit, Expertise für die Sachverständigenkommission für den 5. Altenbericht der Bundesregierung, Dortmund und Kassel 2004

Bauer, Annemarie/Flieder, Margret (2007) „Im Kreise der Familie“: Die Pflege Alter Menschen zu Hause. Zwei unterschiedliche Aspekte einer Familienphase, in: Hochschulbrief der EFH (30), 24-30

Beckmann, Sabine (2007), Die geteilte Arbeit? Möglichkeiten einer sozialpolitischen Steuerung des Careverhaltens von Männern, in: Zeitschrift für Familienforschung 3/2007, 370-391

Beckmann, Sabine (2008), Männer und Familienarbeit in Schweden, Frankreich und Deutschland, Vortrag bei der Arbeitnehmerkammer Bremen am 2. Dezember 2008, unter: http://www.sabinebeckmann.de/Vortrag_Arbeitnehmerkammer_SabineBeckmann_Web.pdf (abgerufen am 7.6.2010)

Becker, Ulrich/Lauerer, Luise (2010), Policy Paper, Zur Unterstützung von Pflegepersonen – Reformnotwendigkeiten und –optionen, unter: www. http://www.m-r-n.com/fileadmin/Dachportal-Redaktion/documents/Vereinbarkeit_B_F/27_Infoblitz/Konzept_Pflegepersonen.pdf. (abgerufen am 15.02.2010)

Beobachtungsstelle für gesellschaftspolitische Entwicklungen in Europa (2010), Pflegezeitmodelle im europäischen Vergleich, Newsletter, Ausgabe 2/2010 von November 2010

Bickel, Horst (2001) Lebenserwartung und Pflegebedürftigkeit in Deutschland, in: Das Gesundheitswesen 63, 48

Blinkert, Baldo (2002), Demografische und soziale Veränderungen und die Versorgung von Pflegebedürftigen, Vortrag auf dem Landespflegetag in Stuttgart, unter: http://www.soziologie

.uni-freiburg.de/fifas/publikationen/files/Landespflegetag2002/vortraglandes.pflegetag.php (abgerufen am 18.9.2009)

Blinkert, Baldo (2009), Solidarität und zivilgesellschaftliches Engagement, Vortrag auf der Tagung „Pflege 2030: Herausforderungen und Chancen“ Berlin 1.7.2007, unter: http://www.soziologie.uni-freiburg.de/fifas/all/pdf/Vortrag_Blinkert_Solidaritaet_und_zivilgesellschaftliches_Engagement.pdf (abgerufen am 10.08.2010)

Blinkert, Baldo/Gräf, Bernhard (2009), Deutsche Pflegeversicherung vor massiven Herausforderungen, in: Deutschen Bank Research, Aktuelle Themen. Demografie Spezial, März 2009

Blinkert, Baldo/Klie, Thomas (2000), Pflegekulturelle Orientierung und soziale Milieus. Ergebnisse einer Untersuchung über die sozialstrukturelle Verankerung von Solidarität, in: Sozialer Fortschritt 10 (2000), 237-245

Blinkert, Baldo/Klie, Thomas (2001), Zukünftige Entwicklung des Verhältnisses von professioneller und häuslicher Pflege bei differierenden Arrangements und privaten Ressourcen bis zum Jahr 2050 – Expertise im Auftrag der Enquete-Kommission „Demografischer Wandel“ des Deutschen Bundestages. Wiesbaden, unter: www.soziologie.uni-freiburg.de/fifas/all/pdf/Expertise_Bundestag.pdf

Blinkert, Baldo/Klie, Thomas (2003), Pflegekulturelle Orientierung und soziale Milieus. Ergebnisse einer Untersuchung über die sozialstrukturelle Verankerung von Solidarität, unter: www.soziologie.uni-frieburg.de/blinkert/Publikationen/pflegemillieu.htm (abgefragt am 10.08.2010)

Blinkert, Baldo/Klie, Thomas (2004), Gesellschaftlicher Wandel und demografische Veränderung als Herausforderung für die Sicherstellung der Versorgung von pflegebedürftigen Menschen, in: Sozialer Fortschritt 11-12 (2004), 319-326

Block, Jenny/Mahne Katharina (2009), Wohnen im Alter, in: Motel-Klingebiel, Andreas/Wurm, Susanne/Engstler, Heribert (Hrsg.) (2009), Themen und Auswertungskonzepte für den

Abschlussbericht zur 3. Welle des Deutschen Alterssurveys, Berlin 2009, 175-191

Blüher, Stefan (2004), „Liebesdienst und Pflegedienst“ – theoretische Überlegungen und empirische Befunde zur Vergesellschaftung in häuslichen Pflegearrangements, in: Blüher, Stefan/Stosberg, Manfred (Hrsg.), Neue Vergesellschaftsformen des Alter(n)s, Wiesbaden 2004, 11-51

Blümich (2010), Einkommensteuergesetz, Körperschaftsteuergesetz, Gewerbesteuergesetz, Loseblatt-Kommentar, 108. Aufl., 2010

Böggemann, Stephen (2008), Der Sonderkündigungsschutz nach § 5 Pflegezeitgesetz, FA 2008, 357-359

Böttcher, Sabine/Selinger, Yvonne/Hauss, Friedrich (2009), Vereinbarkeit von Erwerbsarbeit und Pflege im Land Brandenburg, Studie im Auftrag des Ministeriums für Arbeit, Soziales, Gesundheit und Familie des Landes Brandenburg, unter: http://www.masf.brandenburg.de/media/lbm1.a.1336 .de/ESF-9070-003STUDIE_VEP.pdf (abrufen am 31.3.2010)

Boll, Christina/Hensel-Börner, Susanne/Hoffmann, Malte/ Reich, Nora (2013), Wachsender Pflegebedarf in Hamburg: Situation erwerbstätiger Pflegender und Herausforderungen für Hamburger Unternehmen, HWWI Policy Paper 78, Hamburg 2013

Braun, Hans (1983), Verwandtschaftliche Hilfe für ältere Menschen. Eine explorative Untersuchung des Handlungsfeldes weiblicher Helfer, in: Zeitschrift für Gerontologie 1983, 210-215

Buchner, Horibert/Becker, Ulrich (2008), Mutterschutzgesetz und Bundeselterngeld- und Elternzeitgesetz: MuSchG/BEEG, 8. Aufl., München 2008

BÜNDNIS90/DIE GRÜNEN (2007), „Für eine gesetzliche Pflegezeit“, Beschluss der Fraktion von Bündnis90/Die Grünen im Deutschen Bundestag vom 03.07.2007, unter: http://www.gruene-bundestag.de/cms/archiv/dok/190/190492.

fuer_eine_gesetzliche_pflegezeit-print~1.html (abgerufen am 13.03.2010)

BÜNDNIS90/DIE GRÜNEN (2009), Der grüne neue Gesellschaftsvertrag: Klima – Arbeit – Gerechtigkeit – Freiheit, Wahlprogramm zur Bundestagswahl 2009, unter http://www.gruene-partei.de/cms/files/dokbin/295/295495.wahlprogramm_komplett_2009.pdf (abgerufen am 8.9.2009)

Bundesagentur für Arbeit (2011), Perspektive 2025: Fachkräfte für Deutschland, Nürnberg, Januar 2011

Bundesamt für Bauwesen und Raumordnung (1999); Perspektiven der künftigen Raum- und Siedlungsentwicklung, 1999, Heft 11/12, Bonn

Bundesinstitut für Bevölkerungsforschung (2007), Chancen erkennen und nutzen – Alternde Gesellschaften im Internationalen Vergleich, Gutachten im Auftrag des Bundesministeriums für Familie, Senioren, Frauen und Jugend, Wiesbaden 2007

Bundesministerium für Arbeit und Soziales (Hrsg.) (2008), Lebenslagen in Deutschland. Der Dritte Armuts- und Reichtumsbericht der Bundesregierung, Berlin 2008

Bundesministerium für Familie und Senioren (Hrsg.) (1994), Die Alten der Zukunft. Bevölkerungsstatistische Datenanalyse, Schriftenreihe Bd. 22, Stuttgart 1994

Bundesministerium für Familie, Senioren, Frauen und Jugend (1995), Die Situation über 60 Jahre alter Frauen mit einem pflegebedürftigen Ehemann, Schriftenreihe Bd. 49, Bonn 1995

Bundesministerium für Familie, Senioren, Frauen und Jugend (1996), Hilfe und Pflegebedürftigkeit in privaten Haushalten. Bericht zur Repräsentativerhebung im Forschungsprojekt „Möglichkeiten und Grenzen selbstständiger Lebensführung“ Schriftenreihe Bd. 111.2, Bonn 1996

Bundesministerium für Familie, Senioren, Frauen und Jugend (Hrsg.) (2000), Vereinbarkeit von Erwerbstätigkeit und Pflege: Betriebliche Maßnahmen zur Unterstützung pflegender Angehöriger – ein Praxisleitfaden, Dortmund

Bundesministerium für Familie, Senioren, Frauen und Jugend (Hrsg.) (2004), Erwartungen an einen familienfreundlichen Betrieb, Erste Auswertung einer repräsentativen Befragung von Arbeitnehmerinnen und Arbeitnehmern mit Kindern oder Pflegeaufgaben, Berlin 2004

Bundesministerium für Familie, Senioren, Frauen und Jugend (2005), Runder Tisch Pflege, Verbesserung der Situation hilfe- und pflegebedürftiger Menschen, Ergebnisse der Arbeitsgruppen I bis IV, Berlin 2005

Bundesministerium für Familie, Senioren, Frauen und Jugend (2005a), Möglichkeiten und Grenzen selbständiger Lebensführung in Privathaushalten, Ergebnisse der Studie MUG III, Berlin 2005

Bundesministerium für Familie, Senioren, Frauen und Jugend (2006), Fünfter Bericht zur Lage der älteren Generation in der Bundesrepublik Deutschland. Potenziale des Alters in Wirtschaft und Gesellschaft – Der Beitrag älterer Menschen zum Zusammenhalt der Generationen, Berlin

Bundesministerium für Familie, Senioren, Frauen und Jugend (2010), Gender Datenreport. Kommentierter Datenreport zur Gleichstellung von Frauen und Männern in der Bundesrepublik Deutschland, unter: http://www.bmfsfj.de/Publikationen/genderreport/4-Familien-und-lebensformen-von-frauen-und-maennern/4-4-Heirat-und-uebergang-zur-elternschaft/4-4-1-alter-bei-erster-heirat-und-geburt-des-ersten-kindes.html (abgerufen am 02.03.2010)

Bundesministerium für Familie, Senioren, Frauen und Jugend (2010a), Initiative für eine „Familien-Pflegezeit", Schreiben von Bundesministerin Dr. Kristina Schröder an die Mitglieder der CDU/CSU- und der FDP-Bundestagsfraktion vom 4.3.2010 (unveröffentlicht)

Bundesministerium für Familie, Senioren, Frauen und Jugend (2010b), Altern im Wandel – Zentrale Ergebnisse des Deutschen Alterssurvey (DEAS), unter: http://www.bmfsfj.de/Re

daktionBMFSFJ/Brochuerenstelle/Pdf-Anlagen/Altern-imWandel,property=pdf,bereich=bmfsfj,sprache= de, rwb=true.pdf

Bundesministerium für Familie, Senioren, Frauen und Jugend (2011), Referentenwurf eines Gesetzes zur Vereinbarkeit von Pflege und Beruf, Stand 24.02.2011, (unveröffentlicht)

Bundesministerium für Gesundheit (2007), Referentenentwurf eines Gesetzes zur strukturellen Weiterentwicklung der Pflegeversicherung (Pflege-Weiterentwicklungsgesetz – PfWG), Stand: 10. September 2007, unter: http://www.bwkg.de/typo3conf/ext/naw_securedl/secure.php?u=0&file=uploads/media/PM136J07_DL_RefE_PfWG20070910_01.pdf&t=1298474522&hash=770951fb031a73e329750f917052df8b (abgerufen am 22.02.2011)

Bundesministerium für Gesundheit (2011), Abschlussbericht zur Studie „Wirkungen des Pflege-Weiterentwicklungsgesetzes, Bericht zu den Repräsentativerhebungen, TNS Infratest Sozialforschung, München 2011

Bundesministerium für Gesundheit und Soziale Sicherung (2000), Wirkung der Pflegeversicherung, Schriftenreihe des Bundesministeriums für Gesundheit Bd. 127, Berlin 2000

Bundesvereinigung Deutscher Arbeitgeberverbände (BDA) (2010), Beruf und Pflege, in: BDA-kompakt, Januar 2010

CDU, CSU und SPD (2013), Deutschland Zukunft gestalten, Koalitionsvertrag zwischen CDU, CSU und SPD, unter: https://www.cdu.de/sites/default/files/media/dokumente/koalitionsvertrag.pdf (abgerufen am 19.3.2014)

Compass-Private Pflegeberatung (2011), Befragung zur Pflegezeit nach Pflegezeitgesetz und zur geplanten Familienpflegezeit vom 21.3.2011, unter: www.http://www.compass-pflegeberatung.de/presse/umfrage-pflegezeit-marz-2011-ergebnisband/view (abgerufen am 7.6.2011)

Dettbarn-Reggentin, Jürgen/Reggentin, Heike (2004), Freiwilliges Engagement in der Pflege und Solidarpotentiale innerhalb der Familie. Expertise vorlegt der Enquetekommission „Situation und Zukunft der Pflege in NRW“ des Landtags Nordrhein-Westfalen, Berlin 2004

Deutscher Bundestag (2004), Antwort der Bundesregierung auf die Kleine Anfrage der Abgeordneten Bodo Ramelow, Jörn Wunderlich, Diana Golze und der Fraktion DIE LINKE „Kündigungsschutz für Väter bei Inanspruchnahme von Elternzeit, BT-Drucks. 16/1010 vom 20.3.2006

Deutscher Bundestag (2008), Unterrichtung durch die Bundesregierung, Bericht über die Auswirkungen des Bundeselterngeld- und Elternzeitgesetzes sowie über die gegebenenfalls notwendige Weiterentwicklung, BT-Drucks. 16/10770 vom 30.10.2008

Deutscher Bundestag (2008a), Antrag der Fraktion von Bündnis90/Die Grünen „Leben am Lebensende – bessere Rahmenbedingungen für Schwerkranke und Sterbende schaffen“, BT-Drucks. 16/9442 vom 04.06.2008

Deutscher Bundestag (2010), Antwort der Bundesregierung vom 7.5.2010 auf die Kleine Anfrage der Abgeordneten Petra Crone, Franz Müntefering, Iris Gleicke, weiterer Abgeordneter und der Fraktion der SPD, Vereinbarkeit von Familie und Beruf bei Bedarf an Betreuung oder Pflege kranker und älterer Familienmitglieder, BT-Drucks. 17/1650

Deutscher Bundestag (2010a), Antrag der Angeordneten Elisabeth Scharfenberg u.a. und der Fraktion BÜNDNIS 90/DIE GRÜNEN vom 21.4.2010, Vereinbarkeit von Pflege, Familie und Beruf verbessern – Pflegende Bezugspersonen wirksam entlasten und unterstützen, BT-Drucks. 17/1434

Deutscher Bundestag (2010b), Antwort des Parlamentarischen Staatssekretärs Dr. Ralf Brauksiepe vom 25.01.2010 auf die Fragen der Angeordneten Elisabeth Scharfenberg, BT-Drucks. 17/584, 28 f.

Deutscher Bundestag (2010c), Antwort des Parlamentarischen Staatssekretärs Dr. Ralf Brauksiepe vom 16.02.2010 auf die Frage der Angeordneten Elisabeth Scharfenberg, BT-Drucks. 17/757, 16

Deutscher Bundestag (2010d), Antrag der Abgeordneten Kathrin Senger-Schäfer u.a. und der Fraktion DIE LINKE vom 19.5.2010, Bezahlte Pflegezeit einführen – Organisation der Pflege sicherstellen, BT-Drucks. 17/1754

Deutscher Bundestag (2010e), Antwort der Bundesregierung auf die Kleine Anfrage der Abgeordneten Scharfenberg u.a. und der Fraktion BÜNDNIS 90/DIE GRÜNEN vom 08.12.2010, Entwicklung und Inanspruchnahme der Pflegezeit nach dem Pflegezeitgesetz, BT-Drucks. 17/4135

Deutscher Bundestag (2010f), Unterrichtung durch die Bundesregierung, Bericht der Bundesregierung über die gesetzliche Rentenversicherung, insbesondere über die Entwicklung der Einnahmen und Ausgaben, der Nachhaltigkeitsrücklage sowie des jeweils erforderlichen Beitragssatzes in den künftigen 15 Kalenderjahren (Rentenversicherungsbericht 2010) und Gutachten des Sozialbeirats zum Rentenversicherungsbericht 2010, BT-Drucks. 17/3900 vom 29.11.2010

Deutscher Bundestag (2010g), Unterrichtung durch die Bundesregierung, Sechster Bericht zur Lage der älteren Generation in der Bundesrepublik Deutschland – Altersbilder in der Gesellschaft und Stellungnahme der Bundesregierung, BT-Drucks. 17/3815 vom 17.11.2010

Deutscher Bundestag (2011), Unterrichtung durch die Bundesregierung: Erster Gleichstellungsbericht, Neue Wege – Gleiche Chancen, Gleichstellung von Frauen und Männern im Lebensverlauf, BT-Drucks. 17/6240 vom 16.6.2011

Deutscher Bundestag (2012a), Antrag der Fraktion BÜNDNIS90/Die GRÜNEN vom 9.5.2012, Für eine grundlegende Reform der Pflegeversicherung – Nutzerorientiert, solidarisch, zukunftsfest, BT-Drucks. 17/9566

Deutscher Bundestag (2012b), Antrag der Fraktion der SPD vom 13.6.2012, Für eine umfassende Pflegereform – Pflege als gesamtgesellschaftliche Aufgabe stärken, BT-Drucks. 17/9977

Deutscher Bundestag (2013), Antwort der Bundesregierung auf eine Kleine Anfrage der Fraktion BÜNDNIS90/DIE GRÜNEN vom 14.2.2013, Stand der Umsetzung des Familienpflegezeitgesetzes, BT-Drucks. 17/12330

Deutscher Bundestag (2014), Unterrichtung durch die Bundesregierung, Gutachten 2014 des Sachverständigenrates zur Begutachtung der Entwicklung im Gesundheitswesen – Bedarfsgerechte Versorgung – Perspektiven für ländliche Regionen und ausgewählte Leistungsbereiche, BT-Drucks. 18/1940 vom 26.6.2014

Deutscher Juristinnenbund (2011), Stellungnahme zum Entwurf eines Gesetzes zur Vereinbarkeit von Pflege und Beruf, Gesetzentwurf der Bundesregierung vom 6.6.2011, BT-Drucks. 17/6000 vom 11.10.2011, unter: http://www.djb.de/Kom/K4/st11-12/ (abgerufen am 4.12.2011)

Deutscher Verein für öffentliche und private Fürsorge e.V. (2011), Stellungnahme anlässlich der Beratung zum Entwurf eines Gesetzes zur Vereinbarkeit von Pflege und Beruf (Familienpflegezeitgesetz) vom 08.09.2011, Ausschuss für Familie, Senioren, Frauen und Jugend, Ausschuss-Drucks. 17(13) 118c

Döhner, Hanneli/Kohler, Susanne/Lüdecke, Daniel (2007); Pflege durch Angehörige – Ergebnisse und Schlussfolgerungen aus der europäischen Untersuchung EUROFAMCARE, in: Informationsdienst Altersfragen 2007, 9-14

Düwell, Franz-Josef (2007), Auf dem Weg zu einem Pflegezeitgesetz, in: jurisPR-ArbR 51/2007 Anm. 6

Dykierek, Petra/Hüll, Michael (2004), Demenz und Pflege durch Angehörige – eine Übersicht, in: Psychomed 12/4, 200

Egger de Campo, Marianne (2009), Abwanderung und Widerspruch auf Wohlfahrtsmärkten. Ein internationaler Vergleich von Altenpflegesystemen, in: Zeitschrift für Sozialreform, 23-42

Ehm, Simone/Rinderspacher, Jürgen P. (2013), Ein Jahr Familienpflegezeitgesetz – Welche Erfahrungen gibt es und wie kann es weitergehen? unter: http://www.zeitpolitik.de/pdfs/familienpflegezeitgesetz.pdf (abgerufen am 23.7.2014)

Engstler, Heribert (2009), Lebensformen und Partnerschaften, in: Motel-Klingebiel, Andreas/Wurm, Susanne/Engstler, Heribert (Hrsg.) (2009), Themen und Auswertungskonzepte für den Abschlussbericht zur 3. Welle des Deutschen Alterssurveys, Berlin 2009, 53-65

Enste, Dominik/Pimpertz, Jochen (2008), Wertschöpfung- und Beschäftigungspotentiale auf dem Pflegemarkt in Deutschland bis 2050, iw-Trends 4/2008, Dezember 2008

Enquete-Kommission „Demografischer Wandel“ (2002), Herausforderungen unserer älter werdenden Gesellschaft an den Einzelnen und die Politik, BT-Drucks. 14/8800 vom 28.3.2002

Enquete-Kommission „Ethik und Recht der modernen Medizin“ (2005), Zwischenbericht. Verbesserung der Versorgung Schwerstkranker und Sterbender in Deutschland durch Palliativmedizin und Hospizarbeit, BT-Drucks. 15/5858 vom 22.6.2005

Europäische Kommission (2009), Die Auswirkungen der demografischen Alterung in der EU bewältigen (Bericht über die demografische Alterung 2009), KOM (2009) 180

Europäisches Parlament (2010), Die Rolle der Frau in einer alternden Gesellschaft, Entschließung des Europäischen Parlaments vom 7. September 2010, P7_TA (2010)0306

Franke, Annette/Reichert, Monika (2011), Zwischen Beruf und Pflege: Konflikt oder Chance? – ein europäischer Vergleich, Analyse der internationalen Forschungsliteratur, Dortmund 2011 unter: http://www.carersatwork.tudortmund.de/download/Literature%20review.pdf (abgerufen am 10.01.2012)

Freihube, Dirk/Sasse, Stefan (2008), Was bringt das neue Pflegezeitgesetz? in: Der Betrieb 2008, 1320-1323

Geiger, Manfred (2009), Projekt: Perspektiven auf den demografischen Wandel, Pflege in einer alternden Gesellschaft, Institut für Sozialforschung und Sozialwirtschaft e.V. (iso), Saarbrücken 2009

Geiger, Manfred (2009a), Schwerpunkte des Modellprogramms – Herausforderungen, Visionen und innovative Entwicklungslinien, Vortrag bei der gemeinsamen Fachtagung des Bundesministeriums für Gesundheit (BMG), des Instituts für Sozialforschung und Sozialwirtschaft e.V. (iso) und des Kuratoriums Deutsche Altershilfe (KDA), unter: www.iso-institut.de/download/BMG_Pflege_2030.pdf (abgerufen am 23.08.2010)

Gerlach, Irene/Schneider, Helmut; Schneider, Ann Kristin/Quednau, Anja (2013), Status quo der Vereinbarkeit von Beruf und Familie in deutschen Unternehmen sowie betriebswirtschaftliche Effekte einer familienbewussten Personalpolitik – Ergebnisse einer repräsentativen Studie, Münster und Berlin 2013

GfK Marktforschung (2003), Wer Pflegt uns im Alter? In: Apotheken-Umschau 12/2003, 42-46

Glatzel, Brigitte (2009), Fallen im Pflegezeitgesetz – für Arbeitnehmer und Arbeitgeber, in: Neue Juristische Wochenschrift 2009, 1377-1379

Gräßel, Elmar (2000), Warum pflegen Angehörige? Ein Pflegemodell für die Pflege im hohen Lebensalter, in: Zeitschrift für Gerontopsychologie und -psychiatrie 2000, 8594

Grobys, Marcel (2008), Pflegezeitgesetz – Gut gemeint, schlecht gemacht, in: NJW-Editorial 2008, Heft 31

Gumpert, Heike (2009), Wenn die Töchter nicht mehr pflegen... Geschlechtergerechtigkeit in der Pflege, in: WISO-Diskurs, Expertisen und Dokumentationen zur Wirtschafts- und Sozialpolitik, Bonn 2009

Haberkern, Klaus (2009), Pflege in Europa. Familie und Wohlfahrtsstaat, Wiesbaden 2009

Häcker, Jasmin/Raffelhüschen, Bernd (2006), Zukünftige Pflege ohne Familie: Konsequenzen des „Heimsog-Effekts", Discussion Paper 142/06 des Instituts für Finanzwissenschaften der Albert-Ludwigs-Universität Freiburg; Zeitschrift für Sozialreform 2007, 391-422

Häuser, Julia C. (2006), Empirische Befunde zur Vereinbarkeit von Pflege und Beruf, unter: http://www.vivafamilia.de/fileadmin/downloads/Doku_Vereinbarkeit/3_Empirische_Befunde_Vereinbarkeit.pdf (abgerufen am 12.09. 2009)

Halsig, N (1995); Hauptpflegepersonen in der Familie: Eine Analyse ihrer situativen Bedingungen, Belastungen und Hilfsmöglichkeiten, in: Zeitschrift für Gerontopsychologie und – psychiatrie 1995, 247-262

Heinemann-Knoch, Marianne/Knoch, Tina/Korte, Elke (2006), Hilfe- und Pflegearrangements älterer Menschen in Privathaushalten, in: Schneekloth/Wahl (Hrsg.) Selbständigkeit und Hilfebedarf bei älteren Menschen in Privathaushalten. Pflegearrangements, Demenz, Versorgungsangebote, Stuttgart 2006, 146-171

Helfferich, Cornelia (2008), Alles beim Alten? Wie der demografische Wandel Lebenslaufmuster von Frauen und Männern morgen und das Alter übermorgen beeinflusst. in: Buchen, Sylvia/Maier, Maja S. (Hrsg.), Älterwerden neu denken. Interdisziplinäre Perspektiven auf den demografischen Wandel, 31-45

Heusinger, Josefine (2008), Der Zusammenhang von Milieuzugehörigkeit, Selbstbestimmungschancen und Pflegeorganisation in häuslichen Pflegearrangements älterer Menschen, in: Bauer, Ullrich/Büscher, Andreas (Hrsg.), Soziale Ungleichheit und Pflege, Wiesbaden 2008, 301-314

Heusinger, Josefine/Klünder, Monika (2004), Die Einflüsse des Milieus auf die Steuerung in häuslichen Pflegearrangements, in: Blüher, Stefan/Stosberg, Manfred (Hrsg.), Neue Vergesellschaftsformen des Alter(n)s, Wiesbaden 2006, 183-196

Heusinger, Josefine/Klünder, Monika (2005), Ich lass mir nicht die Butter vom Brot nehmen! Aushandlungsprozesse in häuslichen Pflegearrangements, Frankfurt am Main 2005

Hexel, Christoph/Lüders, Holger (2009) Offene Fragen des neuen Pflegezeitrechts, in: Neue Zeitschrift für Sozialrecht 2009, 264-271

Hoff, Andreas (2006), Intergenerationale Familienbeziehungen im Wandel, in: Tesch-Römer, Clemens/Engstler, Heribert/Wurm, Susanne (Hrsg.), Altwerden in Deutschland. Sozialer Wandel und individuelle Entwicklung in der zweiten Lebenshälfte, Wiesbaden 2006, 231-288

Holwe, Joachim/Kossens, Michael/Pilenz, Cornelia/Räder, Evelyn (2007), Teilzeit- und Befristungsgesetz, Basiskommentar, 2. Aufl., Frankfurt am Main 2007

Huxhold, Oliver/ Mahne Katharina (2009), Soziale Integration und Partizipation, in: Motel-Klingebiel, Andreas/Wurm, Susanne/Engstler, Heribert (Hrsg.) (2009), Themen und Auswertungskonzepte für den Abschlussbericht zur 3. Welle des Deutschen Alterssurveys, Berlin 2009, 66-83

Institut für Arbeitsmarkt- und Berufsforschung (2009), Forschungs- und Arbeitsprogramm 2010, Nürnberg 2009

Institut der Deutschen Wirtschaft (2010), Mehr Menschen berufstätig, Informationsdienst des Instituts der deutschen Wirtschaft, Jg. 36, Nr. 30/2010

Institut der Deutschen Wirtschaft (2011), Pflegesektor: Doppeltes Demografieproblem, unter. http://www.iwkoeln.de/de/info dienste/iwd/archiv/beitrag/ 27639 (abgerufen am 22.4.2013)

Institut für Demoskopie Allensbach (2010), Monitor Familienleben 2010. Einstellungen und Lebensverhältnisse von Familien. Ergebnisse einer Repräsentativbefragung – Berichtsband, unter: http://www.ifd-allensbach.de, (abgerufen am 07.09.2010)

Institut für Demoskopie Allensbach (2012); Weil Zukunft Pflege brauch, Studie im Auftrag der R+V Versicherung AG, http://freiraum-fuers-leben.de/presse/Studienbooklet_Weil_Zu kunft_Pflege_braucht.pdf (abgerufen (7.12.2012)

Jansen, Birgit (1999), Informelle Pflege durch Angehörige. In: Jansen, Birgit/Karl, Fred/Radebohl, Hartmut/Schmitz-Scherzer, Reinhard. (Hrsg.), Soziale Gerontologie. Ein Handbuch für Lehre und Praxis, Weinheim und Basel 1999, 604-628

Jasper, Bettina M.(2002), Gerontologie, Hannover 2002

Jentzsch, Nikola (2004), Die Betreuung und Pflege alter Menschen durch Angehörige. Befunde zur Bedeutung der Familie für die Gesellschaft, Dissertation, Universität Eichstätt-Ingolstadt 2004

Jerábek, Hynek (2008), Familiäre Altenpflege als Beispiel des sozialen Zusammenhalts, in: Amann, Anton/Kolland, Franz (Hrsg.), Das erzwungene Paradies? Fragen an eine kritische Gerontologie, Wiesbaden 2008, 137-161

Joussen, Jacob (2009), Streifragen aus dem Pflegezeitgesetz, in: Neue Zeitschrift für Arbeitsrecht 2009, 69-74

Jürgens, Olaf (2009), Erwerbstätigkeit und Ruhestand, in: Motel-Klingebiel, Andreas/Wurm, Susanne/Engstler, Heribert (Hrsg.) (2009), Themen und Auswertungskonzepte für den Abschlussbericht zur 3. Welle des Deutschen Alterssurveys, Berlin 2009, 140-155

Kasseler Kommentar (2010), Sozialversicherungsrecht, Loseblatt-Ausgabe, Stand: 67. Erg.-Lieferung 10/2010, München

Kehl, Konstantin/Then, Volker (2008), Bürgerschaftliches Engagement im Kontext von Familie und familiennahen Dienstleistungen: Gemeinschaftliche Wohnmodelle als Ausweg aus dem Unterstützungs- und Pflegedilemma, Expertise des Centrums für soziale Investitionen und Innovationen (CSI) zum „Bericht zur Lage und den Perspektiven des ZivilEngagements in Deutschland, Heidelberg 2008

Kerschbaumer, Judith (2008), Wunsch und Wirklichkeit – beim neuen Pflegezeitgesetz weit von einander entfernt, in: Der Personalrat 2009, 281

Klammer, Ute/Klenner, Christina (2004), Geteilte Erwerbstätigkeit – Gemeinsame Fürsorge. Strategien und Perspektiven der Kombination von Erwerbs- und Familienleben in Deutschland, in: Leitner/Ostern/Schratzenstaller (Hrsg.), Wohlfahrtsstaat und Geschlechterverhältnis im Umbruch. Was kommt nach dem Ernährermodell? Jahrbuch für Europa- und Nordamerikastudien 7, Wiesbaden 2004, 177-207

Klenner, Christina/Pfahl, Svenja (2008), Jenseits von Zeitnot und Karriereverzicht – Wege aus dem Arbeitszeitdilemma. Arbeitszeiten von Müttern, Vätern und Pflegenden. WSI-Diskussionspapier Nr. 158, unter: https://www.uni-augsburg.de/einrichtungen/gleichstellungs-beauftragte/-chancenglecheit_maenner/downloads/jenseits_von_zeitnot_und_karriereverzicht.pdf (abgerufen am 18.05.2010)

Klie, Thomas (2010), Bürgerschaftliches Engagement in der Pflege, in: Olk, Thomas/Klein, Ansgar/Hartnuß, Birgir (Hrsg.), Engagementpolitik. Die Entwicklung der Zivilgesellschaft als politische Aufgabe, Wiesbaden 2010, 571-591

Klie, Thomas/Guerra, Virginia (2003), Expertise zu den rechtlichen und finanziellen Rahmenbedingungen der Pflege, Studie im Auftrag der Enquete-Kommission „Situation und Zukunft der Pflege in NRW" des Landtages Nordrhein-Westfalen, Freiburg 2003

Kossens, Michael (2008), Das neue Pflegezeitgesetz, in: Arbeit und Arbeitsrecht 2008, 328-330

Kossens, Michael (2009), Pflegezeitgesetz, Basiskommentar, Frankfurt a.M. 2009

Kossens Michael (2009a), Freistellung für die Pflege naher Angehöriger, in: Der Personalrat 2009, 195-199

Kricheldorff, Cornelia (2008), Neue Wohnformen und gemeinschaftliches Wohnen im Alter, in: Buchen, Sylvia/Maier, Maja S. (Hrsg.), Älterwerden neu denken. Interdisziplinäre Perspektiven auf den demografischen Wandel, 237-247

Kümmerling, Angelika/Bäcker, Gerhard (2012), Zwischen Beruf und Pflege: Betriebliche Maßnahmen zur Verbesserung der Vereinbarkeit von Erwerbstätigkeit und Pflegeverpflichtung, unter: http://www.iaq.uni-du.de/aktuell/veroeff/2012/kuemmerling01_Carers@Work.pdf (abgerufen am 24.1.2013)

Künemund, Harald (2005), „Produktive" Tätigkeiten. in: Kohli, Manfred/Künemund, Harald (Hrsg.), Die zweite Lebenshälfte. Gesellschaftliche Lage und Partizipation im Spiegel des Alters-Surveys, 2. Aufl., Wiesbaden 2005, 277-317

Künemund, Harald (2006), Tätigkeiten und Engagements im Ruhestand, in: Tesch-Römer, Clemens/Engstler, Heribert/Wurm, Susanne (Hrsg.), Altwerden in Deutschland. Sozialer Wandel und individuelle Entwicklung in der zweiten Lebenshälfte, Wiesbaden 2006, 289-328

Künemund, Harald/Hollstein, Betina (2005), Soziale Beziehungen und Unterstützungsnetzwerke, in: Kohli, Manfred/Künemund, Harald (Hrsg.), Die zweite Lebenshälfte. Gesellschaftliche Lage und Partizipation im Spiegel des Alters-Survey, 2. Aufl., Wiesbaden 2005, 212-276

Künemund, Harald/Vogel, Claudia (2006), Öffentliche und private Transfers und Unterstützungsleistungen im Alter – „crowding out" oder „crowding in"?, in: Zeitschrift für Familienforschung, Heft 3/2006, 269-289

Kuhlmey, Adelheid/Dräger, Dagmar/Winter, Maik/Beikirch, Elisabeth (2010), COMPASS – Versichertenbefragung zu Erwartungen und Wünschen an eine qualitativ gute Pflege, informationsdienst altersfragen, 4/2010, S. 4-11

Kuhlmey, Adelheid/Suhr, Ralf/Blüher, Stefan/Dräger, Dagmar (2013). Das Risiko der Pflegebedürftigkeit: Pflegeerfahrungen und Vorsorgeverhalten bei Frauen und Männern zwischen 18 und 79 Jahren, Gesundheitsmonitor 5/2013, 1-11

Labeit, Alexander (2007), Das Erwerbsverhalten und die Entlohnung von Frauen vor und nach einer Erziehungsfreistellung in Deutschland: Ökonomische Theorien und empirische Analysen, Dissertation, Mannheim 2007

Linck, Rüdiger (2009), Offene Fragen des Pflegezeitgesetzes, BB 2008, 2738

Lüdecke, Daniel (2007), Häusliche Pflegearrangements. Eine qualitative Studie protektiver und destabilisierender Faktoren, Saarbrücken 2007

Lüdecke, Daniel/Mnich, Eva (2009), Vereinbarkeit von Beruf und Pflege – Unterschiede von pflegenden Männern und Frauen, Hallische Beiträge zu den Gesundheits- und Pflegewissenschaften, 27, unter: http://www.medizin.uni-halle.de/pflegewis

senschaft/media/HalBeitr/Halle-PfleGe-08-27.pdf (abgerufen am 28.09.2009)

Mahne, Katharina/Motel-Klingebiel, Andreas (2009), Familiale Generationenbeziehung in: Motel-Klingebiel, Andreas/Wurm, Susanne/Engstler, Heribert (Hrsg.) (2009), Themen und Auswertungskonzepte für den Abschlussbericht zur 3. Welle des Deutschen Alterssurveys, Berlin 2009, 32-52

Maier, Maja S. (2008), Familien, Freundschaften, Netzwerke. Zur Zukunft persönlicher Unterstützungsbeziehungen, in: Buchen, Sylvia/Maier, Maja S. (Hrsg.), Älterwerden neu denken. Interdisziplinäre Perspektiven auf den demografischen Wandel, Wiesbaden 2008, 219-231

Meyer, Martha (2006); Pflegende Angehörige in Deutschland: Überblick über den derzeitigen Stand und zukünftige Entwicklungen, unter: http://www.uke.de/extern/eurofamcare/documents/nabares/nabare_germany_de_final_a4.pdf (abgerufen am 17.11.2011)

Mittnacht, Barbara (2009), Qualitätsentwicklung und Nachhaltigkeit im Kontext häuslicher Pflegearrangements – Entwicklungstrends und Perspektiven, Dissertation, Universität Bremen 2009

Motel-Klingebiel, Andreas/Wurm, Susanne/Huxhold, Oliver, Tesch-Römer, Clemens (2009), Wandel von Lebensqualität und Ungleichheit in der zweiten Lebenshälfte, in: Motel-Klingebiel, Andreas/Wurm, Susanne/Engstler, Heribert (Hrsg.) (2009), Themen und Auswertungskonzepte für den Abschlussbericht zur 3. Welle des Deutschen Alterssurveys, Berlin 2009, 3-31

Müller, Kai-Uwe/Neumann, Michael/Wrohlich, Katharina (2013), Bessere Vereinbarkeit von Familie und Beruf durch eine neue Lohnersatzleistung bei Familienarbeitszeit, DIW Wochenbericht Nr. 46/2013, 3-11

Müller, Stefan (2008), Das Pflegezeitgesetz (PflegeZG) und seine Folgen für die arbeitsrechtliche Praxis, in: Betriebs-Berater 2008, 1058-1064

Müller, Olaf/Stuhlmann, Wolfgang (2008), Das neue Pflegezeitgesetz – eine Übersicht, in: Zeitschrift für Tarifrecht 2008, 290-295

Müller, Rolf/Unger, Rainer/Rothgang, Heinz (2010), Wie lange Angehörige zu Hause gepflegt werden. Reicht eine zweijährige Familien-Pflegezeit für Arbeitnehmer? in: Soziale Sicherheit 2010, 230-237

Mürner, Beat (2004), Geschlechtsspezifische Berufssegregation. Erklärungsansätze und deren empirische Bedeutung, unter: http://homepage.swissonline.ch/bmuerner/berufswahl/pdfs/segregation. pdf (abgerufen am 23.02.2010)

Niedersächsischer Landtag (2011), Niedersächsischer Landespflegebericht 2010 vom 1.4.2011, LT-Drucks. 16/3525

Nielebock, Helga (2008), Pflegezeit für Beschäftigte, in: Arbeitsrecht im Betrieb 2008, 363-367

Nikutta, Sigrid Evelyn (2008), Mit 60 im Management – Vorstand oder altes Eisen? – Eine qualitative Untersuchung zur Selbsteinschätzung von Führungskräften im obersten Management, Dissertation Universität München 2008

Oelkers, Felix/Rosenau, Marc Tobias (2011), Das Familienpflegezeitgesetz, in: NJW-Spezial, 2011, 754-755

Opaschowski, Horst W. (2004), Der Generationenpakt. Das soziale Netz der Zukunft, Darmstadt 2004

Otto, Ulrich (2005), Soziale Netzwerke und soziale Unterstützung älterer Pflegebedürftiger – Potentiale, Grenzen und Interventionsmöglichkeiten im Lichte demografischer Befunde, in: Otto, Ulrich/Bauer, Petra (Hrsg.), Mit Netzwerken professionell zusammenarbeiten, Bd. 1: Soziale Netzwerke in Lebenslauf- und Lebenslagenperspektive, 471-514

Peinelt-Jordan, Klaus (2000), Auswirkungen von Geld- und Sachleistungen der Pflegeversicherung auf die Angehörigenpflege – Ein mikroökonomisches Modell für Pflegehaushalt, unter: www.tu-berlin.de/bzph (abgerufen am 27.3.2010)

Pfarr, Heide (1994), Welche Maßnahmen empfehlen sich, um die Vereinbarkeit von Berufstätigkeit und Familie zu verbessern? in: Zeitschrift für Rechtspolitik 1994, 309-314

Pochobradsky, Elisabeth/Bergmann, Franz/Brix-Samoylenko, Harald/Erfkamp, Henning/Laub, Renate (2005), Situation pflegender Angehöriger, Endbericht, Österreichisches Bundesinstitut für Gesundheitsberufe, Wien 2005

Pohl, Carsten (2010), Der zukünftige Bedarf an Pflegearbeitskräften in Deutschland: Modellrechnungen für die Bundesländer bis zum Jahr 2020, in: Zeitschrift für Bevölkerungswissenschaft, Jg. 35,2 (2010), 357-378

Preis, Ulrich/Nehring, Linda (2008), Das Pflegezeitgesetz, in: Neue Zeitschrift für Arbeitsrecht 2008, 729-736

Preis, Ulrich/Weber, Astrid (2008), Der Regierungsentwurf eines Pflegezeitgesetzes, in: Neue Zeitschrift für Arbeitsrecht 2008, 82

Radke, Petra/Störmann, Wiebke (1998), Qualifizierung und Chancengleichheit. Auswirkungen staatlicher Bildungsmaßnahmen während des Erziehungsurlaubs, Arbeit, Heft 2, S. 99-113

Reggentin, Heike (2005); Belastungen von Angehörigen demenziell Erkrankter in Wohngruppen im Vergleich zu häuslicher und stationärer Betreuung, in: Zeitschrift für Gerontologie und Geriatrie 2005, S. 1-7

Reichert, Monika (2003), Erwerbstätigkeit und Pflege – ein neues Konfliktfeld des demografischen Wandels? Überblick über den nationalen und internationalen Forschungsstand, in: Goldmann, Monika/Mütherich, Birgit/Stackelbeck, Martina/Tech, Daniel (Hrsg.), Projektdokumentation Gender Mainstreaming und Demografischer Wandel, Dortmund, 213-232

Rettl, Herbert (2007), Soziodemografische Merkmale von pflegenden Angehörigen, unter: http://www.care-consult.info/Soziodemografische_ Merkmale.pdf (abgerufen am 03.08.2009)

Reuyß, Stefan/Pfahl, Svenja/Rinderspacher, Jürgen P./ Menke, Katrin (2012), Pflegesensible Arbeitszeiten – Arbeitszeitrealitäten und -bedarfe von pflegenden Beschäftigten, unter: http://www.boeckler.de/pdf/p_pflegesen-sible_arbeitszeiten.pdf (abgerufen am 11.3.2014)

Rosenkranz, Doris/Schneider, Norbert F. (1997), Wer pflegt morgen? – Auswirkungen des Wandels der privaten Lebensführung auf die häusliche Pflege, in: Becker, Rolf (Hrsg.), Generationen und sozialer Wandel, 137-156

Rothgang, Heinz/Borchert, Lars/Knorr, Kathrin (2005), Individuelle Pflegeverläufe älterer Menschen und ihre Determinanten, in: Pflege und Gesellschaft 2005, 34-37

Rothgang, Heinz/Borchert, Lars/Müller, Rolf/Unger, Rainer (2008), GEK-Pflegereport 2008, Schwerpunktthema: medizinische Versorgung in Pflegeheimen, Schriftenreihe zur Gesundheitsanalyse, Bd. 66, Schwäbisch Gmünd

Rothgang, Heinz/Kulik, Dawid/Müller, Rolf/Unger, Rainer (2009), Barmer GEK Pflegereport 2009, Schwerpunktthema: Regionale Unterschiede in der pflegerischen Versorgung, Schriftenreihe zur Gesundheitsanalyse, Bd. 73, Schwäbisch Gmünd

Rothgang, Heinz/Iwansky, Stephanie/Müller, Rolf/Sauer, Sebastian/ Unger, Rainer (2010), Barmer GEK Pflegereport 2010, Schwerpunktthema: Demenz und Pflege, Schriftenreihe zur Gesundheitsanalyse, Bd. 5, Schwäbisch Gmünd

Rothgang, Heinz/Iwansky, Stephanie/Müller, Rolf/Sauer, Sebastian/Unger, Rainer (2011), Barmer GEK Pflegereport 2011, Schwerpunktthema: zusätzliche Betreuungsleistungen für Personen mit erheblich eingeschränkter Alltagskompetenz, Schriftenreihe zur Gesundheitsanalyse, Bd. 11, Schwäbisch Gmünd

Rothgang, Heinz/Müller, Rolf/Unger, Rainer (2012), Themenreport „Pflege 2030“: Was ist zu erwarten – was ist zu tun? Studie der Bertelsmann Stiftung, Gütersloh 2012

Rothgang, Heinz/Staber, Jeanine (2012), Pflege durch Angehörige – aktueller Stand und Reformdiskussion, FPR 2012, 48-55

Rothgang, Heinz/Unger, Rainer (2013), Forschungsprojekt zum FNA-Projekt „Auswirkungen einer informellen Pflegetätigkeit auf das Alterssicherungsniveau von Frauen, FNA-Journal Heft 4/2013, 1-36

Rürup, Bert (2010), Statement zur Familienpflegezeit, unter: http://www.bmfsfj.de/RedaktionBMFSFJ/Broschuerenstelle/Pdf-Anlagen/state-ment-ruerup,property=pdf,bereich=bmfsfj,sprache=de,rwb=true.pdf (abgerufen am 2.6.2010)

Rürup, Bert (2011) Vorabstellungnahme zur öffentlichen Anhörung des Ausschusses für Familie, Senioren, Frauen und Jugend zum Thema „"Familienpflegezeit" am 19. September 2011 vom 15.09.2011, Ausschuss für Familie, Senioren, Frauen und Jugend, Ausschuss-Drucks. 17(13) 118j

Rumpf, Mechthild (2007), Geschlechterverhältnisse und Ethos fürsorglicher (Pflege-)Praxis im Wandel. Literaturstudie und Problemskizzen zu häuslicher Pflege (Langfassung), artec-paper Nr. 144, Bremen

Runde, Peter/Giese, Reinhard/Kaphengst, Claudia/Hess, Julius (2009), AOK-Trendbericht Pflege II – Entwicklungen in der häuslichen Pflege seit Einführung der Pflegeversicherung, Hamburg 2009, unter: www.aok-bv.de/imperia/md/aokbv/gesundheit/pflege/ambulant/aok_trendbricht_pflegeii_231009.pdf (abgerufen am 9.3.2010)

Runde, Peter/Giese, Reinhard/Kaphengst, Claudia/Hess, Julius (2009a), Pflegeaufwand und Mitteleinsatz – Zwischenbericht zu Ergebnissen der schriftlichen Befragung von AOK-Leistungsempfängern, Hamburg 2009, unter: http://www.aok bv.de/imperia/md/aokbv/gesundheit/pflege/ambulant/aok_bericht_pflege aufwand_231009.pdf (abgerufen am 9.3.2010)

Sasse, Stefan (2011), Familienpflegezeit – Darstellung der neuen gesetzlichen Regelungen -, in: Der Betrieb 2011, 2660-2662

Sauerborn, Sandra (2011), Der pflegende Angehörige – Eine Beschreibung seiner Belastungssituation am Beispiel Angehöriger von neurologisch schwerkranken Patienten, Dissertation, Universität Greifswald 2011

Scheier, Franziska/Hildebrandt, Eckart (2010), Arbeitszeit – eine wichtige Dimension für die Lebenslaufperspektive?, Discussion Paper SP I 2010-506 des Wissenschaftszentrum Berlin für Sozialforschung (WZB), Berlin 2010

Schnabel, Reinhold (2007), Zukunft der Pflege. Studie im Auftrag der Initiative Neue Soziale Marktwirtschaft, Köln 2007, unter: www.insm.de/insm/Aktionen/INSM-Studien/Professor-Reinhold-Schnabel-zur-Zukunft-der-Pflege.html (abgerufen am 29.7.2010)

Schneekloth, Ulrich/Leven, Ingo (2003), Hilfe- und Pflegebedürftige in Privathaushalten in Deutschland 2002, Erste Ergebnisse der Repräsentativerhebung im Rahmen des Forschungsprojekts „Möglichkeiten und Grenzen einer selbständigen Lebensführung hilfe- und pflegebedürftiger Menschen in privaten Haushalten" München 2003

Schneekloth, Ulrich /Müller, Udo (2000), Wirkungen der Pflegeversicherung, Forschungsprojekt im Auftrag des Bundesministeriums für Gesundheit Baden-Baden 2000

Schneekloth, Ulrich/Potthoff, Peter (1993), Hilfe und Pflegebedürftige in privaten Haushalten, Stuttgart, Berlin, Köln 1993, Mundesministerium für Familie, Senioren, Frauen und Jugend

Schneekloth, Ulrich/Wahl, Hans Werner (Hrsg.) (2005), Möglichkeiten und Grenzen selbständiger Lebensführung in privaten Haushalten (MUG II). Integrierter Abschlussbericht. Berlin 2005

Schneekloth, Ulrich/Wahl, Hans Werner (2006), Schlussfolgerungen, sozialpolitische Implikationen und Ausblick., in: Schneekloth, Ulrich/Wahl, Hans Werner (Hrsg.), Selbständigkeit und Hilfebedarf bei älteren Menschen in Privathaushalten. Pflegearrangements, Demenz, Versorgungsangebote, Stuttgart 2006, 243-249

Schneekloth, Ulrich/Wahl, Hans Werner (2006a), Entwicklungstrends beim Hilfe- und Pflegebedarf in Privathaushalten – Ergebnisse der Infratest-Repräsentativerhebung, in: Schneekloth, Ulrich/Wahl, Hans-Werner (Hrsg.), Selbständigkeit und

Hilfebedarf bei älteren Menschen in Privathaushalten. Pflegearrangements, Demenz, Versorgungsangebote, Stuttgart 2006, 57-102

Schneider, Helmut/Heinz, Jana/Hering, Daphne (2011), Expertise „betriebliche Folgekosten mangelnder Vereinbarkeit von Beruf und Pflege“ im Rahmen des Projektes Carers@Work – Zwischen Beruf und Pflege: Konflikt oder Chance?, Berlin 2011

Schneider, Ulrike (2006), Informelle Pflege aus ökonomischer Sicht, in: Zeitschrift für Sozialreform 52/2006, 4, 493-520

Schneider, Thorsten/Drobnic, Sonja/Blossfeld, Hans-Peter (2001), Pflegebedürftige Personen im Haushalt und das Erwerbsverhalten verheirateter Frauen, in: Zeitschrift für Soziologie 30 (5), 362-383

Schnepp, Wilfried (2006); Im Angesicht des Anderen: „Schützen müssen“, Antrittsvorlesung am Lehrstuhl für familienorientierte und gemeinnahe Pflege, Institut Pflegewissenschaft, Universität Witten/Herdecke, in: Pflege & Gesellschaft, 2006, H 1, 61-76

Schröder, Kristina (2010), Zeit für Verantwortung: Mit der Familienpflegezeit Pflege und Beruf vereinbaren, in: Am Puls 04/2010, 4-5

Schulz, Erika (2012), Pflegemarkt: Drohendem Arbeitskräftemangel kann entgegengewirkt werden, in: Wochenbericht des DIW 51./52./2012, 3-17

Schulz, Erika/Leidl, Reiner/Koenig, Hans-Helmut (2001), DIW-Diskussionspapier Nr. 240, Auswirkungen der demografischen Entwicklung auf die Zahl der Pflegefälle, in: Wochenbericht des DIW Berlin 5/01, 12-16

Schupp, Jürgen/Künemund, Harald (2004), Private Versorgung und Betreuung von Pflegebedürftigen in Deutschland, in: DIW-Wochenbericht 20/04, Berlin

Schwerdle, Peter (2007), Arbeitsbefreiung bei Pflege von nahen Angehörigen – Kündigungsschutz selbst in der Probezeit?, in: Zeitschrift für Tarifrecht 2007, 655

Siems, Dorothea (2010), Familienministerin Schröder erzürnt Arbeitgeber mit Pflegezeitplan, unter: www.welt.de/politik/ deutschland/article6637789/Schroeder-er-zuernt-Arbeitgeber-mit-Pflegezeit-Plan.html (abgerufen am 5.3.2010)

Sozialdemokratische Partei Deutschlands (2009), Sozial und Demokratisch. Anpacken. Für Deutschland. Das Regierungsprogramm der SPD, http://www.spd.de/de/pdf/parteiprogram me/Regierungsprogramm2009_LF_navi.pdf (abgerufen am 8.9.2009)

Sozialverband Deutschland (2006), Gesetzentwurf des Sozialverband Deutschland (SoVD) für ein Pflegezeitgesetz, unter: http://www.sovd.de/946.0.html (abgerufen am 12.12.2009)

Sowarka, Doris (2002), Selbständiges Wohnen im Alter und die Erhaltung geistiger Kompetenzen, in: Tesch-Römer (Hrsg.), Gerontologie und Sozialpolitik, Stuttgart, Berlin und Köln, 91-107

Spangenberg, Lena/Glaesmer, Heide/Brähler, Elmar/Strauß, Bernhard (2012), Inanspruchnahme familiärer Ressourcen bei späterem Pflegebedarf: Betreuungswünsche und angenommene Pflegebereitschaft von Angehörigen in der Allgemeinbevölkerung, Bundesgesundheitsbl. 2012, 954-960

Spieß, C. Katharina (2010), Vereinbarkeit von Familie und Beruf – wie wirksam sind deutsche „Care Policies“? unter: http://www.socialpolitik.org/docs/2010/ Spiess.pdf (abgerufen am 23.5.2011)

Spitzenverbände der Sozialversicherung, Besprechung der Spitzenverbände der Krankenkassen – handelnd als Spitzenverbände der Pflegekassen –, der Deutschen Rentenversicherung Bund und des Verbandes der privaten Krankenversicherung über Fragen der Rentenversicherung von Pflegepersonen am 27.02.2007, unter: http://www.deutsche-rentenver sicherung.de/cae/servlet/contentblob/33256/publicationFile/18 12/1_dauerhaftigkeit.doc

Statistische Ämter des Bundes und der Länder (2008), Demografischer Wandel in Deutschland, Heft 2 Auswirkungen auf

Krankenhausbehandlung und Pflegebedürftige im Bund und in den Ländern, 2008

Statistisches Bundesamt (2004); Sonderbericht: Lebenslagen der Pflegebedürftigen – Pflege im Rahmen der Pflegeversicherung: Deutschlandergebnisse des Mikrozensus 2003, Bonn

Statistisches Bundesamt (2008), Pflegestatistik 2007. Pflege im Rahmen der Pflegeversicherung. Deutschlandergebnisse, Wiesbaden: Statistisches Bundesamt

Statistisches Bundesamt (2010), Väterbeteiligung beim Elterngeld steigt auf 23%, Pressemitteilung Nr. 442 vom 1.12.2010

Stegmann, Michael/Mika, Tatjana (2007), Ehrenamtliche Pflege, in Versicherungsbiographien, in: Deutsche Rentenversicherung, 771-789

Straubhaar, Thomas (Hrsg.) (2011), Wege zur Vollbeschäftigung, Gutachten, Hamburgisches WeltWirtschaftsInstitut gGmbH (HWWI) im Auftrag der Initiative Neue Soziale Marktwirtschaft, Hamburg 2011

Stuhlmann, Wolfgang (2008), Pflegezeitgesetz – SV-rechtliche Auswirkungen, in: Arbeit und Arbeitsrecht 2008, 332-333

Szydlik, Marc (2008), Demografischer Wandel im Wohlfahrtsstaat: Perspektiven für Politik und Forschung, in: Zank, Susanne/Hedtke-Becker, Astrid (Hrsg.), Generationen in Familie und Gesellschaft im demographischen Wandel – Europäische Perspektiven. Stuttgart 2008, 13-22

Tamm, Martina (2013), Die Pflege naher Angehöriger – PflegeZG und Familien-pflegeZG sowie Möglichkeiten der Personalvertretung, PersV 2013, 404-415

Tesch-Römer, Clemens (2002), Gerontologie und Sozialpolitik – Zu Gegenwart und Zukunft des Deutschen Zentrums für Altersfragen, in: Tesch-Römer (Hrsg.), Gerontologie und Sozialpolitik, Stuttgart, Berlin und Köln 2002, 21-41

Trilling, Angelika/Klie, Thomas (2003), Pflegende Angehörige – Die Pflegebereitschaft sinkt, in: Häusliche Pflege 4/03, 18

Udsching, Peter (2010), SGB XI, Soziale Pflegeversicherung, Kommentar, 3. Aufl., München 2010

Wahl, Hans-Werner (2002), Ökologische Gerontologie, in: Zum Profil der Gerontologie. Beiträge aus Tagungen der Gesellschaft für sozial- und verhaltenswissenschaftliche Gerontologie in der DGGG, Hrsg. Karl, Fred & Zank, Susanne, Kassel 2002, 15-20

Wahl, Hans-Werner (2002a), Zum Verhältnis von Forschung und Praxis in der Sozialen Gerontologie: Allgemeine Überlegungen und eine konkrete Reaktion auf den Beitrag v. Kondratowitz, in: Tesch-Römer (Hrsg.), Gerontologie und Sozialpolitik, Stuttgart, Berlin und Köln 2002, 235-250

Waldenmaier, Marianne/Langenhan-Komus, Maike (2008), Das neue Pflegezeitgesetz, in: Recht der Arbeit 2008, 312-315

Walwei, Ulrich (2010), Arbeitsmarktchancen Älterer: empirische Befunde und Perspektiven; schriftlicher Beitrag für die Deutsche Rentenversicherung anlässlich der 7. Sozialrechtstagung 2010 in Speyer, in: Deutsche Rentenversicherung, 65 (2010), 421-433

Wanger, Susanne (2004), Teilzeitarbeit, Ein Gesetz liegt im Trend, in: IAB-Kurzbericht, Ausgabe 18 vom 20.12.2004

Weinbrenner, Lars (2011), Der Sonderkündigungsschutz im Pflegezeitgesetz, Diss. 2011, Frankfurt a.M.

Werrelmann, Lioba (2010), Kommentar zur Pflegezeit. Realitätsblind und gestrig, unter www.tagesschau.de/kommentar/kommentarpflegezeit100.html (abgerufen am 5.3.2010).

Wille, Eberhard (2010), Die Bedeutung der Vereinbarkeit von Familie und Beruf für die unmittelbar Betroffenen und die Gesellschaft, unter: http://www.bmfsfj.de/RedaktionBMFSFJ/Broschuerenstelle/Pdf-Anlagen/statement-wille,property=pdf,bereich=bmfsfj,sprache=de,rwb=true.pdf (abgerufen am 2.6.2010);

Wille, Eberhard (2011) Stellungnahme zum Entwurf eines Gesetzes zur Vereinbarkeit von Pflege und Beruf („Familienpflegezeit"), Ausschuss für Familie, Senioren, Frauen und Jugend, Ausschuss-Drucks. 17(13) 118b

Winker, Gabriele (2008), Neoliberale Regulierung von Care Work und deren demografische Mystifikationen, in: Buchen, Sylvia; Maier, Maja S. (Hg.): Älterwerden neu denken. Interdisziplinäre Perspektiven auf den demografischen Wandel. Wiesbaden: Verlag für Sozialwissenschaften, 2008, 47-62

Winker, Gabriele (2009), Fragile Familienkonstruktionen in der gesellschaftlichen Mitte. Zum Wandel der Reproduktionsarbeit und den politischen Konsequenzen, in: WIDERSPRÜCHE, Heft 111, 49-62

Winter, Maik H.-J. (2006), Demografischer Wandel und pflegerische Versorgung im Alter: Zentrale Ressourcen und Herausforderung, in: Deutsches Ärzteblatt online, unter: www.aerzteblatt.de/aufsätze/0602 (abgerufen am 7.6.2010)

Wrohlich, Katharina/Berger, Eva/Geyer, Johannes/Haan, Peter/Sengül, Denise/Spieß, Katharina C./Thiemann, Andreas (2012), Politikberatung kompakt, Elterngeld Monitor, Forschungsprojekt im Auftrag des Bundesministeriums für Familie, Senioren, Frauen und Jugend, Berlin 2012

Zentrum für Qualität in der Pflege (2010), Repräsentative Umrage zur Familien-Pflegezeit: Sechs Monate sind zu kurz, Presseinformation vom 20.5.2010; unter: http://www.zqp.de/tl_files/zqp/redaktion/Pressinfo_Pflegeauszeit.pdf (abgerufen am 23.2. 2011)

Zentrum für Qualität in der Pflege (2011); Ergebnisse der ZQP-Unternehmensbefragung „Vereinbarkeit von Beruf und Pflege", unter: http://www.zqp.de/ideenwerkstatt/items/vereinbarkeit-von-pflege-und-beruf.html (abgerufen am 17.11.2011)

Zetl, Hans-Peter (2008), Neue Freistellungsansprüche nach dem Pflegezeitgesetz, in: Zeitschrift für Mitarbeitervertretungen 2008, 174-178

Ziefle, Andrea (2004), Die individuellen Kosten des Erziehungsurlaubs – Eine empirische Analyse der kurz- und längerfristigen

Folgen für den Karriereverlauf von Frauen, in: Kölner Zeitschrift für Soziologie und Sozialpsychologie 2004, S. 212-231

Zok, Klaus (2011), Erwartungen an eine Pflegereform: Ergebnisse einer Repräsentativbefragung, WId0-monitor, 2/2011 1-8

Agnieszka Satola

MIGRATION UND IRREGULÄRE PFLEGEARBEIT IN DEUTSCHLAND

Eine biographische Studie

272 Seiten, Paperback. **€ 29,90**
ISBN 978-3-8382-0692-9
ISSN 1865-2255

CINTEUS 14

Die Nachfrage nach häuslichen Dienstleistungen in der Pflege steigt kontinuierlich. Zunehmend führt dies zu ‚praktischen Lösungen', nämlich oftmals irregulären Arbeitsverhältnissen, die ohne rechtliche Grundlage ausgeübt werden - und zugleich für viele Pflegebedürftige in Deutschland eine unabdingbare Hilfe bedeuten.

Agnieszka Satola legt den Schwerpunkt ihrer Untersuchung auf Frauen aus Polen, die in Deutschland zumeist in Privathaushalten arbeiten und leben. Sie betreuen ihre KlientInnen in sogenannten Live-in-Arrangements, mit denen eine Rund-um-die-Uhr-Betreuung und damit auch -Belastung einhergeht.

Satola wertet 20 biographisch-narrative Interviews aus, in denen die Gesprächspartnerinnen aus eigener biographischer Erfahrungsperspektive von ihrer Migrationsgeschichte und Arbeitsverhältnissen erzählen und sie reflektieren.

Zu den zentralen Ergebnissen gehört die Herausarbeitung der Verflechtung und der Dynamik der biographischen Prozesse, die mit der Aufnahme der irregulären Haushalts- und Pflegetätigkeit in Deutschland und der dadurch erfolgenden ‚Hausfrauensubstitution' zustande kommen.

Das daraus entwickelte Modell der temporären Professionalisierung verdeutlicht, dass die Arbeitsmigrantinnen ihrer irregulären Tätigkeit eine neue Professionalität zuschreiben, die von dem vorherrschenden Professionalitätsbegriff abweicht: Mit der gefühlten Bürde der Verantwortung verleihen sie ihrer Arbeit subjektive Sinnhaftigkeit, die ihren eigenen Selbstwert erhöht und zugleich den Kern des eigenen Professionalitätsverständnisses und der eigenen Arbeitsethik bildet.

ibidem-Verlag | Leuschnerstr. 40 | 30457 Hannover
Telefon: 0511 26 222 00 | Fax: 0511 26 222 01
vertrieb@ibidem-verlag.de | www.ibidem-verlag.de

ibidem Verlag

***ibidem*-Verlag**
Melchiorstr. 15
D-70439 Stuttgart
info@ibidem-verlag.de

www.ibidem-verlag.de
www.ibidem.eu
www.edition-noema.de
www.autorenbetreuung.de

FSC
www.fsc.org
MIX
Papier | Fördert
gute Waldnutzung
FSC® C083411

Kolibri 360 GmbH
Ferdinand-Jühlke-Straße 7
99095 Erfurt, Deutschland
produktsicherheit@kolibri360.de